Arnold Schölzel • DAS SCHWEIGEKARTELL

# DAS SCHWEIGEKARTELL

+++ Fragen & Widersprüche zum 11. September +++

Herausgegeben von Arnold Schölzel

KAI HOMILIUS VERLAG 2003

„Laßt uns gemeinsam trauern.
Aber laßt nicht zu, dass wir uns
gemeinsam der Dummheit ergeben.“

Susan Sontag (US-amerikanische Schriftstellerin)
unmittelbar nach dem 11. September

*FAZ 15. September 2001*

# IMPRESSUM

Wir danken Ilona und Michael Hartenstein,
den Mitarbeitern des Residenzhotels in Hohenheida
bei Leipzig.

Herausgeber: Arnold Schölzel

Beiträge von:
Max Böhnel, New York
Klaus Eichner
Dieter Elken
René Heilig
August Pradetto
Rainer Rupp
Ilse und Horst Schäfer
Erich Schmidt-Eenboom
Eckart Spoo

weitere Beiträge von:
Mathias Bröckers


2. aktualisierte Auflage 2003


Titelgestaltung: Thomas K. Müller / KM Design, Berlin
Satz & Layout: KM Design, Berlin
Druck: Wiener Verlag
ISBN: 3-89706-892-3
Preis: € 18
Redaktionsschluss: 15.1.2003
www.das-schweigekartell.de
www.kai-berlin.de
Email: home@Kai-Berlin.de
Christburger Strasse 4, 10405 Berlin
Tel.: 030 - 443 423 55 / Fax: 030 - 443 425 97

Die Deutsche Bibliothek-CIP-Einheitsaufnahme
**Arnold Schölzel**
Das Schweigekartell / Schölzel, Arnold -
Berlin:
Kai Homilius Verlag, 2002

ISBN 3-89706-892-3

Ne: GT

INHALTSVERZEICHNIS

„Ceterum censeo, Carthaginem delendam esse." (Im Übrigen bin ich der Meinung, dass Karthago zerstört werden muss).

*Cato, Marcus Portius d. Ält. (234 - 149 v. Chr.)*

# VORWORT

Am Freitag, dem 1. März 2002, versammelten sich weit mehr als 1.000 Menschen im restlos ausverkauften Vortragssaal der Berliner Urania. Angekündigt war eine Diskussion zwischen Andreas von Bülow, ehemals parlamentarischer Staatssekretär im Bundesverteidigungsministerium und Bundesforschungsminister, und Eckart Werthebach, dem ehemaligen Präsidenten des Bundesamtes für Verfassungsschutz. Das Thema der Veranstaltung: „Der 11. September und die Geheimdienste". Eröffnet wurde der Abend vom Moderator mit einem Zitat aus einem der Interviews, in denen von Bülow in den letzten Monaten Zweifel an der offiziellen Version über die Urheber der Anschläge des 11. September geäußert hatte: „Der Terroranschlag vom 11. September war vermutlich nicht das Werk von Muslimen."

Eine Gegentheorie, erklärte von Bülow zu diesem Satz, könne er nicht aufstellen: „Ich kann nur sagen, mich überzeugt die Verschwörungstheorie der amerikanischen Regierung, der auch die Bundesregierung folgt, nicht." An dieser Stelle erhielt von Bülow wie noch öfter an diesem Abend starken Beifall des Publikums. Er begründete seine Skepsis so: „Das hängt erstens damit zusammen, dass es nahezu unvorstellbar ist, dass eine Großmacht wie die Vereinigten Staaten mit einem Haushalt für die Geheimdienste von über 30 Milliarden Dollar – also weit mehr als die Bundeswehr an Geld kostet -, mit einem weltumspannenden, mit 120 Satelliten bestückten System von Telefonabhörmöglichkeiten, Computerabhörmöglichkeiten, nicht in der Lage ist, die Vorbereitung eines Terroranschlages herauszufinden, auch nicht ansatzweise, wie der FBI-Chef gesagt hat. Und dass dann 24 bis 48 Stunden später dieses FBI mit einer Liste von 19 muslimischen Tätern aufwartet, mit Bildern, Lebensläufen und verschiedenen Daten. Das ist in sich schon verhältnismäßig unglaubwürdig. Das interessante war, dass innerhalb von zehn Tagen westliche Rundfunkanstalten, darunter *CNN* herausgefunden haben, dass von den 19 ganze sieben noch am Leben sind." Das FBI, so von Bülow sehe sich nicht verpflichtet, dazu irgendeine Erklärung abzu-

geben. Zweitens sei es so, dass – wenn man bei *CNN* auf die Passagierlisten der am 11. September entführten Flugzeuge klicke – nicht ein einziger arabischer Passagier auf diesen Listen erscheine.
Auf diesen Punkt kam von Bülow im Laufe der Diskussion noch öfter zurück und stellte u. a. die Frage, warum die „investigativen" Journalisten der USA, die z. B. mit ungeheurem Aufwand die Lewinsky-Affäre von US-Präsident Clinton untersucht hätten, so wenig Eifer bei der Aufklärung der Widersprüche und Merkwürdigkeiten im Umfeld des 11. September zeigten.
Das Schweigen sonst äußerst aktiver Medien war auch der Anlass für dieses Buch. Offenkundig werden im Zusammenhang mit den Attentaten auf das World Trade Center und das Pentagon wichtige Informationen nur selektiv, verschleiernd oder grob manipulativ an die Öffentlichkeit gegeben. Eine Liste von offenen Fragen ist diesem Buch vorangestellt. Ein halbes Jahr nach dem 11. September wird diese Liste stetig länger. Die Beiträge dieses Bandes belegen das.

Die Reaktionen auf diese Fragen – soweit sie in den Medien überhaupt zugelassen werden – sind stereotyp: Die Rede ist entweder von Verschwörungstheorien oder von Antiamerikanismus. Beides ist lächerlich. Fragen sind keine Theorien. Wer Fragen nicht zulässt, hat mit elementaren Standards öffentlicher Debatten offensichtlich nicht viel im Sinn. Das ist in Kriegszeiten nichts Ungewöhnliches. Für die Länder des Westens wurden Denkverbote in dieser rigorosen Form allerdings seit langem nicht ausgesprochen, geschweige denn durchgesetzt. Noam Chomsky führt z. B. an, dass er 1962 zum erstenmal aus der *New York Times* erfuhr, dass in Südvietnam eine große Zahl von Menschen in Konzentrationslager getrieben wurde, um sie vor jener Guerrilla zu „schützen", die sie unterstützten. 1999 sei aus den Medien zu erfahren gewesen, dass der Anlass für die Bombardierung Serbiens – die angebliche „ethnische Säuberung" des Kosovo – eine Fabrikation war. Informationen dieser Art, so Chomsky, änderten zwar nichts an der Akzeptanz der offiziellen Doktrin – Südvietnam sei von ausländischen Terroristen bedroht worden, im Koso-

vo hätten die Serben eine „ethnische Säuberung“ durchgeführt – unter den Intellektuellen, aber sie waren erhältlich.
Das ist seit dem 11. September anders. Es gilt einzig und allein die offizielle Version. Wer Fragen stellt, wird als Paranoiker behandelt. Zwar liegen inzwischen mehrere Bücher vor, die z.B. die Beziehungen zwischen den USA und den Taliban, zwischen der US-Erdölindustrie einschließlich der Familie Bush und saudiarabischen Wirtschaftskreisen beschreiben. Zur Tat und ihren Urhebern selbst aber fehlen vergleichbare Arbeiten. Das ist um so erstaunlicher, als das Mißtrauen gegenüber der offiziellen Tatversion rasch wächst, je länger das Datum zurückliegt. Die enorme Publikumsresonanz auf den eingangs erwähnten Diskussionsabend ist dafür ein Beleg.
Die Begeisterung für den offiziell seit dem 7. Oktober geführten Krieg gegen Afghanistan hält sich außerhalb der USA – gelinde gesagt - in Grenzen. Was in den USA als „kurzer harter Rachefeldzug“ (Tariq Ali) populär ist, stößt in der Bevölkerung jener Länder, die sich an dem „Krieg gegen den Terror“ beteiligen, auf geringe Begeisterung. Wurde der NATO-Krieg gegen Jugoslawien noch mit dem Einsatz für Menschenrechte begründet, ist an deren Stelle immer stärker der Verweis auf „nationale Interessen“ getreten. Damit ist allerdings auch vor der Öffentlichkeit klargestellt, dass der 11. September nur der Anlass, nicht der Grund für diesen Krieg war, der inzwischen an mehreren Fronten zwischen den Philippinen und Algerien ausgetragen wird.
Umso absurder ist die Zurückweisung von Fragen nach dem 11. September, nach den Kriegsgründen und nach den Kriegszielen, als Antiamerikanismus. Die These, dass dieser Krieg wie jeder Krieg eine Vorgeschichte hat, die sich nicht auf ein Datum reduzieren lässt, galt bereits unmittelbar nach dem 11. September als Sakrileg: Wer nach dem Anteil der USA an den Zuständen in einer Region wie Zentralasien fragte oder die Anschläge in einen historischen Kontext stellte, der wesentlich durch die Vormachtstellung der USA bestimmt ist, machte – so lautete die Standardformel – die Opfer der Anschläge dieses Tages zu Schuldigen. Auch dieser Ersatz von Argumentation durch Emotion und dem Verbot, Kausalketten zu verfolgen, gehört zum Standardrepertoir

jeder Kriegführung. Bemerkenswert erscheinen aber zwei Dinge: Die Parteien des Bundestages inklusive der PDS-Führung schlossen sich unisono dieser Propagandafloskel an und sie wird auch ein halbes Jahr nach dem 11. September noch als wichtigstes Entlastungs"argument" ins Feld geführt.
Offenkundig ist, dass beide Propagandagrundsätze – das Frageverbot zum 11. September und die Abqualifizierung jeder Analyse der US-Außen- und Militärpolitik, geschweige denn eine Kritik an ihr, als „Antiamerikanismus" – nur eine schwache Wirkung haben. Die enorme Publikumsresonanz auf eine Debatte wie die eingangs erwähnte spricht dafür, dass das Schweigekartell von Medien und Politik sein Ziel zu verfehlen droht. Der Rückhalt für den „Krieg gegen den Terror" schwindet.
Ein Grund dafür ist die offenkundige Tatsache, dass lange vor den Anschlägen des 11. September die politischen, militärischen und wirtschaftlichen Interessen des Westens am jetzigen Hauptkampfgebiet in Zentralasien formuliert wurden. Das gehört zur Vorgeschichte dieses Krieges und sie drängt in der Vordergrund der öffentlichen Debatte, je länger der Krieg andauert. Hier sei nur ein Beispiel angeführt. Am 15. Mai 2001 veröffentlichte die *Frankfurter Allgemeine Zeitung* unter dem Titel »Neues ›great game‹ in Zentralasien? Die Stabilität in der Region ist gefährdet– Europa sollte sich aus ökonomischen und sicherheitspolitischen Interessen engagieren« einen Artikel von Achim Schmillen, Leiter des Planungsstabs im Auswärtigen Amt. Schmillen analysierte die Lage in dem Gebiet zwischen Kasachstan und Afghanistan in den Begriffen traditioneller Großmachtpolitik – »Raum«, »Einfluss«, – zitierte Zbigniew Brzezinskis Wort vom »eurasischen Balkan« und kam rasch zur Sache, den Erdölvorkommen der Region. Er konstatierte nüchtern: »Das Öl auf den europäischen Markt zu bringen, hängt an drei Faktoren: am Transport, der damit verbundenen Beteiligung der großen Mächte und der potentiellen Instabilität der Gegend.« Nach Schmillen gibt es heute die Möglichkeit einer Wiederauflage des »great game« – »Großes Spiel« – genannten hegemonialen Wettlaufs »zwischen Russland und Großbritannien um die Kontrolle der gesamten Region« im 19. Jahrhundert: »Der Kampf um ökonomische Vor-

teile, um neue Arbeitsplätze, neue Pipelines, den Energiemarkt und letztlich um politischen und religiösen Einfluss könnte zu einem neuen ›great game‹ führen.« Für eine Politik, »die Stabilität und Kooperation schaffen möchte«, müßten andere Akteure, vor allem Russland, China und die Vereinigten Staaten gewonnen werden. Letztere hätten in den vergangenen Jahren in der Region »eine auffallend diffuse Rolle« gespielt. Sie seien dort aus verschiedenen Gründen interessiert: »Rohstoffsicherung«, »Erschließung neuer Vorkommen«, »Entwicklung einer Ost-West-Energie- und Transportverbindung«, Verminderung des russischen Einflusses, Verringerung der »Abhängigkeit von arabischen Erdölquellen«. Details des seit Jahren in Gang gekommenen neuen „great game" konnten Ende 2001 einer *SPIEGEL*-Serie von Erich Follath entnommen werden, deren erster Teil unter dem Titel »Jäger des schwarzen Goldes. Der Poker um neue Pipelines nach der Vertreibung der Taliban« erschien. Illustratives Zitat: »Wer das Herz Asiens beherrscht, kontrolliert den Zugriff auf überlebensnotwendige Rohstoff-Reserven, auf strategisch bedeutsame Militärbasen, auf Routen für Erdöl- und Erdgas-Pipelines von Europa bis Sibirien und in den Süden hinunter zum Indischen Ozean. Eine Weltregion, in der sich Washington, Moskau und Peking belauern, und vielleicht eines Tages noch mehr: Das britische Nachrichtenmagazin *Economist* sah wegen der widersprüchlichen Interessen der Großmächte am Kaspischen Meer gar ein mögliches ›Szenario für den Dritten Weltkrieg‹.« »Großes Spiel, Teil zwei«, nennt Follath das, was sich seit 1990 in der Region ereignet hat und schreibt: »George W. DI hat Zentralasien entdeckt.« In Kasachstan passt z.B. ein US-»Jurist in CIA-Diensten«, der sich 1990 in Moskau zunächst um den Zerfall der Sowjetunion kümmerte, darauf auf, dass niemand den Schweizer Schmiergeldkonten des kasachischen Präsidenten zu nahe kommt. Von diesen Vorgängen führt zum 11. September keine direkte Kausallinie. Sie sind aber ein Teil jenes Bedingungsgefüges, aus dem die Anschläge resultieren. Vor allem aber gehen sie als faktische Gegebenheiten in die Resultate des „Krieges gegen den Terror" ein, wie auch immer er im einzelnen verläuft. Das Schweigekartell, von dem in diesem Buch die Rede ist, mag eine Weile funktionieren. Es setzt an die Stelle der Untersuchung das Bekenntnis, an die Stelle des Arguments die Propagandafanfare. Es beschränkt sich nicht aufs Verschweigen, es lenkt durch dröhnenden Lärm ab. Es wird Zeit, beidem ein Ende zu machen.

*Arnold Schölzel, 9. März 2002*

# VORWORT ZUR 2. AUFLAGE

Seit dem 11. September 2001 sind bis zur Abfassung dieses Vorwortes ein Jahr und vier Monate vergangen, seit dem Erscheinen der ersten Auflage des „Schweigekartell" neun Monate. An der Aktualität des in diesem Buch aufgeworfenen Themas hat sich nichts geändert. Es gibt eine täglich steigende Flut von Informationen zum 11. September und seinen Hintergründen, zur Aufklärung tragen sie im Allgemeinen wenig bei. Die in diesem Buch gesammelten Fragen sind nicht beantwortet, die in ihm aufgelisteten Widersprüche nicht gelöst - im Gegenteil. Es sind neue dazu gekommen.

Das „Schweigekartell" verfährt mit ihnen wie mit den alten: Neue Tatsachen, Berichte, Darstellungen, die schlecht oder gar nicht ins offiziöse Schema passen, gehen im täglichen Geplapper der Medien, in der Endlosschleife des Geredes über Tathergang und Hintermänner unter. Dabei dürfte das Bedürfnis groß sein, mehr zu einem Ereignis zu erfahren, das derzeit die USA veranlasst, sich am Persischen Golf zu „verteidigen", und die Landesverteidigung der Bundesrepublik ans Horn von Afrika und an den Hindukusch zu verlegen. Dass dieses Bedürfnis existiert, ist belegt – nicht zuletzt durch den raschen Verkauf der ersten Auflage dieses Buches. Das öffentliche, aber kaum veröffentlichte Verlangen nach Tatsachen und Hintergründen zu diesem einschneidenden Ereignis der Zeitgeschichte manifestiert sich in dem Bemühen einzelner Journalisten, den Schleier von Kriegspropaganda und Desinformation etwas zu lüften, aber auch in der Vielzahl von Broschüren und Büchern, die zum 11. September geschrieben wurden. In einigen Ländern – wie Frankreich oder den USA selbst – erreichten sie enorme Auflagen.

Neue Fragen ergeben sich sowohl zur Vorgeschichte des 11. September wie zum Tatablauf, sie ergeben sich erst recht zu dem, was als „Krieg gegen den Terror" seitdem inszeniert wurde. Seien es Indizien und Aussagen zu geheimen Kontakten zwischen US-Stellen und den Taliban, seien es die Informationen – am 11. Januar 2003, unmittelbar vor Drucklegung dieser Auflage, bekannt geworden -, dass sowohl CIA als auch deutscher Verfassungsschutz Mitglieder der Gruppe um Mohamed Atta lange vor dem 11. September observiert und unter Kontrolle hatten, seien es die durch Fernsehreportagen bekannt gewordenen Faksimiles von Briefen, die belegen, dass die Regierung des Sudan und der Geheimdienst des Landes den USA vergeblich lange vor den Attentaten auf die US-Botschaften in Nairobi und Daressalam 1998 Material zu Osama bin Laden angeboten hatten – die Reihe der Merkwürdigkeiten, der Widersprüche und nicht nachvollziehbaren Vorgänge im Umfeld des saudiarabischen Multimillionärs wird stetig länger. Die Bemühungen der Offizialpresse, sie zu ignorieren oder ihre Publikation für läppisch oder lächerlich zu erklären, werden im gleichen Maße angestrengter.

Ein kurzer Überblick über die Arbeiten zum 11. September zeigt, dass sie – abgesehen von den Standardwerken der westlichen Propaganda wie den gesammelten *Spiegel*-Berichten – das Hauptaugenmerk darauf legen, das politische und wirtschaftliche Interessengeflecht zwischen den USA und dem Westen einerseits sowie den islamischen Ländern West- und Zentralasiens andererseits darzustellen. Ein zweiter Scherpunkt sind die Widersprüche in der offiziellen Darstellung der Anschläge selbst.

So wird z. B. in den Büchern und Essays von Noam Chomsky, Eduardo Galeano und Arundhati Roy das Verhältnis von westlicher Gewaltpolitik gegenüber den Ländern der „Dritten Welt" und gewaltsamer Reaktion darauf thematisiert – eine Wechselwirkung, die seit Beginn der europäischen Kolonisierung der anderen Kontinente zumeist verdrängt wurde. Das „Schweigekartell" hat insofern eine lange Tradition. Allerdings auch jene Tendenz humanistischer Autoren, es mit ihm aufzunehmen. Im Fall Chomskys konnte nicht verhindert werden, dass sein Buch zum 11. September in den USA zu einem Bestseller wurde. Das wurde es, obwohl sein Buch bis auf eine kleine Notiz in einer Zeitung vollständig totgeschwiegen wurde, wie die Frankfurter Allgemeine Zeitung erstaunt feststellte.

Einige Bücher haben die in diesem Band gesammelten Fakten umfassend ergänzt. Bemerkenswertes Material z. B. über die Geheimverhandlungen zwischen der US-Regierung und den Taliban bis zum Sommer 2001 enthält der Band der beiden französischen Geheimdienstler Jean-Charles Brisard und Guillaume Dasquie „Die verbotene Wahrheit. Die Verstrickungen der USA mit Osama bin Laden“. Einer anderen Verflechtung von westlicher Politik und Islamisten gehen Johannes und Germana von Dohnanyi in ihrem Buch „Schmutzige Geschäfte und Heiliger Krieg. Al-Qaida in Europa“ nach. Sie untersuchen u. a. die Anfänge des „europäischen Djihad“ bei der Zerschlagung Jugoslawiens. Vor allem in Bosnien und im Kosovo entstand seinerzeit offen sichtbar eine „fatale Mischung“ von Islamisten, Nationalisten und Kriminellen, die erst recht nach dem NATO-Luftkrieg von 1999 das Heft in der Region an sich riss. Darstellungen dieser Art ergänzen das vorliegende Buch um wichtige Aspekte.

In diesen Büchern werden Facetten der von US-Präsident George Bush sr. am Vorabend des Golfkrieges von 1991 verkündeten „Neuen Weltordnung“ deutlich. Seit dem 11. September ist klar, dass es sich zunehmend um eine Weltkriegsordnung handelt.

Es war nur eine Frage der Zeit, bis die ersten apologetischen Traktate die damit bezeichneten Zustände zu „natürlichen“, „normalen“, also unvermeidlichen und alternativlosen erklärten. Sie sind eine höchst unappetitliche Hervorbringung der letzten Zeit. So entwarf Herfried Münkler von der hauptstädtischen Humboldt-Universität die famose „Theorie“ von den „neuen Kriegen“. Sie sind in der Tat so neu wie die Ordnung, der sie entspringen: Sie sind das älteste. Der Atavismus des „heiligen Krieges“, der vor der Installierung des Völkerrechts im christlichen Abendland grassierte, feiert in ihnen fröhliche Urständ. Die Hofdenker der politischen Korrektheit schaffen es, daraus noch eine Form von Fortschritt zu machen. So verkündete der Soziologe Ulrich Beck im Spiegel, das Pentagon habe „die Legitimationskraft der Weltprobleme“ entdeckt: „Der Schrecken, den die Wahnsinnsbilder von New York am 11. September 2001 massenmedial globalisiert haben, hat demokratische Abstimmung de facto ersetzbar gemacht.“ Die USA seien von der Mehrheit der Menschen „gleichsam per Akklamation“ „ermächtigt“, die Gefahren abzuwehren. Man kann die Ursache-Wirkungs-Kette, die Beck zwischen 11. September und „neuer“ demokratische Kriegslegitimation auf diese Weise herstellt, so nehmen wie sie gemeint ist. Richtig ist auch ihre Umkehrung: Die „demokratische“ Ermächtigung zum Weltkrieg kommt nicht nach dem Anlass. Sie ist vor allem eine Selbstermächtigung zur Auflösung des Völkerrechts und der Neuinstallation des imperialen und kolonialen Krieges.

In der Sprache der am 20. September 2002 veröffentlichten Sicherheitsstrategie der Vereinigten Staaten von Amerika (NSS 2002) liest sich das wesentlich klarer als bei Münkler oder Beck: „Die Vereinigten Staaten haben sich seit langem die Option auf präemptive Handlungen offen gehalten, um einer hinreichenden Bedrohung ihrer nationalen Sicherheit begegnen zu können. Je größer die Bedrohung, desto größer das durch Untätigkeit entstehende Risiko – und desto zwingender das Argument für antizipatorische Selbstverteidigung, selbst wenn Unsicherheit darüber besteht, wann und wo der Feind angreifen wird. Die Vereinigten Staaten werden gegebenenfalls präemptiv handeln, um solche feindlichen Akte unserer Gegner zu vereiteln oder ihnen vorzubeugen.“

Der 11. September hat so die Bekräftigung der „antizipatorischen Selbstverteidigung“ als vorläufiges militärpolitisches Resultat. Es handelt sich bei der „Präemption“ – eine Wortwahl, die das anrüchige „präventiv“ meidet, um dasselbe auszudrücken - um eine sorgfältig gehütete Tradition der USA, wie NSS 2002 feststellt. Das Erbe konnte wegen der Existenz einer zweiten Supermacht auf der Welt für einige Jahrzehnte nicht überall ihre Wirkung entfalten. Das hatte sich bereits vor dem 11. September gründlich geändert. Der Tag im Frühherbst 2001 hat die Doktrin „antizipatorischer Selbstverteidigung“ zu neuer Blüte geführt. Zwischen beidem, dem Ereignis dieses Tages und der „Präemptions“-Tradition, keinen wechselseitigen Zusammenhang bewusst werden zu lassen – auch im Hinblick auf künftige Kriege und ähnliches wie dem 11. September -, ist eine Hauptsorge des „Schweigekartells“. Freunden des Zusammenhangs sei daher dieses Buch weiterhin empfohlen.

*Arnold Schölzel, 15. Januar 2003*

# OFFENE FRAGEN

*Verlag und Herausgeber haben aus den Beiträgen der Autoren alle diejenigen offenen Fragen herausgesucht, die man stellen sollte und sie nach 6 Gruppen geordnet.*

## ZUR VORGESCHICHTE DER ANSCHLÄGE

- Warum gab es nach dem Anschlag von 1993 keine besseren Sicherheitsmaßnahmen für das WTC?
- Warum bezeichneten westliche Sicherheitsexperten es als „absolut unvorhersehbar", das Verkehrsflugzeuge als fliegende Bomben benutzt werden, obwohl es öffentliche Ankündigungen dieser Art und reihenweise nachrichtendienstliche Erkenntnisse über die konkrete Vorbereitung solcher Anschläge gab?
- Warum wurden in den Luftverteidigungsplanungen der USA vorhergehende Fälle, Flugzeuge für Attentate zu benutzen (1994), nicht ausreichend berücksichtigt?
- Warum wurden, trotz ausreichendem Anfangsverdacht des FBI seit 1996, die US-amerikanischen Flugschulen nicht scharf bewacht?
- Warum untersuchte die CIA nicht den im Jahre 2000 aufgefundenen Masterplan bin Ladens?
- Wenn die CIA, wie behauptet, al Qaida mit V-Leute penetrieren konnte, warum wusste die CIA dann nichts von den Anschlägen?
- Warum haben die USA nicht schon nach dem ersten Anschlag 1993 auf das WTC bzw. nach denen in Kenia und Tansania 1998 oder dem Anschlag auf die USS-Cole einen internationalen Haftbefehl gegen bin Laden erwirkt?
- Warum wurde das FBI bei den Untersuchungen zum internationalen Terrorismus immer wieder vom US-Außenministerium behindert?
- Warum verbot die US-Administration dem FBI jahrelang Untersuchungen zur Rolle von bin Laden?
- Stimmt es, dass fünf der Entführer in den 90er Jahren in US-Militärbasen eine Ausbildung erhielten?
- Mit welchen Aufgabengebieten war der spätere Sicherheitschef des WTC, John O'Neill, vorher beim FBI betraut?

- Was geschah mit dem so genannten Phoenix-Memorandum, das am 10.Juli 2001 an die FBI-Zentrale geschickt worden war, in dem ausführlich vor gewarnt worden war, dass sich zahlreiche verdächtige Islamisten in Flugschulen des Landes eingeschrieben und sich dort unverhohlen nach den Sicherungssystemen großer Flughäfen erkundigt hätten?

## ZUM VERLAUF DER ANSCHLÄGE

- Was weiß der saudische Geheimdienst bzw. wie hoch ist möglicherweise sein Anteil an diesen Anschlägen?
- Wurden die Piloten der Terrorflugzeuge womöglich im Auftrag oder mit Unterstützung des saudischen Geheimdienstes von US-Fluglehrern ausgebildet ?
- Warum wurden amerikanische Flugschulen besucht, wenn die al Qaida angeblich die Unterstützung von Regierungen genießt, deren Armeen eigene Militärschulen haben?
- Warum nimmt niemand die Argumente von Berufspiloten ernst, dass ein Flugschüler mit ein paar Stunden auf Cessna-Maschinchen unmöglich die komplizierten Flugmanöver ausführen konnte?
- Warum ist es diesem hochtrainierten System NORAD nicht gelungen, Jäger an die Maschinen zu bringen, die ihren normalen Kurs verlassen und Ihre Transponderverbindungen zu den Fluglotsen gekappt hatten?
- Was beispielsweise ist mit der Autobombe, die zeitgleich mit den Flugzeugangriffen vor dem US-Außenministerium explodierte?
- Stimmt es, dass von Dallas aus eine fünfte Maschine entführt werden sollte?
- Nur durch die Einstellung des gesamten Luftverkehrs seien „fliegende Bomben“ am Boden geblieben, sagte die Chefin der US-Luftaussichtsbehörde, Jane Garvey, eine solche Sperrung sollten die cleveren Attentäter nicht vorausgesehen haben?
- Warum gibt es nach einem halben Jahr, mit unvorstellbarem Aufwand geführter Ermittlungen der größten Geheimdienste der Welt bis heute keinen einzigen „gerichtsfesten“ Beweis gegen Osama bin Laden / al Qaida?

- Wenn kein amerikanischer Sicherheitsdienst etwas von den Vorbereitungen zum Anschlag wußte, warum konnten dann wenige Stunden später die Täter „eindeutig" benannt werden?
- Warum versagte am 11. September das gesamte strategische Flugabwehrsystem und die gesamte Luftverteidigung der USA?
- Warum haben die Attentäter, bei einer so minutiös und militärisch exakt geplanten und monatelang im Geheimen vorbereiteten Operation, so deutliche Spuren hinterlassen, die es scheinbar erlauben, die Tat nahezu lückenlos aufzuklären?
- Warum ging der Attentäter Atta das Risiko ein, erst äußerst knapp vorher zu seinem Startort Boston zu fliegen?
- Warum hat keiner der vier Flugzeug-Crews den vereinbarten Sicherheitscode 7700 gesendet?
- Warum wurden Testamente und Abschiedsbriefe nicht an die Adressaten abgeschickt, so dass diese dem FBI in die Hände gefallen sind bzw. aus dem Flugzeugwrack geborgen wurden?
- Warum nimmt niemand dazu Stellung, dass von den 19 unmittelbar nach der Tat benannten Attentätern mindestens 7 heute noch leben ?
- Wie sind die Attentäter in die Flugzeuge gelangt bzw. warum wurden sie nicht registriert ?
- Warum nimmt niemand Stellung zu der These des anonymen britischen Flugzeugingenieurs, der behauptet die Flugzeuge seien mit remote control in die Twin Towers gesteuert worden?
- Was ist an der Behauptung dran, wie anfänglich in Medienmeldungen mitgeteilt, auch die Kapitäne der entführten Maschinen hätten nichts von Terroristen oder Arabern gesagt, sondern verzweifelt gemeldet, dass sie nicht mehr steuern könnten ?
- Wer war in der Lage, den elektronischen Kenncode einer der Maschinen zu ändern, die in das WTC rasten ?
- Wer war der Anrufer, der kurz nach dem Absturz auf das Pentagon mit einem Angriff auf die Air Force One drohte und dabei Codewörter verwendete, die nur einem kleinen Teil der für den Schutz des Präsidenten in Krisenzeiten verantwortlichen Beamten (des Secret Service) bekannt waren ? Oder ist das Ganze eine Propagandalegende?

## ZU DEN BÖRSENSPEKULATIONEN

- Was haben denn die Experten in den letzten 10 Jahren, bei ihren nur in Andeutungen erkennbaren riesigen nachrichtendienstlichen Möglichkeiten in internationalen Netzwerken, auf diesem Gebiet getan ?
- Gab es da keine verwertbaren Informationen, haben die ständigen Analysen nicht zu Erkenntnissen über Ursprünge und Wege dieser Aktivitäten geführt ?
- Haben die Terroristen die Geheimdienste "geleimt", indem sie zum althergebrachten Geldverleiher gegangen sind ?
- Warum wird Saudi-Arabien nicht gezielt über dessen Unterstützung von bin Laden und der al Qaida befragt?
- War der Rücktritt von Turki al Faisal erzwungen?
- Hat die Familie Bush bei den Spekulationen gegen die AA und UAL auch Gewinne gemacht?
- Warum haben die Finanznachrichtendienste, trotz ihrer Möglichkeiten, bisher keine Ergebnisse zu den Börsentransaktionen vorlegen können?
- Welche Rolle spielt die Deutsche Bank Tochter Brown Bankers Trust ?
- Warum schweigt, trotz vollmundiger Ankündigungen, die SEC bis heute?
- Haben europäische Banker Recht, wenn sie sagen, die von den USA überreichten Listen von Terrorkonten und -inhabern seien nur von geringer Beweiskraft?
- Wie klärte man die Insider-Börsengeschäfte, bei denen durch den Kauf von Twin-Tower- und Airline-Aktien das 12- bis 25-fache verdient worden sein soll?
- Warum äußert sich niemand zu der von Michael C. Rupperts (9.10.2001) erhobenen Beschuldigung, dass höchste Kreise der CIA in den verbotenen Insider-Handel involviert sein sollen?
- Um 8.45 Uhr schlägt das erste Flugzeug AA11 in den Nordturm.

  Das NORAD-System war spätestens mit dem Kappen der Transponder-Verbindung um 8.43 Uhr darüber informiert, dass mit dem zweiten Flugzeug, UA175, etwas nicht stimme. Ebenso wurde von diesem die Richtung spätestens 8.46 Uhr geän-

dert. Zwischen dem Einschlag des ersten Flugzeuges in den Nordturm und des zweiten in den Südturm vergingen mehr als 15 Minuten. Ein Abfangjäger hätte innerhalb von 7 min am WTC-Tower sein können, ausreichend Zeit also. Warum wurde das UA175 nicht abgefangen und somit der Anschlag auf den Südturm nicht verhindert, warum wurde nicht einmal der Versuch dazu gestartet?
UA175 schlug um 9.03 Uhr in den Südturm ein.
Wann erfuhr der Präsident von dem Anschlag? Wer war derjenige, der mit einer Videokamera den Einschlag auf den Südturm filmte? War es ein Passant, ein Journalist, ein Sicherheitsbeamter? Wurde das Video auf Echtheit überprüft? Wer hat das Video überprüft, was ergab die Überprüfung, insbesondere die Einzelbildauswertung dieses Videos?

- Warum war das Cockpit der Boeing, die durch den Südturm schlug, NICHT beschädigt?
- Warum sieht man auf den Videos keine Tragflächentrümmer von dem Flugzeug, das im Südturm in die Ecke eingeschlagen ist?
- Während der Nordturm zentral getroffen wurde, schlug UA175 schräg in den Südturm, in eine Ecke ein und Teile davon schossen an der anderen Seite wieder heraus, das Cockpit war augenscheinlich noch ganz. Große Mengen des Flugbenzins konnten sich so gar nicht ins Gebäude verteilen und verbrannten explosionsartig außerhalb. Warum stürzte aber der Südturm, der später und ungenauer getroffen wurde erheblich früher, nämlich nach ca. 47 min., als der Nordturm ein, der erst nach ca. 1.44 h einstürzte?
- Die Schmelztemperatur von Stahl liegt bei über 1500 Grad Celsius. Stahl ist ein guter Wärmeleiter. Es ist anzunehmen, dass das Feuer sich von den Einschlagsstellen aus ausbreitete. Die Stahlträger waren von Beton umschlossen. Angeblich ist der Stahl in den Trägern geschmolzen und das beim Südturm innerhalb von 47 min., wie war das technisch möglich?
- Warum bog sich keiner der Türme, da ja zumindest an den Einschlagsstellen der Stahl zuerst schmelzen musste?
- Warum blieben die Stahlgerüste zumindest teilweise nicht stehen?
- Ca. zum Zeitpunkt des Einschlags von UA175 in den Südturm

wurden von AA77, der Maschine, die in das Pentagon stürzte, die Transponder-Verbindungen gekappt. Nach den Vorkommnissen in New York musste von einem weiteren Anschlag ausgegangen werden. Warum stiegen nicht schon zu diesem Zeitpunkt Abfangjäger auf? Ungefähr zur gleichen Zeit wurde die Richtung geändert, AA77 wendete sozusagen, NORAD war spätestens um 9.24 informiert. Warum stiegen nicht spätestens jetzt Abfangjäger auf?

- Warum wurde nicht der Luftraum über strategisch wichtigen Zielen, wie Washington DC, Pentagon, Langley etc. überwacht, obwohl man wusste, dass sich noch mindestens ein entführtes Flugzeug in der Nähe in der Luft befindet?
- Was geschah wirklich im Pentagon, was hat die Zerstörung im Pentagon ausgelöst (Flugzeug? Autobombe? Sprengladung? Oder Rakete?)?
- Ca. 9.30 wurden auch die Transponder-Verbindungen von UA93, der Maschine, die über Pensylvannia abstürzte gekappt, die Flugrichtung spätestens um 9.36 Uhr deutlich geändert, das Flugzeug stürzte ca. 10.03 Uhr ab. Wurde dieses Flugzeug tatsächlich abgeschossen? Wenn nein, warum wurden dann mehr als 6 Meilen von der Absturzstelle schon Minuten später entfernt Trümmer dieser Maschine gefunden? Was ergaben die Untersuchungen dieser Maschine?

## ZU DEN ERMITTLUNGEN

- Gibt es Untersuchungen und was ist deren Ergebnis, ob eventuell zusätzlich Sprengstoff benutzt worden ist, das VORHER in den Gebäuden des WTC deponiert worden ist?
- Warum fielen keine großen Brocken zu Boden, sondern vielmehr größtenteils pulverisierter Beton, beim Zusammensturz des WTC? Wie kann Feuer Beton in soviel Staub und Asche verwandeln?
- Was wissen FBI und andere wirklich von diesem Netzwerk, wie sicher sind die Beweise, dass Osama bin Laden und al Qaida verantwortlich für die Anschläge sind?
- Warum weiß eigentlich niemand wo Osama bin Laden ist oder ob er tot ist?

- Bis heute sind keinerlei Untersuchungsergebnisse der Voice- und Flightrecorder aller vier Maschinen bekannt. Was ergaben diese Untersuchungen? Gab es tatsächlich keinerlei Kontakt zu den Piloten der entführten Maschinen? Wenn es aber Kontakte zu diesen gegeben hat, worüber wurde dann gesprochen, was wurde aufgezeichnet, was sagten die Piloten etc.?
- Und falls es wirklich weitere Todesflieger gab, warum werden sie noch immer nicht präsentiert?
- Was war der Grund dafür, dass Anti-Terror-Kommandos zwei Tage nach dem 11. September die Maschine AA 133 auf dem Kennedy-Airport in New York stürmten? Waren wirklich indische bin-Laden-Leute an Bord?
- War der Mitte Oktober in  verhaftete Indonesier Agus Budimann wirklich eine Art Führungsoffizier für Atta?
- Hat Agus Budimann dem angeblichen bin Laden-Mann Belfas eine Fahrerlaubnis des US-Staates Virginia besorgt?
- Woher stammt Attas gefälschter Florida-Führerschein?
- Wie klärte das FBI den Bombenfund auf dem Busbahnhof von Philadelphia?
- Haben sich die Attentäter tatsächlich für Landwirtschaftsflugzeuge interessiert, um Kampfstoff, von dem es nicht einmal die Spur eines Hinweises gibt, abzuregnen?
- Was ist mit den angeblich durchs Land rollenden LKW-Bomben? Waren die mehrmaligen Drohungen gegen Brücken und Hafenanlagen vielleicht nur eine Form der psychologischen Kriegsvorbereitung?
- Was hat man aus jenen herausgeholt, die mit gefälschten Pilotenausweisen, mit American-Airlines- und Lufthansa-Uniformen erwischt wurden?
- Wieso gehen islamische Fundamentalisten am Tag vor dem Einzug in das Paradies (Attentat) in eine Striptease-Bar?
- Warum geht niemand den Spuren und Hinweisen des israelischen Geheimdienstes Mossad nach?
- Warum untersucht niemand, wie der arabische TV-Kanal *Al Dschasira* an die bin Laden-Videos gelangt ist?
- Warum überlassen die amerikanischen Sicherheitsdienste das in Afghanistan gefundene „Mutterband“ (master tape) mit dem

„Schuldbekenntnis“ bei der „Siegesfeier“ von Osama bin Laden nicht unabhängigen Experten zur Analyse?

- Wie kamen die US-Dienste in den Besitz dieses Bandes?
- Warum wurden die Video-Aufnahmen überhaupt gemacht?
- Warum gibt es keine Informationen über die Identität und Funktion der anderen Teilnehmer an der „Siegesfeier“?
- Wo war bin Laden am Morgen des 11. September und warum wird uns der Eindruck vermittelt, er hätte den Ablauf der Attentate nicht im TV verfolgen können?
- Warum verteidigt der anerkannt sachlich videotechnisch unkundige Gerhard Schröder vehement die Echtheit des Videos?
- Warum ist das am 24. September 2001 von US-Außenminister Colin Powell auf einer Pressekonferenz angekündigte Papier „das ganz klar die Beweise darlegt, weshalb wir bin Laden mit dem Angriff in Verbindung bringen“ bis heute nicht veröffentlicht bzw. durch Bush's Entscheidung zurückgehalten worden?
- Welche Unterlagen, die „eindeutig und ausreichend“ die Schuld bin Ladens beweisen, kannte Tony Blair und warum werden diese der Öffentlichkeit, oder zumindest den Parlamenten, vorenthalten?
- Warum ignorierte die Bush-Administration, das Angebot der Taliban-Regierung, wie völkerrechtlich korrekt, nach Vorlage von Beweisen, bin Laden auszuliefern?
- Wo sind die „unwiderlegbaren Beweise“, die bei Erklärung des Bündnisfalles (Beistandspflicht gemäß NATO-Vertrag) von Colin Powell versprochen wurden ?
- Während sich über die handwerklichen Fehlleistungen die geballte Häme der Medien ergoss, wurden Hemmnisse der Terrorabwehr durch die politische Auftragssteuerung kaum thematisiert. Warum?

## WEITERE FRAGEN

- Wer steckt hinter den Milzbrandanschlägen?
- Stammt der Milzbranderreger Anthrax aus US-amerikanischen Bio-Waffenlabors?
- Warum wird in dem sich offiziell gebenden Dokumentationsband des *SPIEGEL* die These vom arabisch islamistischen An-

schlag auf das WTC von 1993 unkritisch kolportiert, obwohl dutzende Beweise für die Mittäterschaft des FBI vorliegen?

- Warum werden in den Untersuchungen zum WTC-Attentat die Spuren zu US-Nazi-Terroristen um Timothy McVeigh nicht als alternative Ermittlungsspur verfolgt?
- Auf welcher völkerrechtlichen Grundlage wird das afghanische Volk durch Bombardierungen für die von der CIA installierte Taliban-Regierung „in Haft" genommen?
- Wenn die Schuld von Osama bin Laden / Taliban eindeutig erwiesen ist, ein Angriffskrieg gegen Afghanistan gerechtfertigt ist, warum setzt dann der Kongress der USA einen Untersuchungsausschuß zum Versagen der Geheimdienste ein?
- Warum wird jeder, der kritische Fragen zu den Umständen der Attentate stellt, unabhängig von seinem politischen Standort, als Verschwörungstheoretiker denunziert?
- Wer hat Interesse an einem Feindbild „islamischer Fundamentalist" und warum möchte Mr. Bush hunderte Jahre nach dem letzten noch einmal in einen Kreuzzug gegen den Islam ziehen?
- Warum riecht es auf fast allen Kriegsschauplätzen gegen den Terror penetrant nach Öl?
- Warum wurden die Versuche, die Verbindungen zwischen UCK und bin Laden zu untersuchen, von den USA unterbunden?
- Hätten die nach dem 11. September massiv eingeschränkten Bürgerrechte und die von den Parlamenten verabschiedeten „Sicherheitspakete" den Terroranschlag verhindert?
- Warum ging man Spuren zum israelischen Geheimdienst nicht nach?
- Müssen wir davon ausgehen, da der Kongress die Nachrichtendienste nach dem 11. September nachhaltig stärkte, ohne dass gewichtige politische Stimmen eine Reform an Haupt und Gliedern verlangt hätten, dass der öffentlich zugängliche Endbericht eher auf Schadensbegrenzung abzielen wird ?
- Warum wurden bei dem Gefangenenaufstand in Masar-i-Sharif alle 600 al Qaida-Kämpfer und Talibane getötet?
- Wie wurde der Bericht der Hart-Rudman Kommission ausgewertet, in dem u.a. ausgesagt wurde, dass „ein direkter Angriff auf amerikanische Bürger in den Vereinigten Staaten... wahrscheinlich ist"?

- Ganz vorne steht die Frage, warum die „dummen und unfähigen“ FBI-Leute in der Zentrale seither nicht gefeuert oder strafversetzt wurden?
- Es stellt sich die Frage, warum trotz des offensichtlichen und fatalen Versagens der CIA und der FBI-Zentrale beide Organisationen nach dem 11. September nicht total umgekrempelt wurden, sondern stattdessen von der Bush-Regierung mit Machtzuwachs und bedeutend mehr Geldmitteln (700 Millionen Dollar pro Jahr zusätzlich allein für das FBI) belohnt wurden?
- Insbesondere stellt sich jedoch die Frage, warum ausgerechnet der Hauptverantwortliche in diesem Drama, FBI-Mann Michael Maltbie seither sogar befördert worden ist? Michael Maltbie war der Vorgesetzte der FBI-Agenten aus Minneapolis. Er war der Mann in der FBI-Zentrale, der die Untersuchung gegen Moussaoui blockiert hatte. Nach einem Bericht der amerikanischen Nachrichtenagentur *Worldnetdaily.com* von Anfang Juni 2002 ist Michael Maltbie inzwischen befördert und in einen Job versetzt worden, wo er „noch mehr Verantwortung trägt“.
  Ist der Anschlag auf das WTC ein kriegerischer Angriff auf das Territorium der USA?
- Nach dem Völkerrecht werden Kriege nur zwischen Staaten geführt, gegen wen richtet sich der Krieg gegen den Terror?
- Waren die Terroranschläge des 11. September nicht eher als singuläres Verbrechen einzustufen, statt als kriegerische Handlung?
- Liegt tatsächlich ein Bündnisfall für andere NATO-Staaten vor und wenn ja, wieso?
- Wieso rechtfertigt der Krieg gegen den Terror automatisch, auch Staaten anzugreifen, die im Verdacht stehen, den Terrorismus zu unterstützen oder Staatsterrorismus auszuüben?
- Warum wird dann nicht das al Qaida-Verschwörernest Saudiarabien angegriffen sondern der eher unbeteiligte Irak?
- Wenn es ein Krieg gegen den Terror ist, warum werden die gefangen genommenen Talibane nicht als Kriegsgefangene entsprechend der Haager Landkriegsordnung behandelt sondern als so genannte ungesetzliche Kämpfer „enemy combatants“?

ZUM SCHWEIGEKARTELL

- Warum nehmen die vielen, dem investigativen Journalismus verpflichteten Medien in den USA und in Europa, diese kritischen Fragen nicht auf ?
- Warum bilden die vielen, dem investigativen Journalismus verpflichteten Medien in den USA und in Europa, ein Schweigekartell ?
- Obwohl auch dem sonst so investigativen Nachrichtenmagazin *DER SPIEGEL* die vielen Ungereimtheiten nicht entgangen sein dürfte, schweigt dieser zu diesen. Vielmehr denunziert er in übelster Weise all diejenigen, die es wagen, der offiziellen Darstellung zu widersprechen. Die Anfeindungen gegen Bröckers sind hinlänglich bekannt. Welche Rolle spielt dieses Nachrichtenmagazin also? Sind in irgendeiner Weise Gelder geflossen oder andere Zuwendungen zuteil geworden, um die Berichterstattung von Zweifeln oder Ähnlichem in diesem Magazin zu unterdrücken?
- Hendryk M. Broder durfte zu dem Thema des 11. September ein Werk veröffentlichen, in dem er ungestraft reihenweise Intellektuelle und Personen des öffentlichen Lebens dieses Landes regelrecht diffamieren durfte. Im Vergleich dazu sei auf die üble Hetzkampagne gegen Martin Walser verwiesen, losgetreten von Frank Schirrmacher (FAZ), wo es nicht um ein Sachbuch, sondern um Belletristik, lediglich Fiktion ging. Welche Rolle spielt Broder? Ist er ein Einflussagent irgendeines Geheimdienstes oder genießt er den Schutz weil er Zionist ist oder aus welchen anderen Gründen?

# 11. SEPTEMBER – WAREN DIE USA VORGEWARNT?

*Rainer Rupp*

*War es möglich die Anschläge vorherzusehen, gab es vielleicht unbeachtete Warnungen. Rupp zeigt auf, dass dieser Anschlag nicht so überraschend kam, wie man uns jetzt einreden will. Warnungen gab es jede Menge und auch schon konkrete Ermittlungsergebnisse der Sicherheitsbehörden. Die Geheimdienste sind jetzt dabei, ein Bild vom bösen islamistischen Terroristen zu erschaffen, um von ihrem eigenen Versagen abzulenken. Aber in vielen ausländischen Zeitungen hält man sich nicht an das Schweigekartell ...*

**Rainer Rupp**

Geboren: 21.9.1945 in Saarlouis. Diplom Volkswirt (1973: Prädikatsexamen Uni Bonn), heute: Freier Journalist, verheiratet seit 1972, 3 Kinder, Mitglied des Parteirats der PDS

Auslandsaufenthalte:

1969 Student an der „Université Libre de Bruxelles“ (ULB) am „Institut des Etudes Européennes“

1973 Brüssel, Wissenschaftlicher Mitarbeiter in der Abteilung für angewandte Ökonomie (Département de l'ULB pour l'Economie Appliquée)

1974 Assistent des Geschäftsführers der ersten Euro-Lobbying Gesellschaft in Brüssel, exklusiv für einige bedeutende internationale Konzerne

1976-1977 Abteilungsleiter (Director for Industrial Research) in einer Brüsseler Merchant Bank, spezialisiert auf britische Industriebeteiligungen in Kontinentaleuropa;

1977-1993 Senior Economist in der „Politischen Abteilung“ des NATO-Hauptquartiers in Brüssel in Brüssel. Analysen für die politische Planung auf höchster Ebene. Entwurf von Dokumenten für verschiedene NATO-Ausschüsse, Berichten an die Außenminister der Allianz, Hintergrundeinweisungen, Analysen und Einschätzungen. Zahlreiche Publikationen, Artikel in internationalen Fachzeitschriften; Redner bei vielen internationalen Veranstaltungen in Europa, Nordamerika und Asien

1968 Anwerbung durch die Hauptverwaltung Aufklärung des Ministeriums für Staatssicherheit der DDR

1993 Verhaftung durch die Staatsschutzabteilung des BKA

1994 Verurteilung zu 12 Jahren Haft

Juli 2000 Entlassung nach 7 Jahren Haft und Arbeit als freiberuflicher Journalist für „Neues Deutschland“, *junge Welt* und andere Zeitungen in Deutschland, Luxemburg, Österreich und der Schweiz.

Die amerikanische Regierung, unterstützt von ihren Geheimdiensten, behauptet seit den verheerenden Terroranschlägen vom 11. September steif und fest, niemand habe davon auch nur etwas geahnt, geschweige denn zuvor davon gewusst. Das Versagen der eigenen Geheimdienste wird vielfach mit dem Argument entschuldigt, dass kein vernünftiger Mensch überhaupt auf die schreckliche Idee hätte kommen können, vollbesetzte Passagierflugzeuge in fliegende Terrorbomben umzuwandeln und sich damit auf Ziele zu stürzen. Beide Behauptungen sind falsch, wie nachfolgend anhand vielfacher Belege bewiesen wird. Zumindest waren die US-Regierung und ihre Geheimdienste nicht nur über unmittelbar bevorstehende gigantische Terroranschläge vorgewarnt, sondern es gab auch recht präzise Hinweise, dass diese auf markante Ziele in den USA gerichtet waren. Auch über die Art der Ausführung dieser Anschläge mit gekaperten Passagierflugzeugen gab es sowohl Hinweise aus Präzedenzfällen als auch ganz konkrete Warnungen von befreundeten Nachrichtendiensten der USA. Nur die Frage, auf die die US-Regierung unmittelbar nach den Anschlägen vorgab, eine ganz genaue Antwort zu haben, dass nämlich bin Laden und seine al Qaida dafür verantwortlich waren, bleibt nach wie vor offen.

John Philip Walker Lindh, besser bekannt als der „amerikanische Taliban", weil er an der Seite der Taliban kämpfte, als er in Afghanistan von der Nordallianz gefangen genommen wurde, steht vor einem amerikanischen Gericht, wo er wegen einer „terroristischen Verschwörung" zur Ermordung amerikanischer Staatsbürger angeklagt ist. Seiner Anklageschrift zufolge begann Walker Lindhs Rolle in der Verschwörung „zwischen Mai und Juni 2001", als er an einer militärischen Ausbildung in einem al Qaida-Lager teilnahm. Während seiner Ausbildung soll er auch bin Laden getroffen und erfahren haben, dass der „ungefähr 50 Mann entsandt hat, um zwanzig terroristische Selbstmordoperationen gegen die Vereinigten Staaten und Israel durchzuführen", heißt es in der Anklageschrift, die dem jungen Walker Lindh die schrecklichsten Verbrechen vorwirft, obwohl er nicht einmal indirekt an den Anschlägen beteiligt war und schon gar nicht gegen Amerikaner, sondern nur gegen andere Feinde des Islam kämpfen wollte.

Während die amerikanische Justiz versucht, die Schuld des exzentrischen, jungen Mannes aus Kalifornien nachzuweisen, stellt Walker Lindh eine enorme Gefahr für das Establishment der amerikanischen Geheimdienste dar. Mit ihrem gigantischen, 30 Milliarden Dollar teurem Jahresbudget ist den US-Geheimdiensten nämlich nicht gelungen, was dem jungen Walker Lindh vorgeworfen wird, nämlich ganz und gar auf sich gestellt, ins Innere der al Qaida vorzudringen, bin Laden zu treffen und im Voraus Erkenntnisse über die geplanten Terroranschläge zu erlangen - falls die US-Anklageschrift nicht übertreibt. Die Gerichtsverhandlung gegen den amerikanischen Taliban könnte die Bush-Regierung und ihre Geheimdienste aber in eine noch größere Bredouille bringen, wenn an die Öffentlichkeit dringt, dass die entsprechenden Behörden und Politiker mindestens soviel über die bevorstehenden Terrorangriffe gewusst hatten wie angeblich Walker Lindh, aber nicht darauf reagiert haben. Nach Aussagen mehrerer, an der Untersuchung beteiligter gehobener FBI-Beamten gegenüber dem US-Nachrichtenmagazin *The New American* sei genau dies der Fall.[1] Bevor jedoch auf die konkreten Warnungen und Erkenntnisse der US-Geheimdienste über die geplanten Anschläge eingegangen wird, soll zuvor der Frage nachgegangen werden, ob die US-Regierung und ihre Geheimdienste mit dieser Art von Anschlägen wie auf das Pentagon oder WTC überhaupt gerechnet hatten.

## SELBSTMORDANGRIFFE MIT PASSAGIERMASCHINEN WAREN LÄNGST FESTER BESTANDTEIL AMERIKANISCHER BEDROHUNGSANALYSEN.

Bereits acht Jahre vor dem 11. September 2001 hatte man sich in der amerikanischen Regierung Sorgen über Selbstmordangriffe mit Zivilflugzeugen gemacht. 1993 diskutierte eine vom Pentagon beauftragte Expertenkommission, wie Terroristen ein Flugzeug dazu einsetzen könnten, um nationale Wahrzeichen zu bombardieren, erklärte im Oktober letzten Jahres der US-Luftwaffenoberst a.D. Doug Menarchik, gegenüber der *Washington Post*. Ein Entwurf der Studie sei damals im Pentagon, im Justizministerium und im Bundesamt für Notfallmanagement in Umlauf gebracht worden.[2]

Ein Jahr später gab es dann schon die ersten Versuche, Flugzeuge absichtlich in Gebäude zu stürzen und zu zerstören. Allein 1994 waren es drei Fälle. Der erste, im April 1994, betraf einen Flugingenieur des Transportunternehmens „Federal Express". Als der Ingenieur entlassen werden sollte, drang er als Passagier ins Cockpit einer DC-10 vor, um das Flugzeug in die Konzernzentrale in Memphis zu steuern. Allerdings wurde er noch rechtzeitig von der Crew überwältigt. Der zweite Fall erfolgte im September, als ein einzelner Pilot eine gestohlene einmotorige Cessna in einen Baum vor dem Weißen Haus gesteuert hatte, unmittelbar vor dem Schlafzimmer des US-Präsidenten. Der dritte Fall war die Entführung einer Air-France-Maschine im Dezember in Algier durch die GIA (Groupes islamiques armée). Die Entführer landeten die Maschine in Marseille und ordneten an, sie mit 27 Tonnen Benzin zu füllen, dreimal mehr, als für einen Flug nach Paris nötig war. Ihr Ziel war es, das Flugzeug in den Eiffelturm zu steuern. Französische Spezialtruppen stürmten die Maschine noch am Boden.[3]

Im Januar 1995 verhaftete die philippinische Polizei Abdul Hakim Murad in einer Wohnung in Manila, wo eine Ausrüstung zur Herstellung von Bomben gefunden wurde, und verhörte ihn unter Folter. Er sagte aus, es habe Pläne gegeben, in elf amerikanischen Flugzeugen Zeitbomben zu hinterlegen, damit sie mehr oder weniger gleichzeitig über dem Pazifik abstürzten. Zugleich sollten sich Selbstmordattentäter mit einem Flugzeug in das CIA-Hauptquartier in Langley, Virginia stürzen. Die Vorbereitungen waren so weit fortgeschritten, dass Murad die einzelnen Flugobjekte beschreiben konnte, die meisten von ihnen mit trans-pazifischer Flugroute, die über dem Ozean explodieren sollten. Murad hatte Flugschulen in den Vereinigten Staaten besucht und einen Flugschein für Zivilflugzeuge erworben. Er sagte den Ermittlern, er hätte das Flugzeug ins CIA-Hauptquartier steuern sollen. Ein anderer islamischer Fundamentalist sollte ein zweites Flugzeug in das Pentagon fliegen.[4]

Im Frühling des gleichen Jahres wurde der mutmaßliche Organisator des ersten Bombenanschlags auf das World Trade Center, Ramzi Ahmed Yousef, in Pakistan verhaftet und an die USA ausgeliefert. Auf dem Flug dorthin prahlte Yousef Berichten zufolge vor dem ihn begleitenden FBI-Agenten damit, dass er mehrere Möglichkeiten gehabt hätte, ein Dutzend Flugzeuge an einem einzigen Tag über dem Pazifik abstürzen zu lassen und sich selbst mit einem Flugzeug auf das CIA-Hauptquartier in Langley, Virginia, zu stürzen. Die FBI-Ermittler brachten daraufhin Yousef mit dem gleichen Plan in Verbindung, für den Abdul Hakim Murad auf den Philippinen inhaftiert worden war. (Quelle: John Cooley, Unholy Wars, New York, 2000, S. 247)

Schon im Jahre 1996 hatte das FBI damit begonnen, die Tätigkeit arabischer Studenten in amerikanischen Flugschulen genauer unter die Lupe zu nehmen. Regierungspolitiker gaben zu, dass das FBI davon ausging, dass etwa ein Dutzend dieser Flugschüler in Verbindung zu bin Laden standen. FBI-Agenten suchten 1996 sogar zwei Flugschulen auf, um Informationen über verschiedene arabische Piloten zu erhalten, die hier ausgebildet worden waren. Die beiden Schulen waren auch von Abdul Hakim Murad besucht worden, der der philippinischen und amerikanischen Polizei die Pläne gestanden hatte, ein entführtes Flugzeug ins CIA-Hauptquartier zu stürzen.

1998 befragten FBI-Agenten die Leiter der Airman Flight School in Norman, Oklahoma zu einem ihrer Absolventen, der von Zeugen vor Gericht als einer von Osama bin Ladens Piloten identifiziert worden war. Dies war die gleiche Schule, die Zacarias Moussaoui später besuchen sollte. Ein Artikel der *Washington Post* kommt daher zum Schluss: „Seit 1996 hatte das FBI Beweise, dass internationale Terroristen US-Flugschulen benutzten, um zu lernen, wie man einen Jumbojet fliegt. Ein gescheitertes Vorhaben in Manila, US-Linienflugzeuge in die Luft zu sprengen und später eine Zeugenaussage vor Gericht von einem Verbündeten bin Ladens waren nach Expertenberichten Anlass für Untersuchungen des FBI an verschiedenen Schulen.“[5] Aber niemand in der Bush-Regierung will von der Möglichkeit des 11. Septembers auch nur etwas geahnt haben.

Auf der Basis dieser Erfahrungen hatte am 15. September 1999 der Hart-Rudman Ausschuss des amerikanischen Senats einen nach den beiden Senatoren benannten Bericht über die Bedrohung durch den internationalen Terrorismus der US-Regierung überreicht. In dem Bericht wird gewarnt, dass die Amerikaner nicht länger von einer "relativen Unverwundbarkeit gegen Terrorangriffe von katastrophalen Ausmaßen auf das amerikanische Mutterland" ausgehen dürften. Der Hart-Rudman Ausschuss erwartete sogar in absehbarer Zeit einen „direkten Angriff auf amerikanische Bürger in den Vereinigten Staaten.“ Aber das Verteidigungsministerium sei „unfähig, eine strategische Antwort auf die neue Bedrohung zu finden, die sich wesentlich von jenen des Kalten Krieges unterscheidet“ und Hart-Rudman verlangte die Schaffung einer Heimatverteidigung, welche die Tätigkeiten des Pentagon mit der Verteidigung des nationalen Territoriums koordinieren sollte. (Was nahe legt, dass das Pentagon nicht zur Verteidigung der USA, sondern lediglich für Angriffe auf andere Länder zuständig ist.)

## KONKRETE HINWEISE

Man muss kein Anhänger von Verschwörungstheorien sein, um zu erkennen, dass die offiziellen Stellen ihre Glaubwürdigkeit bei der Darstellung der Ereignisse überdehnen. Die unwahrscheinlichste Version ist die von FBI-Direktor Robert Mueller, dass nämlich der gesamte amerikanische Sicherheitsapparat keine Ahnung von den Aktionen der Entführer gehabt habe. Stattdessen gab es nicht nur Warnungen allgemeiner Art, wie bereits oben ausführlich belegt, sondern auch ganz konkrete Hinweise sowohl aus dem eigenen Sicherheitsapparat als auch von den Diensten befreundeter Länder.

Die Regierungen von mindestens vier Ländern, Deutschland, Ägypten, Russland und Israel haben in den Monaten vor dem 11. September die USA ausdrücklich vor einem bevorstehenden Terrorangriff gewarnt. Diese Warnungen lieferten, wenn auch nur bruchstückhaft, ein Bild über das Ausmaß des Angriffs und sein wichtigstes Ziel. So wurde z.B. in einer großen deutschen Tageszeitung kurz nach der Zerstörung des WTC berichtet, dass der deutsche Geheimdienst BND sowohl dem amerikanischen als auch dem israelischen Geheimdienst im Juni mitgeteilt habe, dass Terroristen aus dem Nahen Osten sich darauf vorbereiteten, ein Passagierflugzeug zu entführen und es als Waffe zu benutzen, um wichtige Symbole der amerikanischen und israelischen Kultur anzugreifen.[6]

Die Regierung Ägyptens schickte am 13. Juni eine dringende Warnung an die USA, die sich auf ein Video stützte, das von Osama bin Laden stammte. Der ägyptische Präsident Hosni Mubarak sagte der französischen Zeitung *Le Figaro*, dass die Warnung zum ersten Mal kurz vor dem G-8-Gipfel in Genua übermittelt worden sei. Sie sei so ernst genommen worden, dass man rund um den Christoph-Columbus-Flughafen von Genua Luftabwehr-Geschütze in Stellung gebracht habe. Laut Mubarak habe bin Laden „davon gesprochen, Präsident Bush und andere Staatsoberhäupter in Genua zu ermorden. Dabei sollte ein mit Sprengstoff gefülltes Flugzeug zum Einsatz kommen."[7]

Laut russischen Presseberichten informierte der russische Geheimdienst die CIA darüber, dass im Sommer 2001 etwa 25 terroristische Piloten eigens auf Selbstmordeinsätze vorbereitet worden seien. In einem Interview vom 15. September mit *MSNBC* bestätigte der russische Präsident Wladimir Putin, dass er im August den russischen Geheimdienst beauftragt habe, die US-Regierung „so eindringlich wie möglich" zu warnen, dass Anschläge auf Flughäfen und Regierungsgebäude unmittelbar bevorstünden.[8]

Die konservative Londoner Zeitung *The Sunday Telegraph*, die normalerweise die Bush-Regierung unterstützt, berichtete Mitte September, dass der israelische Geheimdienst Mossad im August eine Warnung an FBI und CIA übermittelt habe, wonach nicht weniger als 200 Sympathisanten Osama bin Ladens in das Land (die USA) eingeschleust würden, um „einen schweren Anschlag auf die Vereinigten Staaten" auszuführen. Dabei sei über ein „sehr großes Zielobjekt" gesprochen worden, bei dem die Amerikaner „äußerst verwundbar" seien.[9] Die *Los Angeles Times* zitierte ungenannte US-Sprecher, die bestätigten, dass Warnungen vom Mossad eingegangen seien.[10]

Trotz dieser zahlreichen Vorwarnungen gab kein einziger US-Geheimdienst vor dem 11. September irgendeine Warnung vor einem möglichen Angriff auf ein Ziel auf US-Territorium heraus. Die CIA und das FBI konzentrierten sich stattdessen auf mögliche Angriffe auf amerikanische Anlagen oder Botschaften im Nahen Osten, in Europa und Asien. So schlug das US-Außenministerium z.B. am 7. September wegen eines angeblich bevorstehenden Angriffs von bin Ladens Anhängern auf amerikanische Objekte in Ostasien, insbesondere in Japan, Alarm. In den USA wurde die Wachsamkeit jedoch nicht erhöht.

Daher kann zurecht gesagt werden, dass die Terroristen ihren mörderischen Auftrag nur erfüllen konnten, weil die amerikanischen Geheimdienste wiederholte Warnungen ignorierten und sich weigerten, die elementarsten Sicherheitsvorkehrungen zu treffen. Die völlige Gleichgültigkeit, die von führenden Stellen der Sicherheitsbehörden und der US-Regierung gegenüber dem bevorstehenden Terrorangriff auf amerikanischem Boden an den Tag gelegt wurde, kann nur durch eine wahrhaft unglaubliche Inkompetenz erklärt werden. Wenn man jedoch den amerikanischen Diensten mehr zutraut, stellt sich sofort die noch peinlichere Frage, warum sie dann nicht entsprechend reagiert haben.

Ein erschreckendes Beispiel dafür ist die Entscheidung des FBI, im Licht des nicht abreißenden Stroms von Vorwarnungen, keine

Maßnahmen gegen Zacarias Moussaoui zu ergreifen. Die US-Regierung war – wie wir inzwischen wissen - wiederholt davor gewarnt worden, dass womöglich verheerende Terrorangriffe mit entführten Zivilflugzeugen drohten. Dennoch entschied das FBI, keine intensiven Ermittlungen gegen einen Mann zu führen, der nach Angaben des französischen Geheimdiensts wahrscheinlich mit Osama bin Laden in Verbindung stand und in den USA lernen wollte, wie man eine Boeing 747 steuert, ohne sich für das Starten und Landen zu interessieren. Moussaoui wurde zwar vom FBI festgenommen aber sofort an die Einwanderungs- und Einbürgerungsbehörde überstellt. Erst nach dem 11. September interessierte man sich ernsthaft für ihn.

Zacarias Moussaoui war im August 2001 in einer Flugschule in Minnesota verhaftet worden, wo er sich an der Pan Am International Flight Academy in Egan eingeschrieben hatte. Dort hatte er sich wiederholt in Widersprüche über seine Herkunft verwickelt und durch mangelnde Grundkenntnisse ausgezeichnet. Trotzdem war er bereit, viel Geld für die teuren Stunden auf einem der neuesten Flugsimulatoren für Passagiermaschinen auszugeben. Nach einem Bericht der *New York Times* vom 8. Februar 2002 verdichtete sich daher bei den Fluglehrern der Verdacht, er könnte sich bei Moussaoui um einen potentiellen Flugzeugentführer handeln. Direktor John Rosengren erinnerte sich, dass sich Moussaouis Lehrer wunderten, „warum jemand, der kein Pilot war und über so wenig Erfahrung verfügte, so viel Flugtraining in kürzester Zeit absolvieren wollte." Außerdem habe sich Moussaoui in Diskussionen immer wieder dafür interessiert, „wie viel Benzin ein Jumbo-Jet getankt hatte und welche Zerstörungskraft das Flugzeug hatte, wenn es auf etwas abstürzte."

Am 15. August alarmierte ein Fluglehrer das FBI-Büro in Minneapolis. „Können Sie sich vorstellen, wie ernst das ist?", warnte er den FBI-Agenten am Telefon. „Dieser Mann will sich an einer 747 (Jumbo) ausbilden lassen. Eine voll aufgetankte 747 kann als Waffe benutzt werden".[11] Das FBI nahm Moussaoui am nächsten Tag fest. Nach einem Bericht der lokalen Zeitung *Star-Tribune* gelang es den FBI-Agenten aus Minneapolis allerdings nicht, das FBI-Büro in Washington davon zu überzeugen, Moussaoui auf mögliche terroristische Verbindungen zu überprüfen. Statt dessen wurde Moussaoui der Einwanderungsbehörde überstellt. Die frustrierten FBI-Agenten aus Minneapolis waren noch dabei, auf eigene Faust Beweise Moussaoui zu sammeln, als das WTC zusammen stürzte, notierte die *Star-Tribune.*[12]

Interessant ist auch die Meldung der *New York Times* vom 30. Dezember 2001, dass am Morgen des 11. September „zwei Leute, die von den Sicherheitsbehörden des Terrorismus verdächtigt wurden, unter ihrem eigenen Namen zwei unterschiedliche Flugzeuge der American Airlines in Boston besteigen konnten." Für die Bundesbeamten sei auch ein dritter Entführer kein Unbekannter gewesen. Es handelte sich angeblich um Hani Hanjour, der während seines Flugunterrichts an der Pan Am International Flight Academy in Phoenix aufgefallen war. Die Fluglehrer in Phoenix hatten insbesondere bemängelt, dass Hanjour so gut wie kein Englisch sprach, welches die Sprache der internationalen Luftfahrt ist. Als sie jedoch ihre Bedenken gegenüber der US-Bundesluftfahrtbehörde (FAA) ausdrückten, griff die Behörde sofort ein, - und kam Hanjour zu Hilfe. Nach Aussagen von Fluglehrern gegenüber der bereits zitierten *Star-Tribune,* fand die Bundesbehörde für Hanjour einen Dolmetscher und setzte sich für ihn ein, so dass er bleiben konnte.[13] Hanjour steuerte dafür den American Airlines Flug Nr. 77 in das Pentagon.

## DIE BIN LADEN SPUR

Am 7. Februar 2001 stellte CIA-Chef George J. Tenet in Washington dem Geheimdienstausschuss des Senats der Vereinigten Staaten den Jahresbericht seiner „Agency" vor, der den Titel trug: »Weltweite Bedrohungen 2001 - Nationale Sicherheit in einer sich verändernden Welt«. Abgesehen davon, dass in dem Bericht immer noch Elemente des alten Feindbildes Russland gepflegt wurden, widmete sich Tenet ausführlich der Bedrohung durch den zumeist anti-amerikanisch geprägten »internationalen

Terrorismus«, dessen Vorgehensweise sich in den letzten Jahren radikal geändert habe.

Heute handele es sich nicht mehr um zentral gesteuerte Terrororganisationen – so Tenet - sondern hauptsächlich um unabhängige und dezentralisierte Gruppen, die sich in schlecht überschaubaren, losen Netzwerken zusammen gefunden hätten und meist auf der Grundlage ihrer eigenen autonomen Entscheidungen losschlagen würden. Als Beispiel dafür nannte Tenet das al Qaida Netzwerk von Osama bin Laden. Diese neue Form terroristischer Operationen mache die Gewinnung von Informationen oder das Eindringen und die Ausspähung dieser Gruppen äußerst schwierig.

Zusätzlich kompliziert würden die amerikanischen Recherchen dadurch, dass die Köpfe, welche die Terroranschläge planen, zu deren Ausführung immer wieder entfernte Mitläufer gewinnen könnten, wodurch die Spuren zusätzlich verwischt würden. Infolgedessen sei es häufig schwer, Terroranschläge »bestimmten Gruppen zuzuschreiben« - so der CIA-Chef Tenet. Dieses Problem habe auch insbesondere die amerikanischen Agenten bei ihren Nachforschungen über die Urheber des Bombenanschlages auf den US-Zerstörer »Cole« im jemenitischen Hafen von Aden im Oktober 2000 frustriert.[14]

Diese Frustration dauert bereits viele Jahre. Ganze Heerscharen amerikanischer Ermittler hatten nach dem ersten Bombenanschlag auf das World Trade Center vergeblich versucht, die dunklen Hintergründe zu durchleuchten und die eigentlichen Strippenzieher zu identifizieren. Die Untersuchungen endeten mit der Verurteilung der direkt beteiligten „kleinen Fische“, die zur Befriedigung der amerikanischen Öffentlichkeit als Sündenböcke herhalten mussten. Weiter gehende Ermittlungen endeten in einem kaum zu durchdringenden Dickicht von Informationen und Desinformationen, bei denen auch V-Männer der amerikanischen Geheimdienste kräftig mitgemischt haben. Ähnlich verhielt es sich mit den Anschlägen auf andere US-Anlagen wie z.B. 1996 auf die US-Militärbasis Khobar in Saudi Arabien, wobei 19

US-Soldaten starben, auf die US-Botschaften in Nairobi und Dar-Es-Salaam 1998 mit über 200 Toten oder auf den US-Zerstörer Cole im Hafen von Aden 2000, bei dem 17 US-Matrosen getötet wurden.

Nicht immer hatte sich der Verdacht gleich gegen bin Laden gerichtet. Je nach politischer Opportunität verfolgte Washington auch schon mal ganz andere Spuren und hatte u.a. auch den Iran wegen des Anschlags auf Khobar im Visier. Deshalb kam es damals sogar zu ernsten Verstimmungen zwischen den Saudis und den Amerikanern, denn die Saudis hatten erkannt, dass die US-Regierung die Ermittlungen politisch instrumentalisieren wollte, um die Saudis gegen ihren Willen in eine Frontstellung gegen Teheran zu bringen. Für den saudischen Innenminister Prinz Nayef kam deshalb auch die Auslieferung der in saudischen Gefängnissen einsitzenden Kohbar-Verdächtigen an die USA nicht in Frage. „Die Amerikaner haben uns zu keinem Zeitpunkt informiert oder sich mit uns beraten" beschwerte sich damals Nayef in einem Interview der Tageszeitung *Al-Riyadh.*[15]

Als Ergebnis der Jahre langen, intensivsten Ermittlungen des FBI und der verschiedenen amerikanischen Geheimdienste konnte Washington bis zum 11. September 2001 keine Beweise für die Schuld bin Ladens vorweisen, die vor einem Gericht Bestand gehabt hätten. Um so erstaunlicher erscheint es, dass dieselben Geheimdienste, die unmittelbar vor dem vernichtenden zweiten Anschlag auf das WTC und das Pentagon von allem keine Ahnung gehabt haben wollen, bereits 24 Stunden später genau „wussten“, wer es war, nämlich bin Laden und die al Qaida.

Ausgerechnet das gegenüber den USA sonst so handzahme Saudi-Arabien äußerte zuerst offizielle Zweifel an dieser amerikanischen Version der »Wahrheit«. Schon kurz nach den Anschlägen hatte das FBI eine Liste mit den angeblichen Namen der 19 Flugzeugattentäter veröffentlicht, die sich in das WTC und das Pentagon gestürzt hatten. Unter ihnen sollten sich angeblich 15 saudiarabische Staatsbürger befinden. Nun hatte sich jedoch heraus gestellt, dass etliche der so verdächtigten Selbstmordattentäter sich bester Gesundheit erfreuten. Unter Protest hatten sie sich in Saudi-Arabien oder in anderen Ländern, selbst in den USA bei den zuständigen Behörden gemeldet.

Der stellvertretende Kommandeur der saudischen Nationalgarde, Prinz Mit'eb bin Abdullah bin Abdul-Aziz wunderte sich: »Die Hast, mit der die USA die Namensliste der Verdächtigen veröffentlichte, hat dazu geführt, dass viele unschuldige Menschen, insbesondere Saudis, verdächtigt wurden«.[16] Allein dieser offensichtliche Fehler des FBI mit der Namensliste hätte die Frage aufwerfen müssen, ob die amerikanischen Fahnder überhaupt in der richtigen Richtung suchten. Kritiker des amerikanischen Vorgehens meinen, dass diese Richtung von der Washingtoner Politik von Anfang an vorgegeben war, was in Anbetracht der verlockenden geo-strategischen Gewinne in Zentralasien nachvollziehbar erscheint.

Trotz vollmundiger Versprechungen vor der internationalen Presse blieb in den Tagen und Wochen nach dem 11. September die US-Regierung die angekündigten Beweise schuldig. Erst als die NATO-Staaten im Rahmen der „Allianz gegen den Terror" auf US-Kurs getrimmt und zum ersten Mal in der Geschichte der Allianz der berühmte Artikel 5 über die Beistandspflicht zur Unterstützung der weltweiten amerikanischen Kriegspläne in Kraft gesetzt werden sollte, kündigte der amerikanische Außenminister Colin Powell am 24. September im amerikanischen *NBC*-Fernsehsender „ein Papier" an, „das ganz klare Beweise" enthalten würde, weshalb die USA „bin Laden mit dem Angriff in Verbindung bringen." Aber dann schienen die Beweise vielleicht doch nicht gut genug. Denn bereits weniger als 24 Stunden nach dem Versprechen seines Außenministers schob Präsident Bush der Diskussion um die Beweise einen Riegel vor. Aus „Gründen der Geheimhaltungspflicht" hieß es nun, werde es kein Dokument mit Beweisen geben. Das sei auch nicht nötig, - so Bush – denn die Beweislage sei klar.[17]

Zu diesem Zeitpunkt hatte das FBI in den USA bereits 80 Verdächtige festgenommen. Nur 33 der zumeist aus dem Mittleren Osten stammenden Personen waren aber erst angeklagt worden. Hauptsächlich wegen geringfügiger Vergehen, wie z.B. die Überschreitung des Abreisedatum auf ihrem Besuchervisum. Etliche der ersten „Hauptverdächtigen" hatte man sogar wieder freilassen müssen. Unter Berufung auf eine gut informierte offizielle Quellen berichtete damals die australische Tageszeitung, die *Sidney Morning Herald*, dass keiner der in den USA oder in Europa festgenommenen Personen „mit dem Finger auf bin Laden gezeigt" hätte. bin Laden und sein al Qaida Netzwerk würden lediglich auf Grund einer Kette von Indizien mit den Angriffen in den USA in Verbindung gebracht", schreibt die Zeitung.[18]

Gemäß *Sidney Morning Herald* setzte sich diese Indizienkette wie folgt zusammen:

An erster Stelle waren bin Ladens Aufrufe an alle Moslems, Amerikaner und ihre Verbündeten, Zivilisten und Militärs zu töten, solange diese nicht das Heilige Land (Saudi Arabien) verlassen hätten. (Diese Aufrufe stellten zwar ein Motiv für die Terrorangriffe aber keinerlei Beweise für bin Ladens Urheberschaft dar.)

Der mutmaßliche Organisator der Angriffe, Mohamed Atta, hatte Verbindungen zum ägyptischen islamischen Jihad. Dessen Anführer, Al-Zawahiri Ayman, ist ein Freund bin Ladens. Von amerikanischen und deutschen Geheimdiensten abgefangene Telefongespräche hätten darauf hin gedeutet, dass al Qaida-Gruppen von den Angriffen im voraus etwas gewusst haben könnten. Nach den Angriffen soll einer der Verdächtigen gesagt haben: „Wir haben die Ziele getroffen".

Zwei Leute die dem Umfeld bin Ladens zugerechnet werden, Tawfiq bin Atasch und Fahad al-Quso, werden verdächtigt, den Anschlag auf den US-Zerstörer Cole im Hafen von Aden organisiert zu haben. Beide sollen sich im Dezember 2000 mit zwei der Flugzeugentführer in Malaysia getroffen haben.

Nach Angaben des französischen Geheimdienstes soll der sogenannte „zwanzigste“ Attentäter Zacarias Moussaoui, der vor den Anschlägen in den USA verhaftet worden war, ebenfalls zum Umfeld von bin Laden gehören. Er habe auch Afghanistan und Pakistan besucht.[19]

Allerdings hat bin Laden auch selbst dazu beigetragen, dass sich Washington bei der Suche nach dem Verantwortlichen für den 11. September auf ihn konzentrierte. Schließlich hatte er noch im Juni 2001 von einem verheerenden, unmittelbar bevorstehenden Anschlag auf amerikanische und israelische Interessen gesprochen. Die Nachricht kam vom Korrespondenten des arabischen Fernsehsenders *Middle East Broadcasting Centre (MBC),* der zuvor bin Laden und seine wichtigsten Helfer in Kandahar in Afghanistan interviewt hatte. Dabei hatte bin Laden von einer „großen Überraschung innerhalb der nächsten zwei Wochen" für die Amerikaner und Israelis gesprochen.[20] Das mag zwar auf bin Ladens Vorabwissen über die Anschläge vom 11. September hinweisen, ist aber längst kein vor Gericht verwertbarer Beweis. Erst Recht nicht für bin Ladens Urheberschaft für das schreckliche Verbrechen, dessen er sich im Gegensatz zu dem von der CIA offensichtlich manipulierten Video[20] niemals gerühmt hat.

Die amerikanischen Geheimdienste hatten diese über *MBC* ausgestrahlte Warnung sofort sehr ernst genommen. Die 800 US-Marinesoldaten, die sich seinerzeit zu einem gemeinsamen Manöver in Jordanien befanden, wurden vorzeitig nach Hause geschickt. Permanent im Mittleren Osten stationierte amerikanische Streitkräfte, wie z.B. jene auf der Luftwaffenbasis Incirlik in der Südtürkei, wurden in höchste Alarmbereitschaft versetzt. Die in den Golfhäfen vor Anker liegenden US-Kriegsschiffe erhielten Befehl, sofort auszulaufen. Zu frisch noch waren die Erinnerungen an den Angriff auf den eine Milliarde Dollar teuren, funkelnagelneuen US-Zerstörer Cole. Am 12. Oktober 2000 war ein Selbstmordkommando im Hafen von Aden mit einem mit Sprengstoff vollgeladenem Schlauchboot längsseits der USS-Cole gegangen und hatte sich dann in die Luft gejagt. Durch die Explosion wurde ein riesiges Loch in die Bordwand der Cole gerissen. 17 Amerikaner starben, Dutzende wurden verletzt und nur mit viel Mühe und Not konnte die Cole vor dem Versinken bewahrt werden.

Auf der Suche nach den Hintermännern des Anschlages durchkämmten seither ganze Heerscharen von Ermittlern des FBI und anderer amerikanischer Geheimdienste den Jemen. Wegen der „direkten und glaubhaften Bedrohung“, die in der über *MBC* bekannt gewordenen Warnung bin Ladens enthalten gewesen sei, wurden auch diese Ermittler nach Hause geschickt.[22] Außerdem wurden im gesamten Nahen und Mittleren Osten alle amerikanischen Botschaften und Anlagen in Alarmbereitschaft versetzt, nicht unbedingt notwendiges Personal wurde nach Hause geschickt. Einen Angriff auf das amerikanische Mutterland hatte aber offensichtlich niemand erwartet, trotz der vielen entsprechenden Hinweise und Warnungen, Passagierflugzeuge in fliegende Bomben zu verwandeln, um sich mit ihnen in Ziele zu stürzen, die von großem materiellem Wert und hoher symbolischer Bedeutung für die USA waren.

## WILLKOMMENER ANLASS ZUR RECHTFERTIGUNG LÄNGST GEPLANTER KRIEGE?

Da Washington mit seiner eher fragwürdigen Indizienkette kaum die eigene, geschweige denn die Weltöffentlichkeit hätte überzeugen können, befand sich die unter enormem Druck stehende Bush-Regierung offensichtlich in großer Erklärungsnot. Zumal sie sich gerade anschickte, Dutzenden von Staaten de facto den Krieg zu erklären. Aus dieser Bredouille half ihr der stets getreue, britische Premierminister Tony Blair heraus. Er habe die Beweise gegen bin Laden gesehen und sie seien eindeutig und ausreichend und sie hätten ihn vollkommen überzeugt, erklärte er öffentlich. Wer würde schon die Worte der beiden angesehenen Staatsmänner in Zweifel ziehen? Damit war für das amerikanische Militär der Weg nach Zentralasien frei. Erneut unterstützt von Tony Blair stellte Präsident Bush dem Taliban-Regime in Kabul ein Ultimatum: Auslieferung bin Ladens oder Krieg.

Die Regierung in Kabul hatte damals die US-Forderung nicht abgelehnt, ein Umstand, der in unseren Medien kaum Beachtung fand. Allerdings verlangte die Taliban-Regierung ihrerseits, – wie in solchen Fällen überall auf der Welt üblich – dass Washington zuvor Beweise für die Schuld bin Ladens vorlegt. Der weltbekannte amerikanische Kriegsgegner und MIT-Professor Noam Chomsky hat unlängst darauf hingewiesen, das die US-Regierung diese ganz selbstverständliche Forderung der Regierung in Kabul empört zurückgewiesen hat, eine Unverschämtheit der fundamentalistischen Taliban-Barbaren, die nur noch durch deren Vernichtung gesühnt werden konnte. Kritiklos sei diese Linie dann von den amerikanischen und europäischen Massenmedien übernommen worden. Der Krieg gegen Afghanistan konnte beginnen.

Die Art und Weise, wie die Regierung in Washington unmittelbar nach dem 11. September quasi über Nacht bin Laden als den Haupttäter identifiziert und mit den Taliban in Afghanistan in Verbindung gebracht hat, wirft die Frage auf, ob hier nicht ganz bewusst opportunistisch gehandelt wurde. Mit anderen Worten, ob sich für die US-Regierung hier nicht urplötzlich eine einmalige Gelegenheit aufgetan hat, um lang gehegte geo-strategische Offensivträume zu erfüllen. Egal wer die wirklichen Täter waren, nur wenn der Verdacht sich auf bin Laden und die Taliban konzentrierte konnte der strategische Griff der US-Armee nach dem zentralasiatischen Öl und die damit einher gehende Zurückdrängung des russischen Einflusses in der Region vor der Weltöffentlichkeit gerechtfertigt werden. Eine Gelegenheit, die beim Schopf ergriffen werden musste!? Auch gibt es Hinweise, dass Washington bereits seit längerem den Sturz der Taliban geplant hatte. Die ursprünglich am amerikanischen Busen genährten islamischen Fundamentalisten hatten sich in den letzten Jahren gegenüber den amerikanischen Plänen für die Region als zunehmend störrisch erwiesen.

Einige Tage nach den Anschlägen auf das WTC sagte der ehem. pakistanischen Außenminister Niaz Naik gegenüber der britischen *BBC*, dass die amerikanische Regierung bereits seit langem für die zweite Jahreshälfte von 2001 einen Krieg gegen Afghanistan geplant gehabt hätte. Dabei berief sich der ehem. Chef der pakistanischen Diplomatie auf ein Treffen mit amerikanischen, afghanischen und pakistanischen Vertretern in Berlin im Juli 2001. Bei der Gelegenheit habe ihm ein amerikanischer Diplomat gesagt, dass die USA bis spätestens Mitte Oktober mit militärischen Operationen gegen die Taliban-Regierung in Kabul vorgehen wollten. Aus Naiks Sicht der Dinge bestand kein Zweifel, dass die USA nach dem 11. September ihre militärischen Operationen auf den ursprünglichen Kriegsplänen gegen Afghanistan aufbauen und „bereits in zwei bis drei Wochen" (also Ende September, Anfang Oktober 2001) mit dem Krieg beginnen würden. Selbst wenn die Taliban den al Qaida Führer bin Laden sofort ausliefern würden, - so der ehem. Außenminister - sei die Bereitschaft der Amerikaner doch sehr gering, ihre Angriffspläne fallen zu lassen.[23]

Der Hinweis des ehem. pakistanischen Außenministers war nicht aus der Luft gegriffen. Denn seit mindestens zehn Jahren hat die herrschende Elite in den USA, getrieben von den Ölkonzernen, einen Krieg in Zentralasien in Erwägung gezogen. Bereits im Jahr 1991, nach der Niederlage des Irak im Golfkrieg, veröffentlichte das amerikanische Nachrichtenmagazin *Newsweek* einen Artikel unter der Überschrift: „Operation Steppenschild?" Darin wurde berichtet, dass das amerikanische Militär eine Unternehmung in Zentralasien vorbereite, die sich am Modell der „Operation Wüstenschild" in Saudi Arabien, Kuwait und Irak orientiere.

Die Auflösung der Sowjetunion im Jahr 1991 hatte den USA die Möglichkeit zur Ausdehnung ihres Einflusses nach Zentralasien eröffnet. Die Entdeckung riesiger Öl- und Gasreserven im Umfeld des Kaspischen Beckens lieferte den Anreiz dazu. Inzwischen haben sich amerikanische Ölgesellschaften die Rechte an nicht weniger als 75 Prozent der zu erwartenden Förderung aus den neuen Öl- und Gasfeldern gesichert. Und US-Strategen und Regierungsbeamte sind bemüht, das Kaspische Becken und Zentralasien als mögliche Alternative zum Persischen Golf zu entwickeln, um so die eigene Versorgungssicherheit zu erhöhen und zugleich die eine Region gegen die andere ausspielen zu können. Verträgen über Förderrechte folgte amerikanisches Militär. Im Jahr 1997 nahmen Sondereinsatztruppen der USA gemeinsame Manöver mit der Armee Kasachstans auf. Entsprechende Manöver mit Usbekistan begannen ein Jahr später. Trainiert wurden insbesondere Interventionen im gebirgigen Süden, wo sich Kirgisien, Tadschikistan und der Norden Afghanistans befinden.

Das Hauptproblem bei der Ausbeutung der Energieressourcen Zentralasiens besteht darin, das Öl und Gas aus dieser Region, die über keinen Zugang zu den Weltmeeren verfügt, auf den Weltmarkt zu bringen. Unter anderem plante der US-Ölkonzern Unocal deshalb bereits seit vielen Jahren den Bau einer Erdgaspipeline durch Afghanistan, um auf diesem Weg den kostbaren Energieträger an Kunden in Indien und Asien zu verkaufen. Deshalb führt der Konzern bis 1998 intensive Verhandlungen mit dem Taliban-Regime. Damals standen sowohl Hamid Karzai, der von den USA ausgesuchte, jetzige Übergangspräsident der afghanischen Regierung, als auch Zalmay Khalilzad, der derzeitige US-Botschafter in Kabul, ein gebürtiger Afghane, als Berater für die Pipeline auf der Lohnliste des Unocal Konzerns.

Schon bei der Installation des Taliban-Regimes durch Pakistan und die CIA waren die „Schüler des Islam“ als Wächter der Pipeline auserkoren und verhandelten darüber auf höchster Ebene mit den Amerikanern. Erst in Folge der Anschläge auf die beiden ostafrikanischen US-Botschaften, die dem Taliban Gast bin Laden zugerechnet wurden, verschlechterten sich die Beziehungen Washingtons zu Kabul derart rapide, dass sich auch die Ölmänner der texanischen Unocal 1998 genötigt sahen, ihre Verhandlungen mit den Taliban abzubrechen und ihren Afghanistan-Pipelineplan vorerst auf Eis zu legen, zumindest offiziell.
Aber schon damals berichtete das auf internationale Sicherheitsprobleme spezialisierte britische Beratungsunternehmen „Jane's Security“[24], dass die amerikanische Seite nicht gewillt war, diese Entwicklung einfach so hinzunehmen. Damals sei inoffiziell

beschlossen worden, eine Allianz mit Indien und Russland zu suchen, um die Taliban mit militärischen Mitteln unter Druck zu setzen. An diesen Sachverhalt hatte der ehem. pakistanische Außenminister mit seinem Hinweis gegenüber *BBC* angeknüpft, dass der US-Krieg gegen Afghanistan schon lange geplant war.

Mit seiner Voraussage über den Beginn der amerikanischen Kriegshandlungen gegen Afghanistan lag der ehem. pakistanische Aussenminister Niaz Naik ziemlich richtig. Der Krieg begann in den letzten Tagen des September 2001 (offiziell am 7. Oktober, Anmerkung des Hrsg.) und bereits zum Jahresende hatten die US-Luftangriffe Tausenden afghanischer Zivilisten das Leben gekostet. Zugleich aber erfüllte er den strategischen Planern in Washington viele lang gehegte Wünsche. So wurde u.a. urplötzlich die amerikanische Militärpräsenz in unmittelbarer Nähe der reichen Ölquellen in Zentralasien möglich, ohne dass sich in Moskau, das sich geehrt fühlte, in Präsident Bushs „Allianz gegen den Terror" mitmachen zu können, nennenswerter Widerstand geregt hätte. Unter dem Vorwand des Anti-Terrorkrieges planen die USA nun sogar, amerikanische Soldaten in Georgien zu stationieren. Der Tatsache, dass die US-Ermittler innerhalb von 24 Stunden nach dem 11. September zielsicher „herausgefunden" haben, dass die Spur zu bin Laden und den Taliban nach Afghanistan führte, verdankt die US-Regierung, dass nicht nur in Zentralasien US-Militär dauerhaft etabliert werden, sondern auch auf anderen Kontinenten ohne große Probleme der Rechtfertigung alte Rechnungen beglichen und der globale Machtanspruch der USA durchgesetzt werden konnte.

Bei solch großem Erfolg, nimmt Washington auch die genannten Kollateralschäden billigend in Kauf. Der Tod unschuldiger Zivilisten scheint kaum noch zu interessieren, auch unsere Medien nicht. Zumal es sich dabei auf Grund der ungeheuren materiellen und technologischen Überlegenheit der amerikanischen Kriegsmaschine fast ausschließlich um Opfer der anderen Seite handelt. Eine akribische Untersuchung von Professor Herold von der amerikanische Universität in New Hampshire hat belegt, dass bis

Mitte Januar 2002 mindestens 4000 unschuldige Afghanen, hauptsächlich Frauen und Kinder, dem amerikanischen Bombenterror zum Opfer gefallen sind. Während die Zivilisten kein Thema für unsere Politiker und Medien waren, entdeckten diese zwecks geistiger Mobilisierung der Öffentlichkeit urplötzlich das schlimme Schicksal der Frauen unter den Taliban. Seltsamer Weise hatten die gleichen Medien die extrem frauenfeindliche Haltung der afghanischen Fundamentalisten in all den Jahren, in denen sie vom Westen mit Geld, Waffen und Material gegen die Sowjetunion hoch gepäppelt wurden, weitgehend ignoriert. Jetzt dagegen wurde die Knechtung der afghanischen Frauen flugs instrumentalisiert und ihre Befreiung zu einem humanitären Kriegsgrund hochgespielt.

## INKOMPETENZ, VERTUSCHUNG ODER MEHR?

Der Vorsitzende des Geheimdienstausschuss des Senats, Richard Shelby, Republikaner aus Alabama, hat inzwischen eingeräumt: „Dies war offensichtlich ein Versagen von großem Ausmaß. Wir hatten keine besondere Warnung, dass die USA angegriffen werden könnten." Am 6. Februar 2002 kam CIA Direktor George Tenet bei seinem Auftritt vor dem Senat der Vereinigten Staaten daher unter heftigen Beschuss. Und Senator Pat Roberts, - Republikaner aus Kansas – wunderte sich, wieso es dem „amerikanischen Taliban" John Walker Lindh möglich gewesen sei, in Afghanistan ausgebildet zu werden und sogar bin Laden zu treffen, während die CIA nicht im Stande gewesen sei, in die Terrororganisation einzudringen. So in die Enge getrieben, erklärte Tenet zur großen Überraschung der Anwesenden, dass es auch der CIA gelungen sei, al Qaida zu infiltrieren.[25]

Die Hauptfrage aber bleibt, weshalb trotz aller Vorwarnungen und ernst zu nehmenden Hinweise alle üblichen Sicherheitsmaßnahmen versagt haben: auf den betreffenden Flughäfen, in den entführten Flugzeugen, im Kommandostab der Luftabwehr, weshalb - absolut unverständlich und abweichend von früheren Übungen – der Start der Abfangjäger lange verzögert wurde und sie erst in die Luft kamen, als die ganze Tragödie nicht mehr zu verhindern war.

Vor diesem Hintergrund ist die Tatsache um so erstaunlicher, dass es seither keine ernsthaften Bemühungen in der amerikanischen Regierung gegeben hat, die Umstände für das Versagen der eigenen Dienste zu untersuchen, die Verantwortlichkeiten zu benennen und die Lehren aus den Fehlern zu ziehen. Stattdessen werden die US-Geheimdienste großzügig mit mehr Geld und Kompetenzen ausgestatten. Das lässt nur zwei mögliche Erklärungen zu: entweder hat die Führung der US-Geheimdienste gar nicht versagt und sie hat gemäß der Anweisungen der Regierung gehandelt, wofür sie jetzt mir mehr Geld und Verantwortungszuwachs belohnt wird, oder es handelt sich tatsächlich um eine unsägliche Verquickung von Dummheit und Inkompetenz, weshalb viele hochrangige Personen in Washington eine Menge zu verbergen haben.

Bisher hat sich der amerikanische Kongress mit der offiziellen Version der Bush-Regierung zufrieden gegeben. Zwar gab es wiederholte Vorstöße verschiedener Abgeordneten, einen Untersuchungsausschuss über das Versagen der Geheimdienste zu bilden, aber diese trafen stets auf heftigen Widerstand aus dem Weißen Haus. In persönlichen Aussprachen und Telefongesprächen mit führenden Mitgliedern des Kongresses haben sich sowohl Präsident Bush als auch sein Vize Cheney gegen die Bildung solcher Ausschüsse ausgesprochen, denn sie würden „nur Personal und Mittel binden, die dringend für den Krieg gegen den Terrorismus gebraucht werden.“ Diesem Begehren hat sich der Mehrheitsführer im Senate, Tom Daschle, bisher gefügt, denn Präsident Bush schwimmt derzeit auf einer patriotischen Woge der Bevölkerung, die ihm traumhafte Zustimmungsraten von fast 90 % bescherte. Dem bekannten Kommentator der *Washington Post*, Howard Kurtz, blieb da nur noch, verwundert zu fragen: „Wie können wir zukünftige Angriffe abwehren, wenn wir nicht einmal wissen, wie die letzten abgelaufen sind.“ (Inzwischen soll ein Untersuchungsausschuss des US-Kongresses das Versagen der US-Geheimdienste klären - Anm. des Hrsg.)

Das Nachrichtenmagazin *The New American* hat inzwischen drei erfahrene FBI-Agenten gefunden, die die Behauptungen eines bekannten Anwalts aus Chicago, David Schippers, der beim Impeachment von Präsident Clinton eine führende Rolle gespielt hatte, bestätigt haben. Zwei Tage nach den Anschlägen hatte Schippers in einem Radio-Interview mit einem Pittsburgher Sender gesagt, dass er bereits sechs Wochen vor dem 11. September wiederholt aber stets vergeblich versucht hatte, den US-Justizminister mit Details über die geplanten Anschläge zu warnen. Diese Informationen seien lange vor dem 11. September beim FBI allgemein bekannt gewesen, betätigten die FBI-Beamten gegenüber dem Nachrichtenmagazin *The New American* vom 11. März. Aus Furcht vor persönlichen Nachstellungen wollten die drei Agenten jedoch nicht, dass sie in dem Bericht namentlich genannt wurden. Zwei von ihnen seien aber bereit, - so *The New American* - vor einem Untersuchungsausschuss des Kongresses auszusagen.

In der gleichen Ausgabe zitiert das Magazin einen aktiven, seit vielen Jahren im anti-Terror Einsatz stehenden FBI-Ermittler, dass „im FBI-Hauptquartier alle diesbezüglichen Warnungen, selbst von den erfahrensten Ermittlern, einfach ignoriert wurden. Ihre Berichte müssen irgendwo in einem Büro in Washington in einem sogenannten „Null Ordner“ (Ausdruck für unerwünschte Berichte, Anm. des Autors) abgelegt worden sein. Es gab Fälle, da haben unsere Field-Agents fast präzise vorausgesagt, was am 11. September geschehen ist. Wir konnten nur noch unseren Atem anhalten.” [26]

„Das ist ziemlich erschreckend”, zitiert *The New American* einen anderen FBI Agent. „Das FBI hat seit 1997 Informationen darüber. Wir haben unseren Job getan. Ich hätte mir nie vorstellen können, dass so was in unserem Land passieren könnte. Da muss mehr dahinter stecken. Hochgestellte Persönlichkeiten, deren Karrieren auf dem Spiel stehen und die verhindern wollen, dass die Wahrheit heraus kommt. Ganz offensichtlich muss es Leute gegeben haben, die davon gewusst haben, dass diese Informationen vorlagen. Wenn jemand in Washington diese Informationen begraben hat, - und von Washington aus ist es einfach Dinge zu kontrollieren – dann geht dieses Problem viel tiefer, sehr viel tiefer. Der Gedanke ist schrecklich, dass man das Ganze passieren ließ, weil es Bestandteil eines ganz anderen Plans war".[27]

Wer jedoch vor dem Hintergrund der vielen ungeklärten Fragen und Widersprüche im Zusammenhang mit dem 11. September von einem „anderen Plan" der Regierenden spricht, darf sich nicht wundern, schnell als „Verschwörungstheoretiker" in die Ecke gestellt zu werden. Präsident Bush hat in seiner Rede vor den Vereinten Nationen am 10. November 2001 sich sogar höchst persönlich in diese Debatte eingemischt und vor Spekulationen gewarnt, welche die Lauterkeit der US-Regierung im Zusammenhang mit dem 11. September in Frage stellen könnten. Schließlich hatten auch die dort versammelten internationalen Diplomaten bemerkt, dass die US-Kriegserklärung gegen den globalen Terrorismus de facto den Vereinigten Staaten eine Legitimationsgrundlage für eine Politik der permanenten und weltweiten Intervention verschafft. Präsident Bush beschwor deshalb die UNO-Vollversammlung, dass: „wir niemals diese abscheulichen Verschwörungstheorien in Zusammenhang mit dem 11. September bringen dürfen. Das sind heimtückische Lügen, mit dem Ziel, die Schuld von den Terroristen abzulenken."

1 - „Did We Know What Was Coming?", *The New American,* Vol. 18, No. 05 March 11, 2002

2 - Quelle: *Washington Post,* 2. October 2001, „Before Attack, U.S. Expected Different Hit, Chemical, Germ Agents Focus of Preparations", von Jo Warrick und Joe Stephens

3 - Quelle: *New York Times,* 3. October 2001, „Earlier Hijackings Offered Signals That Were Missed", von Matthew Wald

4 - Quelle: *Washington Post,* 23. September, „Borderless Network of Terror, bin Laden Followers Reach Across Globe", von Doug Struck, Howard Schneider, Karl Vick und Peter Baker

5 - Quelle: *Washington Post,* 23. September 2001, „FBI Knew Terrorists Were Using Flight Schools", von Steve Fainaru und James V. Grimaldi

6 - *Frankfurter Allgemeine Zeitung,* 14. September 2001

7 - Quelle: *New York Times*, 26. September 2001, „2 Leaders Tell of Plot to Kill Bush in Genoa", von David Sanger

8 - Quelle: Website From The Wilderness; *MSNBC*

9 - Quelle: Sunday Telegraph, 16. September 2001

10 - „Israeli security issued urgent warning to CIA of large-scale terror attacks", von David Wastell und Philip Jacobson; *Los Angeles Times*, 20. September 2001, „Officials Told of ‚Major Assault' Plans", von Richard A. Serrano und John-Thor Dahlburg

11 - Quelle: *The New American*, ebenda

12 - Quelle: ebenda

13 - Quelle: *The New American*, ebenda

14 - „CIA-Chef stellte Jahresbericht vor. USA »besorgt« über Moskauer Außenpolitik", von Rainer Rupp, *junge Welt*, 9.2.01

15 - „Last of U.S. troops in Jordan leave as U.S. military on alert", ADNAN MALIK, *Associated Press*, 24.6.01

16 - „Saudis Cast Doubt Over FBI List of Hijackers", DUBAI, *Reuters* Wed, Sep 19., siehe auch „Amerikas Träume werden wahr", Mit dem »Kreuzzug gegen Terrorismus« setzen USA geostrategische Ziele durch, von Rainer Rupp, in *junge Welt*, 22.09.2001

17 - „Washington versucht, in Pakistan an Informationen über die Taliban zu kommen", *junge Welt*, von Rainer Rupp, 28.9.01

18 - Quelle: „Allies demand proof of bin Laden's guilt By Gay Alcorn", Washington Correspondent, *Sidney Morning Herald*, 25.9.01

19 - *Sidney Morning Herald*, ebenda

20 - „Bin Laden readying to hit US, Israeli interests", DUBAI, June 23 01, AFP

21 - siehe Monitor-Bericht Nr. 485 auf *ARD* vom 20.12.2001

22 - „Bin Laden readying to hit US, Israeli interests", DUBAI, June 23 01, AFP

23 - „US 'planned attack on Taleban'", by the *BBC's* George Arney, *BBC* News Online, Tuesday, 18 September, 2001, 11:27 GMT 12:27 UK

24 - Quelle: www.janes.com/security/international_security /news/jir/jir0101313_1_n.shtml

25 - „al Qaida Still Able to Strike U.S., Head of C.I.A. Says", by JAMES RISEN, NYT, February 7, 2002

26 - „Did We Know What Was Coming?", by William Norman Grigg, *The New American*, Vol. 18, No. 05, March 11, 2002

27 - *The New American*, ebenda

# NACHRICHTENDIENSTE IM ANTI-TERROR-KRIEG

*Erich Schmidt-Eenboom*

*In präziser Detailarbeit zeigt der Autor, wie groß das Ausmaß des Versagens der US-Geheimdienste tatsächlich ist. Äußerst aufschlussreich ist auch die Beschreibung der unterschiedlichen und jahrelangen Verquickungen der verschiedensten Geheimdienste in der betreffenden Region Zentralasiens. Der Beitrag liest sich wie das who is who der internationalen Geheimdienstszene.*

**Erich Schmidt-Eenboom**
Geboren 1953 in Leer/Ostfriesland, trat 1973 in die Bundeswehr ein und studierte an der Universität der Bundeswehr in Hamburg Pädagogik und Neuere Geschichte. Nach zwölfjähriger Dienstzeit wechselte er 1985 als wissenschaftlicher Mitarbeiter an das Forschungsinstitut für Friedenspolitik e.V. und arbeitete zur Strategie und Infrastruktur der Nato-Streitkräfte sowie zum Rüstungsexport. 1989 hat er den Kriegsdienst verweigert.
Seit 1990 ist er Leiter des Instituts in Weilheim/Obb. und konzentriert seine Forschungen auf die Analyse der Struktur und der Operationen von Nachrichtendiensten in Europa, Japan und Nordamerika.
Als freier Publizist arbeitet er für nahezu alle großen Medien in der Bundesrepublik und ist regelmäßiger Interviewpartner vieler Fernseh- und Rundfunkanstalten sowie der Tages- und Wochenpresse.
Neben zahlreichen Beiträgen zu Sammelbänden sind seine wichtigsten Buchveröffentlichungen:
Schnüffler ohne Nase - Der BND - die unheimliche Macht im Staate, Düsseldorf 1993; Der Schattenkrieger. Klaus Kinkel und der BND, Düsseldorf 1995; UNDERCOVER. Der BND und die deutschen Journalisten, Köln 1998.

# DAS VERSAGEN DER US-NACHRICHTENDIENSTE

Weil kaum vorstellbar war, dass ein noch so verruchter David im 21. Jahrhundert dem Goliath unter den Nachrichtendiensten mit wenigen Schlägen seine Wehrlosigkeit demonstriert, verlangt die amerikanische Öffentlichkeit nach Erklärungen, die ihr nun eine parlamentarische Untersuchung geben soll.

Bei den monströsen Attentaten vom 11. September 2001 hatten die US-Nachrichtendienste in der Tat ihr Vietnam der Terrorabwehr erlitten. Die Vorfeldaufklärung bei der Bekämpfung des internationalen Terrorismus – ein selbst gestecktes Hauptziel dieser Behörden – hatte auf der ganzen Linie versagt. Weder war es der Central Intelligence Agency gelungen, während der monatelangen Vorbereitungen der al Qaida-Organisation aus ihrem weltweiten Quellennetz einen konkreten Hinweis auf den teuflischen Plan zu fischen, noch konnte die National Security Agency aus der globalen Überwachung aller Telekommunikation irgendeine verdächtige Botschaft herausfiltern.

Die Kenner der US-Geheimdienstszene hat diese Unfähigkeit nicht überrascht. Als am 6. September 2001 im Senat das Budget der Intelligence Community für das kommende Haushaltsjahr auf mehr als 30 Milliarden Dollar festgesetzt wurde, da charakterisierte Bob Graham, Vorsitzender des Geheimdienstausschusses, diesen Finanzschub als Startschuß für ein mehrjähriges Programm zur Beseitigung ernsthafter Defizite, die sich in der zurückliegende Dekade in der Geheimdienstgemeinde entwickelt hatten. Die CIA sollte künftig in mehr Agentenführer investieren, um Quellen in Terrorgruppen, im Drogen- und Waffenhandel sowie im Umfeld fremder Regierungen zu erschließen.

Defizite der NSA erkannten die Senatoren im Wettlauf mit der raschen Verbreitung von Verschlüsselungstechniken, beim Abhören von Glasfaserkabeln, aber vor allem bei den Linguisten, die im Kalten Krieg zu 80 Prozent auf russische Kommunikation ausgerichtet waren, zehn Jahre später nur mehr zu 15 Prozent, aber weniger häufig gesprochene Sprachen auch 2000 nicht hinreichend bewältigen konnten.

Das hatte sich bereits 1993 als Manko erwiesen, als die NSA einen Warnhinweis auf den ersten Anschlag auf das World Trade Center erst 14 Tage nach dem Anschlag aus dem Arabischen übersetzt hatte. Inzwischen überbieten sich NSA und CIA mit Stellenanzeigen, in denen sie Mitarbeiter suchen, die Paschtu oder Dari sprechen. Wie schlagartig sich der traditionelle Fehler der puritanisch dominierten Geheimdienstgemeinde, das multiethnische Potential der USA für sich auszunutzen, auswirken sollte, hatte da noch niemand geahnt.

Das FBI kam in der kriminaltechnischen Nacheile zwischen Hamburg und Hawaii zu ansehnlichen Ermittlungserfolgen. Die kaum verwischten Spuren erlaubten es der US-Bundespolizei, das Netz der unmittelbar an der Tat Beteiligten nahezu lückenlos aufzuklären. Das Beweismaterial gegen die zuvor übersehenen Schläfer und über ihre zielgerichtete Ausbildung bis hin zum Pilotentraining in der U.S. Air Force selbst verdichtete sich zu einem Bild erschreckend professioneller Planung und Durchführung, das den Vorlauf aller vorherigen Terrorakte weit in den Schatten stellte. Allenfalls um herauszubringen, dass das Ziel der dritten, wegen des Widerstands der Passagiere abgestürzten Flugzeugs das Atomkraftwerk bei Three Mile Island gewesen war, benötigte das FBI über zwei Wochen. Die Entführer an Bord der Maschine hatten sich im afghanischen Dari verständigt und in kürzerer Frist war fachkundige Übersetzung wieder nicht möglich [1].

Die US-Auslandsnachrichtendienste taten sich indes schwer, aus Osama bin Laden nicht nur den logischen Täter, sondern den überführten Drahtzieher zu machen. Mit der 180seitigen Felddienstvorschrift des Fundamentalismus „Militärische Studien zum Heiligen Krieg gegen die Tyrannen" hatte die CIA schon 2000 bei Ermittlungen in London gegen bin Laden dessen Master Plan aufgefunden, ihn jedoch sträflich unterschätzt [2].
Zuvor verschlampte Einzelhinweise, wie der, dass einer der 19 Attentäter, Khalid-al-Midhar, auf die watch list gesetzt worden waren, weil er in Malaysia bin-Laden-Vertraute getroffen hatte, und bisher nicht ausgewertete Daten über die Geldströme im al

Qaida-Netzwerk wurden erst im Nachhinein Mosaiksteine zur Klärung der Verantwortlichkeit bin Ladens.

Dass den US-Diensten der Tatnachweis ganz aus eigener Kraft nicht gelang, weist auf ein weiteres schwerwiegendes Defizit westlicher Terrorabwehr. Die Mithilfe des BND, der ein Gespräch zweier Angehöriger der al Qaida über das erfolgte Attentat auffangen konnte, und wiederbelebte Hinweise des französischen Dienstes DGSE bereicherten die Indizienkette [3]. Am 24. September hatte US-Außenminister Colin Powell ein Weißbuch zur Beweislage gegen bin Laden angekündigt [4], das wohl nicht nur aus Gründen des Quellenschutzes bisher nicht erschien.

Als der republikanische Senator Pat Roberts Anfang Februar 2002 CIA-Chef George Tenet unter Hinweis auf den amerikanischen Staatsbürger bei den Taliban John Walker fragte, warum seine Behörde die al Quaida nicht infiltrieren konnte, obwohl es doch sichtlich möglich war, dass ein US-Bürger dort Fuß faßte, behauptete George Tenet, die CIA habe bin Ladens Organisation sehr wohl penetriert [5]. Erst die Untersuchung des US-Kongresses wird mehr Klarheit darüber bringen, ob V-Leute der CIA im terroristischen Fußvolk von etwa 13.000 Desperados zu finden waren, in den 500köpfigen Special Forces von bin Laden oder im engeren Führungskreis.

Für ihre Telekommunikation nutzen die Taliban und al Qaida offensichtlich ein für den Einsatz im australischen Busch entworfenes robustes System aus dem Kurzwellenbereich. Das auch von internationalen Hilfsorganisationen eingesetzte Produkt einer Firma aus Adelaide erlaubt es, aus bis zu 400 Sprachkanälen Subnetze zu bilden. Obwohl Gespräche und Daten in diesem System unverschlüsselt gesendet werden, ist der NSA eine Überwachung der leistungsschwachen Sender wohl nicht gelungen [6]. Über die beiden afghanischen Satellitenverbindungen des kommerziellen Zentrums in Ghazni – die Nutzung von Intelsat über dem Indischen Ozean zur Kommunikation mit dem Iran und die Intersputnik-Kanäle über dem Raum des atlantischen Ozeans [7] – ist offensichtlich kein aufschlußreiches Gespräch gelaufen.

Zu ihrer Verteidigung bieten die US-Nachrichtendienste inzwischen zwei Erklärungsversuche an. CIA-Chef George Tenet behauptete, dass seine Behörde wisse, dass die Telekommunikation der al Qaida über verschlüsselte E-mails laufe. Eine andere Rechtfertigungslinie verweist darauf, dass bin Laden nach 1998 das Telefonieren eingestellt habe, nachdem im zur Kenntnis gekommen war, dass die NSA sein Satellitentelefon abgehört und Kongressabgeordneten stolz die Gespräche mit seiner Mutter vorgeführt hatte. Von da an habe er wesentliche Nachrichten per Boten abgesetzt, also auf „No Tech" anstelle von „Low Tech" gesetzt, wie der ehemalige NSA-Mann Madsen Wayne ausführte [8].

Während sich über die handwerklichen Fehlleistungen die geballte Häme der Medien ergoss, wurden Hemmnisse der Terrorabwehr durch die politische Auftragssteuerung kaum thematisiert.
Bin Laden wurde bis 1996 im Sudan von Ali Mohamed im Dienste des US-Militärnachrichtendienstes Defense Intelligence Agency (DIA) behütet. Und auch in Afghanistan wurde der exilierte saudische Multimillionär mindestens bis 1998 in Ruhe gelassen, obwohl er als Hintermann des ersten Anschlags auf das World Trade Center 1993, der Angriffe auf die amerikanischen Botschaften in Kenia und Tansania 1998 und die Attacke auf die USS Cole im Jahre 2000 beschuldigt wurde, ohne dass die Vereinigten Staaten einen internationalen Haftbefehl gegen ihn erwirkt hätten [9].
Bis dahin nämlich hofften die USA auf ein großes Geschäft mit seinen Gastgebern in Kabul. Das in den zentralasiatischen Republiken lagernde Öl – insgesamt 15 Milliarden Barrel - sollte durch eine 1995 von der Firma UNOCAL mit einer auf zwei Milliarden $ projektierten Pipeline von 1.271 Kilometern Länge durch Afghanistan zum pakistanischen Hafen Karatschi und damit in den amerikanischen Einflußbereich geleitet werden. Erst, nachdem sich die Regierung in Kabul offensichtlich auf Dauer gegen das Projekt sperrte, verloren die Taliban die amerikanische Rückendeckung [10].

Insgesamt darf man gespannt sein, wie die parlamentarische Untersuchung in den USA die zahllosen Ungereimtheiten auf einen Nenner bringen wird. Da der Kongress die Nachrichtendienste nach dem 11. September nachhaltig stärkte, ohne dass gewichtige politische Stimmen eine Reform an Haupt und Gliedern verlangt hätten, wird der öffentlich zugängliche Endbericht wohl auf Schadensbegrenzung abzielen.

## MIT HEISSER NADEL GESTRICKTE KOALITIONEN

Vor dem 11. September hatten die traditionellen Eifersüchteleien und die Besitzstandswahrung an geheimen Informationen und Quellen die internationale Zusammenarbeit selbst innerhalb der Nato-Staaten eingeschränkt. Dazu hat beigetragen, dass die Partnerdienste der USA sich nie sicher sein konnten, inwieweit das Taliban-Regime oder Osama bin Laden trotz abgekühlter offener Beziehungen de facto noch mit der CIA oder einem anderen der zahlreichen US-Geheimdienste verbunden war.

Danach sprudelte aus der weitgefächerten Allianz ein Gemenge alter und neuer Erkenntnisse. Darunter waren zweckdienliche, die sich auf den Hauptfeind, d.h. die Bruderschaft von Taliban und al Qaida, bezogen, vielfach aber auch solche, die mehr oder minder stabile Verbindungen anderer Terrororganisationen zu Gruppierungen des bin-Laden-Netzes dokumentieren sollten. Diese zweite Kategorie zielte bei den absendenden Regierungen auf nichts anderes, als den Versuch, die eigenen terroristisch agierenden Gegner mit auf die gemeinsame Abschußliste setzen zu lassen. Putins SWR verwies so auf den Export von Partisanen aus Kabul nach Tschetschenien, der Mossad wollte eine Saddam-Hussein- und Palästiner-Connection zu bin Laden herstellen, und Indien verwies auf die Kaschmirrebellen als Vettern und Reservearmee der Taliban.

Nur China widerstand zunächst der Versuchung, die Bekämpfung oppositioneller moslemischer Uiguren in der Provinz Xin-Yiang, die aus dem benachbarten Afghanistan ebenso unterstützt wurden wie vom türkischen Auslandsnachrichtendienst MIT, in den Zielkatalog der Allianz schreiben zu wollen.

Bei der Konferenz der Shanghai-Gruppe im Januar 2001, bei der Russland, China und einige Zentralasiatische Republiken Terrorismusprobleme erörterten, rechtfertigte Peking die Verfolgung seiner moslemischen Minderheit allerdings mit dem globalen Kampf gegen den Terror.

Außerordentlich wichtige Hinweise erhielt die CIA vom jordanischen GID, der Innenquellen in den Ausbildungslagern bin Ladens platziert hatte. Nicht umsonst erhielt Ammans Militärnachrichtendienst einen Bungalow im „Coalition Coordination Village" auf der MacDill Air Force Base in Tampa, in dem sonst nur militärisch involvierte Mächte wie Großbritannien, Deutschland oder die Türkei ihr Quartier aufschlagen durften [11].

Andere Staaten traten die Flucht nach vorn an. Etwa dort, wo die von den USA lange als Schurkenstaaten eingestuften Regierungen Libyens, Syriens und des Sudan den US-Diensten schon Ende September ihre Erkenntnisse über die al Qaida-Organisation zugeleitet hatten [12]. Selbst Nord-Korea versprach, mit seinen Erkenntnissen über Terrorgruppen nicht länger hinter dem Berg zu halten.

Bei Gaddafi bedankte sich Washington umgehend mit dem Einfrieren der Gelder der Libyan Fighting Islamic Group (FIG), die einen verdeckten Krieg gegen den libyschen Staatschef führt. Diese und andere aus dem Tschad operierende Gegner des libyschen Staatschefs hatte der US-Dienst im Verbund mit den britischen Kollegen bis dato über Jahre hinweg gefördert. Anfang Oktober 2001 reiste Libyens Geheimdienstchef Musa Kusa nach London, wo er 23 Jahre zuvor wegen der Verwicklung in zwei politische Morde ausgewiesen worden war. Er konferrierte mit dem MI6 und tauschte mit dem britischen Nachrichtendienst Informationen über die FIG und die al Qaida aus. Die libysche Delegation übergab zudem eine Liste mit 20 FIG-Angehörigen, die nach der Erkenntnislage in Tripolis Verbindungen zu bin Laden haben. Drei der so Verdächtigten leben in Großbritannien. Den Kurswechsel Londons begründete ein Regierungsbeamter damit, dass Gaddafis Verhalten nun über einen kritischen Dialog beeinflußt werden solle [13]. Sofern sich Gaddafi durchringen kann, die Verantwortung und die Entschädigung der Opfer für das Attentat auf eine Panam-Maschine in Lockerbie zu übernehmen, gehört der Schwenk der angelsächsischen Politik gegenüber

Tripolis zu den wenigen dauerhaften Veränderungen der Machtkonstellationen nach dem 11. September. Und das ist schon deshalb wahrscheinlich, weil gleich vier amerikanische Ölkonzerne in den Startlöchern stehen, um in Libyen Geschäfte zu machen [14]. Selbst Cuba erschöpfte sich nicht in Beileidsbekundungen, sondern bot Geheimdiensterkenntnisse an, die die USA allerdings zurückwiesen.

Der Iran war bereit, sein Insiderwissen über den Drogenhandel bin Ladens auszubreiten. Flüchtige Taliban und al Qaida-Kämpfer hatte er, soweit er ihrer habhaft werden konnte, festgesetzt. Während sich Saudi-Arabien und Pakistan als Fluchthelfer ihrer Landeskinder bei den Taliban profilierten, wurde Teheran von den USA dennoch zum Hort des Bösen erklärt.

Mit der Informationsflut schwappten jedoch wiederum Erkenntnisse in die Anti-Terror-Koalition, die den Beifall der USA nicht finden konnten. Als kontraproduktiv empfanden die Amerikaner besonders die Vorstöße aus Belgrad. Kaum war Jugoslawien der neuen Allianzpolitik wegen wieder in die Interpol-Familie aufgenommen worden, schickten die dortigen Polizeibehörden Berichte herum, die die enge Verbindung zwischen bin Laden und der UCK in Makedonien und im Kosovo herausstrichen, al Qaida-Verbindungen nach Bosnien und zur albanischen Mafia herstellten. Sie sprachen damit dem makedonischen Geheimdienst aus dem Herzen, der beklagt hatte, dass seine Versuche, die Verbindungen der UCK zu bin Laden aufzuklären, von der NATO behindert und von den USA sogar unterbunden worden waren. Dieser Darstellung zufolge war ein hochrangiger Offizier bin Ladens im Kosovo 1999 Kommandeur einer UCK-Eliteeinheit [15].

In Bosnien-Herzegowina, wo die al Qaida-Bindungen der alten Izetbegovic-Garde und ihre Folgen zu Tage treten [16], wirken die Ereignisse vom 11. September 2001 als Katalysator zu einer schnelleren Aufarbeitung der Altlasten, die auch dort aus dem Zweckbündnis westlicher Nachrichtendienste mit fundamentalistischen Hilfstruppen erwachsen waren. Das gilt auch für Albanien, wo der frühere Staatschef Sali Berisha Osama bin Laden zu seinen Gästen zählte.

Die qualitativ neue Bedrohung durch einen international agierenden Terrorismus verschaffte den Sicherheitsapparaten Hochkonjunktur, und sie nutzten die unverdiente Hausse klug. Kurzfristig konnten sie sich selbst aus knapp bemessenen Staatsetats größere Budgetanteile sichern [17], langfristig fällt die Stärkung ihrer operativen Möglichkeiten viel stärker ins Gewicht. Die Gesetzgeber in den USA, in Großbritannien und hierzulande bekamen Aufwind für die Legalisierung nachrichtendienstlicher Methoden, die Bürger- und Menschenrechte fundamental einschränken. Symptomatisch sind die Rufe in den Vereinigten Staaten, das beharrliche Schweigen inhaftierter Verdächtiger aus dem al Qaida-Netz durch Folterungen zu brechen. Das US-Justizministerium nutzte die Gunst der Stunde, um im Kongress neue Überwachungsrechte gegenüber amerikanischen Bürgern mit Auslandskontakten einzufordern. Sobald der CIA-Chef eine gewisse Wahrscheinlichkeit sehe, dass irgendeine Kommunikation Terrorismusbezüge habe, solle seine Behörde auch ohne richterlichen Beschluss Lauschoperationen einleiten und Internet-Verkehre erfassen dürfen. Die bisher sorgsam beachtete Aufgabenteilung zwischen dem Inlandsdienst FBI und dem Auslandnachrichtendienst CIA geht dabei über Bord. Abgeklopft auf die Frage, ob diese Gesetzesinitiativen als bereits geltendes Recht die Attentate vom 11. September verhindert hätten, muss man starke Zweifel haben.

## PHOENIX AUS DER ASCHE – DIE „NEUE“ CIA

Die CIA machte im Felde wett, was sie bei der Vorfeldaufklärung des al Qaida-Terrorismus versäumt hatte. Unter ihrem Kommando kamen schon vor dem Eingreifen amerikanischer Truppen unbemannte, aber mit Hellfire-Raketen bewaffnete Aufklärungsflugzeuge vom Typ Predator zum Einsatz [18]. Das Propellerflugzeug aus der Waffenschmiede von General Atomics Aeronautical Systems in San Diego war 1995 entwickelt und im Sommer 2001 für die Aufnahme der Panzerabwehrraketen nachgerüstet worden. Auf klare Sicht angewiesen kann es über 16 Stunden in der Luft bleiben und überträgt dabei Life-Video-Bilder mit einer Feinauflösung, die das Erkennen von Personen aus einer Entfernung von bis zu acht Kilometern ermöglicht. Eine Gruppe von vier Flugzeugen und einer Bodenstation ist nicht unter 25 Millionen $ zu haben. Trotz einer theoretisch möglichen Gipfelhöhe von 5 Kilometern ist der Aufklärungsflieger unter Einsatzbedingungen in tausend Metern Flughöhe durch Flugabwehr verwundbar, so dass den Taliban schon vor dem Kriegsausbruch am 7. Oktober mindestens ein Abschuß gelang. Insgesamt verlor die US-Luftwaffe sechs, die CIA eine Predator seit September 2001 bei Einsätzen in Afghanistan und über dem Irak.

Obwohl die US Air Force der eigentliche Eigentümer der Flugzeuge ist, war es die CIA, die sie ab September 2001 – unbestätigten Hinweisen zufolge aus Usbekistan – zu Erkundungsmissionen einsetzte. Wie oft es zum Waffeneinsatz kam, hält Langley geheim. Einzelne US-Presseberichte zeigen die Spitze des Eisbergs: Im Oktober versuchte die CIA vergeblich durch den Einsatz einer Predator Abdul Haq vor der Festnahme zu retten, im November zerstörte ein CIA-Flieger Kampfflugzeuge auf einer al Qaida-Basis nahe Kabul und am 4. Februar 2002 wurden Hellfire-Raketen gegen eine Gruppe von Männern im östlichen Bergland Afghanistans eingesetzt.

Der letzte Einsatz entpuppte sich als „friendly fire“, weil es nicht Taliban waren, die von den Raketen getötet wurden, sondern Anhänger von Interimspräsident Hamid Karzai. Auch der Luftschlag gegen die Kampfflugzeuge war von nur zweifelhaftem Erfolg, da es sich um wegen Flugunfähigkeit abgestellte Maschinen gehandelt haben soll.

Ende Oktober 2001 war Abdul Haq mit einem Begleitkommando zu einem 70 Kilometer südwestlich von Kabul liegenden Ort aufgebrochen, um mit hochrangigen Talibanführern zu verhandeln. Doch die Konferenz entpuppte sich als Falle, Haq und seine Männer wurden nach kurzem Gefecht gefangen genommen. Nach eintägigem Verhör wurde der Paschtunenführer als US-Spion verurteilt und hingerichtet. Die meisten Medien werteten den Verlust Haqs, den die CIA für seine Mission mit einem Satellitentelefon ausgerüstet hatte, als herben Rückschlag beim Kampf gegen das Taliban-Regime. Doch der US-Nachrichtendienst hatte sich nur sehr halbherzig um die Rettung Haqs bemüht, denn er war aus mehreren Gründen nicht ihr Mann. Im Frühjahr 2001 hatte ein vom pakistanischen Geheimdienst ISI auf die Spur gebrachtes Taliban-Kommando das Haus von Haq überfallen. Der Hausherr war nicht anwesend und so wurden seine Frau und die Kinder abgeschlachtet, nur der jüngste Sohn überlebte mit abgehackten Händen. Seither galt Haq mehr von persönlicher Rache als von politischem Kalkül getrieben. Ein zweiter Grund liegt in den nachrichtendienstlichen Kontakten des Paschtunenführers. Er hatte langjährige Verbindungen zu Gulbudin Hekmatyar in Teheran, sein Bruder Abdul Kadir war seit Anfang der 80er Jahre Statthalter der Mudjahedin in Köln und schon deshalb galt Haq als Mann des BND.

Der Predator-Einsatz der CIA zeitigte überdies Ärger mit der US Air Force, mit der die Vereinbarung getroffen worden war, dass ein CIA-Waffeneinsatz erst nach einer Freigabe durch das US Central Command in Tampa und nach Rückkoppelung mit der Prinz-Sultan-Air-Base in Saudi-Arabien stattfinden dürfe. Während die Luftwaffenoffiziere im Oktober nach einer Zielerfassungsmeldung der CIA noch diskutierten, ob das Ziel durch ein in der Nähe befindliches Kampfflugzeug oder die Predator bekämpft werden solle, schlug die Hellfire-Rakete des Geheimdienstes bereits ein. Im Central Command herrschte daraufhin große Verärgerung über die Eigenmächtigkeit der Kollegen aus Langley. Beim darauffolgenden Einsatz am 15. November hielt sich die CIA an die Spielregeln und tötete via Predator sieben al Qaida-Funktionäre in einem Haus bei Kabul erst nach der Freigabe.

Trotz der insgesamt wenig rühmlichen Bilanz sieht das Pentagon-Budget für 2003 158 Millionen $ für die Beschaffung von 22 neuen Predator und die Armierung der übrigen Flotte vor.

Zuletzt hatte die CIA im Vietnamkrieg eine eigene in Laos stationierte Luftflotte und der Ersteinsatz der Predator durch den US-Auslandsnachrichtendienst darf durchaus als Vorzeichen für eine stärkere Involvierung der CIA in künftigen Kriegen von niedriger bis hoher Intensität angesehen werden. Als Indiz für die „Wiedergeburt der CIA aus dem Geist der Bekämpfung des ‚Bösen“ (*DER SPIEGEL*) darf man auch werten, dass sich der amerikani-

sche Präsident allmorgentlich von George Tenet briefen läßt, der bald noch größere Machtfülle bekommen könnte.
Denn eine von Präsident Bush bereits im Mai eingesetzte Kommission unter Vorsitz des ehemaligen Sicherheitsberaters Bent Scowcroft schlug Anfang November 2001 vor, die drei größten Nachrichtenapparate des US-Verteidigungsministeriums der CIA zu unterstellen: die für fernmeldeelektronische Aufklärung zuständige NSA, die National Imagery and Mapping Agency zur Bildaufklärung und Kartenherstellung und die Satellitenaufklärung der NRO (National Reconaissance Organisation). Inspiriert ist der Vorschlag zum größten Umbau der US-Geheimdienstgemeinde von der Idee, die massiven Reibungsverluste, die aus der ewigen Konkurrenz dieser Behörden zur CIA resultierten, zu beseitigen [19]. Doch der Widerstand des Pentagon gegen den Verlust von NSA und NRO, die etwa die Hälfte des Geheimdienstetats und damit ca. 15 Milliarden Dollar jährlich erhalten, wird groß sein. Die Stellung der CIA mit ihrem weit bescheideneren Jahresetat von etwa 3,5 Milliarden Dollar würde dramatisch aufgewertet. Zugleich stärkt dieser Reformvorschlag die Rolle und die Durchgriffsmöglichkeiten des US-Präsidenten. Darin liegt wohl auch die Versuchung für George W. Bush, der als Sohn eines CIA-Direktors und Präsidenten groß wurde.
Der Schub, den die US-Nachrichtendienste durch die Wahl des Republikaners bekommen hatten, war schon im Vorfeld des Krieges durch neue Satelliten sichtbar geworden. Das für die Himmelsspione verantwortliche National Reconaissance Office ließ am 17. August 2001 einen Lacrosse Radaraufklärer in den Orbit schiessen, am 9. September einen Funkaufklärungssatelliten, am 5. Oktober den USA-116, der optisch – zudem mit Infrarot und Wärmebildern – arbeitet, und am 10. Oktober eine weltraumgestützte Relaisstation. Zusammen mit dem bereits vorhandenen Potential – u.a. KH-11-Satelliten, die Objekte von weniger als zehn Zentimeter Größe identifizieren können und die ihre Umlaufbahn zwei Mal täglich über den Hindukusch führt – war das US-Lagebild aus dem Weltraum so gut wie bei keiner anderen militärischen Auseinandersetzung zuvor.
Das Navstar Global Positioning System, mit 24 im Orbit platzier-

ten Stationen führte B-52-, B-1- und B-2-Bomber sicherer ins Ziel als zuvor, wenn auch die bekannten Fehlschläge, z.B. auf Einrichtungen internationaler Hilfsorganisationen in Kabul, zu verzeichnen waren.
Um sich das Informationsmonopol zu sichern, schloß die US-Regierung am 7. Oktober 2001 zudem einen Vertrag mit der Firma Space Imaging, die in Friedenszeiten Bilder aus dem Weltraum zum Stückpreis von 500 $ auch an die Presse verkauft, der ihr das Exklusivrecht an allen Aufnahmen des Ikonos-2-Satelliten von Afghanistan verschaffte [20].

Mehr noch als in der Rolle als Neben-Luftwaffe konnte sich die CIA als Heeresersatz profilieren. Selbst die Truppen der Nordallianz konnten bei ihren erfolgreichen Offensiven auf Militärberater aus Langley setzen.
Das Counterterrorism Center der CIA hatte vor Tenets Amtsantritt im Juli 1997 weniger als 300 paramilitärische Einsatzkräfte. Nach den Attentaten in Kenia und Tansania wurde es personell aufgestockt und verfügt nun nach einem erneuten Einstellungsschub nach dem 11. September über etwa 900 Kämpfer. Aus den 700 neuen CIA-Mitarbeitern, die aus dem 1,6 Milliarden-Dollar-Paket des Kongresses für den weiteren Ausbau des Auslandsnachrichtendienstes geworben werden, wird dieses Potential absehbar noch einmal vergrößert.
Ihren Einstand in Afghanistan gab die Special Activities Division der CIA in Afghanistan am 27. September 2001, als die ersten 50 CIA-Offiziere, die gewöhnlich in 6-Mann-Teams operieren, im Gebiet der Nordallianz eingesetzt wurden.
Bei dem Gefangenenaufstand am 25. November 2001 in Mazar-i-Sharif wurde einer von ihnen überwältigt und getötet. Bei der Niederwerfung dieser Revolte wurden alle etwa 600 al Qaida- und Talibanangehörigen umgebracht. Verwundete, selbst schwer Verwundete gab es auf ihrer Seite nicht, nur Tote, was deutlich mehr für ein Massaker als für eine militärische Operation spricht, bei der die Anzahl der Verletzten in der Regel die der Toten um den Faktor zwei oder mehr übersteigt.
Mit etwa 200 Operateuren am Boden verbuchte der US-Auslands-

nachrichtendienst in der Anfangsphase und im Vorfeld des Krieges seinen größten Militäreinsatz nach dem Vietnamkrieg[21]. Mehr noch als beim Kampfeinsatz reüssierte die Agency beim shopping von Warlords, die - diplomatischen Noten gegenüber eher resistent - ihre Loyalität gegen Dollarnoten zu Markte tragen. Mehr als 35 regionale Machthaber sollen Zahlungen in Höhe von jeweils 200.000 $ sowie Satellitentelefone erhalten haben[22]. Aktuell war die Reaktivierung der Kommandanten von dem Ziel bestimmt, einheimische Spurenleser auf den entwichenen Mullah Omar und Osama bin Laden anzusetzen und beim Kampf um die Höhlen bei Tora Bora und anderswo eigene Infantrie nicht zu verschleißen. Auf weitere Sicht soll verhindert werden, dass die südafghanische Sozietät von Stammesherzögen, Drogenbaronen und Schmuggelkapitänen sich augenfällig und waffenstarrend der Demokratisierung des Landes entgegenstemmt, in deren Mittelpunkt besonders euphorische Bundespolitiker die Emanzipation der Frau gerückt haben.

## ALTE KONFLIKTE MIT NEUEN FRONTEN

Die Talentsucher der CIA, denen der im römischen Exil lebende Ex-König Zaher Schah, Jahrgang 1914, schon mit Blick auf seine biologische Durchhaltefähigkeit beim langfristigen Umbau Afghanistans als Risiko erschien, hatten mit Hamid Karzai einen Griff in das Reservoir ihrer alten nachrichtendienstlichen Verbindungen getan. Aus guter paschtunischer Familie stammend hatte er den Befreiungskrieg gegen die Sowjetunion an die CIA angelehnt finanziell unterstützt, war 1994 Vizeaussenminister der Kabuler Mudjahedin-Regierung, löste sich bald von Rabbani und war anschließend zeitweise Sympathisant der Taliban, die er ab 1999 aber offen bekämpfte. Als Karzai Anfang Oktober 2001 mit hundert Bewaffneten im Raum Kandahar agierte, wäre er beinahe von den Taliban bei Gefechtshandlungen getötet worden, konnte aber rechtzeitig von US-Kampfhubschraubern in Sicherheit gebracht werden.

Den politischen Eliten kann er den Blick für seine amerikanische Herkunft aber damit nicht trüben und so weckt er manchen

Widerstand. Der Schiitenführer Karim Khalili verwehrte ihm die Ernennung eines Provinzgouverneurs für die von ihm kontrollierte Provinz Bamiyam, nachdem schon Karzais Favorit für Pakhtia Padscha Khan von seinem Rivalen Saif Ullah im Januar 2002 davongejagt worden war[23], bis als Zwischenlösung der 77jährige Tadsch Mohamed Wardak aus dem Exil auf den Gouverneursposten in Gardez kam[24]. Die Machtkämpfe um Gardez, wo es Anfang März erneut zu Gefechten unter Beteiligung amerikanischer Einheiten kam, machen zugleich deutlich, dass unter dem Mantel der Taliban-Bekämpfung auch innenpolitische Gegner Karzais ausgeschaltet werden, die sich der Interimsregierung sowenig beugen wollen wie zuvor den Taliban[25].
Als militärischen Berater haben die USA Mitte November 2001 Karzai einen Oberst der Defense Intelligence Agency beigegeben, der seinen Anhängern den letzten militärischen Schliff für den Endkampf gegen die Taliban geben sollte[26]. Weit größeren Einfluß wird jedoch Zalmay Khalizad in Kabul ausüben. Am 31. Dezember 2001 war der früheren Öl-Manager der UNOCAL zunächst zum Afghanistanbeauftragten, später zum Botschafter ernannt worden[27]. Das markiert auch Washingtons Absicht, am Hindukusch schon deshalb stabile Verhältnisse zu schaffen, um die Durchleitung von Öl und Gas aus dem kaspischen Raum nach Pakistan zu gewährleisten.
Pakistan – namentlich der radikale Teil der Streitkräfte und des Nachrichtendienstes ISI – waren als Geburtshelfer und Komplize der Taliban eigentlich diskrediert. Der russische SWR hatte Ende September 2001 deutlich gemacht, dass Islamabad das Rückgrat des Taliban-Regimes stellte. Insgesamt 31 Pakistani – darunter Generäle und Diplomaten – wurden als Berater von Mullah Omar und der Nebenregierung der al Qaida ausgemacht, während sich die Regierung von Musharaf offiziell an der Seite der USA befand. [28] Dennoch wertete US-Präsident Bush den Staat im Februar 2002 wieder auf und sagte neue Militärhilfe zu, da er bei der Neuordnung Afghanistans gegen iranische, andere schiitische und russische Widerstände den Schirmherren aller Paschtunen braucht. Die nachrichtendienstlichen Implikationen im Dreieck USA, Pakistan und Indien, deren geostrategischen Weiterungen sowie die

Rolle Chinas müssen hier aus Platzgründen aussen vor bleiben[29]. Trotz der zahlreichen inoffiziellen und offiziellen saudischen Spuren im al Qaida-Netz und bei den Taliban, geht Riad eine begrenzte Konfrontation mit den USA ein, wo es Stationierungsrechte verweigerte und im Januar von den USA die Auslieferung aus Saudi-Arabien stammender Terroristen einforderte[30]. Die einzige ablesbare Folge der saudischen Involvierung in die Attentate vom 11. September war die Entmachtung des langjährigen Geheimdienstchefs Prinz Turk i Faisal, der zu offensichtlich Weggefährte Osama bin Ladens war. In Afghanistan wird Riad versuchen zu retten, was zu retten ist, alte Kanäle offen halten und als Kerninstrument saudischer Einflußpolitik wiederum die Arbeit humanitärer Organisationen nutzen, die geschickt soziale Hilfe und die Unterweisung im rechten Glauben verknüpfen.

Großbritannien, stetiger Komplementär der nordamerikanischen Nachrichtendienste, wird der US-Linie weitgehend folgen und seine alten Lieblingsmuhadjedin, wie Pir Gailani, zur Flankierung Washingtoner Positionen einbringen. Ein eigenständiges Spiel mit dem Feuer radikaler ISI-Fraktionen ist eher auszuschließen.

Von französischen Interventionen ist bislang wenig zu hören, nachdem der charismatische Ahmed Schah Masud als Hauptansprechpartner von Paris am 9. September 2001 ermordet wurde. Zwar hat Frankreich sich auch mit der Entsendung von C-160-Spionageflugzeugen und Aufklärungsschiffen in die Anti-Terror-Streitmacht eingereiht[31], aber wohl überwiegend, um ein unabhängiges Lagebild zu haben. Der Grund für die anschließende Zurückhaltung mag darin liegen, dass in der EU-internen Aufteilung von Einflußzonen dem deutschen Partner Vorrang eingeräumt wird.

Viel Selbstbewußtsein zeigt die Türkei, die sich – obwohl wesentlich schlechter ausgestattet als die Bundeswehr und mit geringer einzustufendem Humankapital versehen – um die ISAF-Führung bewarb. Ihr einheimischer Vorkämpfer ist Raschid Dostum, der im Exil in Ankara auf die operativen Interessen des türkischen Militärgeheimdienstes MIT im usbekisch-afghanischen Raum eingeschworen worden war. Auf dem Petersberg war der Usbekengeneral zunächst von der Machtteilhabe ausgeschlossen, aber anschließend Ende Dezember gegen einige Widerstände als stellvertretender Verteidigungsminister dennoch eingebunden worden[32]. Und prompt bot Ankara an, die Ausbildung der afghanischen Armee in die Hand zu nehmen. Die offene politische Debatte erreichte dieser Hintergrund, wo der ehemalige Verteidigungsminister Volker Rühe am 4. Februar 2002 davor warnte, die Türkei im Anschluß an Großbritannien mit der Rolle der Lead Nation der ISAF-Verbände zu betrauen, weil sie wegen der besonderen Beziehungen zu Teilen der Nordallianz Partei sei und sich zugleich für die Bundesrepublik als Führungsnation aussprach[33].

Dass der eigensinnige Usbeke, dessen Truppen fortgesetzt Scharmützel mit den Kernverbänden der Nordallianz ausfechten, auf Dauer Garant der Position Ankaras bleibt, ist schon deshalb zweifelhaft, weil er schon in den frühen 90ern eine weit ins Kaufmännische reichende politische Flexibilität gegenüber den Interessen Saudi-Arabiens und Pakistans an den Tag legte – zuletzt dort, wo er im November 2001 zu den Taliban „verirrte" Söhne dieser Länder vor der Einnahme von Kundus mit pakistanischen Militärmaschinen in die Heimat ausfliegen ließ[34]. Der Kabuler Nachrichtendienst versuchte, ihn Anfang Februar 2002 durch den Vorwurf aus dem Rennen zu werden, er bekäme massive Militärhilfe aus dem Iran[35].

Vorrangig setzen der Iran und sein Nachrichtendienst SAVAMA jedoch auf Ismail Khan, der fünf Provinzen unter Kontrolle hat. Obwohl sein Sohn in der Interimsregierung vertreten ist, steht er in scharfer Opposition zu Karzai.

Der verbrannte Mudjahedinführer Gulbuddin Hekmatyar wird im Teheraner Exil jedoch an der kurzen Leine gehalten, wo er nur vor einer amerikanischen Marionettenregierung in Kabul warnen darf[36].

Sollte sich eine Kabuler Zentralregierung soweit gefestigt haben, dass mit Hilfe der von Karzai geforderten langfristigen Präsenz der ISAF-Kontingente eine Entwaffnung der Regionalfürsten ins Auge gefaßt wird, dürften nicht die paschtunischen Warlords ins Visier geraten, sondern möglicherweise Khalili und Dostum, sicherlich aber Ismail Khan, einerseits, weil er als frontman Teherans angreifbar ist, anderseits weil die von den USA und

Saudi-Arabien projektierte Pipeline durch sein Machtgebiet geführt werden müssten.

Da der Iran nach anfänglicher Einbindung in die Antiterror-Koalition selbst von nüchternen US-Politikern zur Achsenmacht des Bösen erklärt wurde, wird er alles unternehmen, um die Erfolgsaussichten der US-Politik im Nachbarland durch nachrichtendienstliche Operationen zu trüben.

Abgehalten werden könnte der Iran von störenden Interventionen durch eher deutschen Einfluß, der sich da abzeichnete, als der Vorsitzende des Auswärtigen Ausschusses, Hans Ulrich Klose, in Teheran ein gemeinsames Vorgehen beim Wiederaufbau Afghanistans unter Einbeziehung russischer Transportunterstützung ins Gespräch brachte.

Russland hat schon auf Grund seiner kontinuierlichen, ab Oktober 2001 verstärkten Rüstungshilfe für die Nordallianz, die sich bis zum Jahresende auf 45 Millionen $ belaufen sollte[37], ein starkes Standbein bei dem auf dem Petersberg neutralisierten Ex-Präsidenten Burhanuddin Rabbani, der noch nicht aus dem Rennen ist.

Die Genossen der früheren kommunistischen Einheitspartei DVPA rückt Moskau mit Rücksicht auf seine Positionen in der Nordallianz nicht in den Vordergrund, obwohl ihr Potential gerade unter den GroßstädterInnen, die von der kommunistischen Machtübernahme gesellschaftlich und beruflich profitiert hatten, nicht zu unterschätzen ist. Nicht bei den ersten, aber bei späteren Wahlen könnten Erfolge von Postkommunisten so dasselbe Erstaunen wecken, dass mit ihrem comeback in Mittelosteuropa verbunden war.

Seine Interessen verfolgt Moskau im Einklang mit dem Iran und den zentralaisiatischen Republiken, deren durch massive US-Militärhilfe eingeleitetes mögliches Abbröckeln ins amerikanische Lager jedoch mit Sorge beobachtet wird[38]. Russland hat jedoch ähnliche Ziele und streckenweise dieselben Verbündeten wie Deutschland.

Die uneingeschränkte Solidarität der Bundesrepublik stieß von vornherein bei den angelsächsischen Verbündeten nicht auf grenzenlose Gegenliebe. Die „witterungsbedingten“ Schwierigkeiten

bei der Luftverschiffung des deutschen ISAF-Kontingents ins Nadelöhr Bagram und die in Bezug auf das Verhältnis der Führungsnation zu den parallel kriegführenden Amerikanern strittigen Debatten zwischen London und Berlin weisen daraufhin, dass auch das politische Klima von einer Schönwetterlage weit entfernt war[39]. Dabei hatte sich der Bundesnachrichtendienst vor allem durch die Einbindung seiner Partner in Russland und dem Iran um die Große Koalition verdient gemacht.
Die deutsch-russisch-iranische Achse manifestiert sich in der Person des Verteidigungsministers der Interimsregierung Mohamed Fahim. Als „moderater" Nachwuchspolitiker aus dem Stall Masuds gehandelt, war er in Wahrheit seit 1982 dessen stellvertretender Geheimdienstchef und vornehmlich mit der Liquidation gegnerischer Kommandanten betraut. Nachdem er 15 DVPA-Angehörige noch eigenhändig mit seiner Kalaschnikow in seinem Kabuler Büro niedergemäht hatte, ging er im Winter 1994 gemeinsam mit Abdullah Abdullah nach Deutschland. Sein Hauptquartier schlug er für einige Monate in München bei Pullach auf, um von dort gemeinsam mit Husseini und dem Ingenieur Aref aus Köln bei Exilafghanen Kriegsspenden einzutreiben und zugleich rivalisierende Gruppierungen in Hamburg, Frankfurt und Köln zu observieren, die er anschließend bei deutschen Sicherheitsbehörden anschwärzte. Bevor er im Januar 2001 ins Panjirtal zurückkehrte, pendelte Fahim wie Abdullah ständig zwischen Deutschland und Russland hin und her, wo er seine Beziehungen zum KGB-Nachfolger SWR vertiefte. In den Iran, von wo aus die Nordallianz jahrelang militärische Hilfe genoss, war Fahim schon im Januar 2002 gereist, während für Karzai Reisen nach Saudi-Arabien, in die Emirate und nach Pakistan Vorrang hatten[40].

Die „neue" afghanische Armee wird weniger ein Integrationspool sein, als vielmehr ein in Divisionsäquivalente gegossenes Auffangbecken für die Haustruppen der gewichtigsten Kriegsherren und selbst für bewaffnete Banden. Russische Ausrüstungshilfe und Schulung, türkische Ausbildungsunterstützung und amerikanische Supervision ergeben ohnehin eine explosive Mischung.
Im Bewußtsein dieser Probleme hat Hamid Karzai die Polizei-

kräfte als Zentrum einer allafghanischen Zentralgewalt ins Spiel gebracht. Anknüpfend an die in den 50er Jahren einsetzende Polizeihilfe hat die Bundesrepublik auf einer Geberkonferenz im Februar 2002 in Berlin dieses Feld erneut besetzt und bereits für 2002 zehn Millionen Euro zugesagt. Vorrangig werden Fahrzeuge geliefert und der Wiederaufbau der Polizeiakademie betrieben[41]. Kontraproduktiv für die Funktion als identitätsstiftende Staatsgewalt erweist sich zunächst, dass Verteidigungsminister Fahim einen erklecklichen Teil seiner Soldaten zu Ordnungshütern umkleiden ließ und die paschtunische Komponente so unterrepräsentiert blieb.Die Kampfansage an die Drogenmafia des Landes, die 70 Prozent des weltweit erzeugten Rohopiums (Angabe für 2000) anbaut, birgt zusätzlichen Sprengstoff.
Seit die Polizeihilfe für ausländische Staaten ab 1961 von einem gemeinsamen Ausschuß von Bundesinnenministerium, BKA und BND abgestimmt wird, weist sie eine nachrichtendienstliche Komponente auf, die da Früchte trug, wo der BND über zahlreiche Regimewechsel hinweg Verbindungslinien zu afghanischen Spitzengeheimdienstlern bewahren konnte. Die seit Dezember in Kabul eingesetzten GSG-9-Beamten treten in die Fußstapfen dieser Doppelaufgabe: „Deutsche Sicherheitskreise hoffen jedenfalls, auch mit Hilfe der GSG 9 in Afghanistan Hintergründe der Zusammenarbeit von Terroristen mit in Deutschland lebenden Gruppen aufklären zu können“, [42] konstatierte der BND-Experte der *FAZ* Udo Ulfkotte.

Mit der Hundertschaft KSK, die zusammen mit angelsächsischen Spezialkräften im Raum Kandahar eingesetzt ist, hat das Amt für Nachrichtenwesen der Bundeswehr, das mindestens seit Sommer 2001 im Konflikt mit dem BND um dessen Monoplostellung als einziger Auslandsnachrichtendienst steht, die „Nebenfolge, dass die Bundesregierung über die Lage in der Region besser informiert ist“[43].

Die Sympathie der Afghanen galt parallel beiden deutschen Staaten, die über Jahre hinweg gleichzeitig in Kabul vertreten waren. Anders, als die Briten, Amerikaner und Russen, die mit dem

Odium der Kolonialmacht behaftet sind, wird Berlin in nahezu allen politischen Lagern als „ehrlicher Makler“ angesehen, der keine nationalen Eigeninteressen im Lande verfolgt. Dass eine Wirtschaftsdelegation aus der Bundesrepublik im Februar 2002 in Kabul die geschäftlichen Möglichkeiten erkundete, die sich aus der Auftragsvergabe aus Berliner Wiederaufbauhilfen ergeben, steht dazu nicht im Gegensatz, sondern ist internationale Gepflogenheit. Die volle Verantwortung für die risikoreiche Befriedung Afghanistans will die Bundesregierung dennoch nicht übernehmen, sie geht den vorsichtigen Weg, nur für die „Taktische Koordinierung“ in Kabul verantwortlich zu zeichnen.

Weil seit dem Kriegsausbruch gleich mehr als ein Dutzend ausländische Nachrichtendienste permanent intervenieren und sich die Gefolgschaft konkurrierender Landesfürsten zu sichern suchen, herrscht am Hindukusch eine streckenweise unübersichtliche Gemengelage, die immer wieder mit wechselnden und neuen Koalitionen aufwartet. Die Divergenzen zwischen Großbritannien und Deutschland sind dabei nur die Spitze des Eisbergs, denn den im Lande gewünschten deutschen Einfluß, wollen die Angelsachsen- und mit ihnen Pakistaner und Saudis – nicht hinnehmen, weil er eine zu große Nähe zu den Ambitionen Moskaus und Teherans aufweist. Zugespitzt kann man sagen, dass bei den neuen Fronten Moskau, Teheran und Berlin auf der einen Seite des Hindukusch stehen, während die Angelsachsen in Verbindung mit Pakistan und Saudi-Arabien auf der anderen Seite eine alte Koalition aufrecht erhalten. Angesichts dieser neuen Fronten und der allerorten vorhandenen Waffenpotentiale darf man von Glück sagen, wenn sich die Zielkonflikte nur in Grabenkriegen und einzelnen Attentaten niederschlagen.
Am 16. Februar 2002 wurde der Luftfahrtminister der Interimsregierung Abdul Rachman nach Darstellung westlicher Journalisten von aufgebrachten Pilgern auf dem Flughafen erschlagen, als er nach Indien aufbrechen wollte. Hamid Karzai jedoch machte „Sicherheitskräfte“ – darunter den Leiter der politischen Abteilung des Geheimdienstes und einen stellvertretenden Verteidigungsminister - für den Tod seines Ministers verantwortlich,

die aus privaten Motiven gehandelt und sich anschließend nach Saudi-Arabien abgesetzt hätten[44]. Bei den alten und anstehenden Blutfehden am Hindukusch haben Verschwörungstheorien Hochkonjunktur. Westliche Medienvertreter, die die Austragungsformen von Parteienhader in Zivilgesellschaften zum Maßstab haben, legen eine verständliche Skepsis gegenüber der Alleinschuld von Geheimdiensten an ungeklärten Todesfällen an den Tag. In diesem Fall darf man Karzais Statement schon deshalb die größere Glaubwürdigkeit beimessen, weil er weiß, das Abdul Rachman schon 1992 nur formal Verkehrsminister war, im Hintergrund jedoch für Ahmed Schah Masud das Kabuler Ministerium für Staatssicherheit (WAD) auf Regierungskurs brachte und sich bei dem abgeschalteten Teil paschtunischer WAD-Kader zahlreiche Feinde schuf. Diesen politischen Mord als Vorzeichen zu einer Rückkehr zu den Verhältnissen zwischen 1989 und 1994 zu werten, als sich rivalisierende Stammesfürsten nach dem Abzug der sowjetischen Truppen bis aufs Blut befehdeten und das Land in Schutt und Asche legten, ist sicher nicht ganz abwegig.

1 - Die von dem britischen Geheimdienstexperten Thomas Gordon unter Berufung auf FBI-Informationen publizierte Information fand in der Bundesrepublik erstaunlicherweise nur in der *BILD*-Zeitung am 2.11.2001 Widerhall.

2 - Vgl. *Associated Press* 21.9.2001: Manual Advides Terrorist How to Act

3 - Der französische Nachrichtendienst beeilte sich insbesondere der Pariser Presse mitzuteilen, dass er den US-Partnerdienst bereits Anfang September vor dem Marokkaner Zacarias Moussaoui gewarnt hatte, der als al Qaida-Mitglied eine Pilotenausbildung absolviert hatte. Vgl. *Washington Post* 21.10.2001: The torture question

4 - Vgl. *FAZ* vom 25.9.2001: Amerika will Beweise gegen bin Laden vorlegen

5 - Vgl. *New York Times* 7.2.2002: al Qaida Still Able to Strike U.S., Head of C.I.A.

6 - Vgl. q/depesche 3.12.2001: Das Funk-Tarnnetz der Taliban

7 - Vgl. Bill Sulzman (Citizens for Peace in Space, Denver): The Satellite Wars: Afghanistan ans Yugoslavia, 28.11.2001

8 - Vgl. q/depesche 20.9.2001: bin Laden benutzt kein Telefon; *Los Angeles Times* 21.9.2001: Hate Unites an Enemy

9 - Es war vielmehr Libyen, dass 1998 wegen der Drahtzieherschaft bei der Ermordung des deutschen Verfassungsschützers Silvan Beckmann und seiner Ehefrau in der libyschen Wüste im März 1994 bei Interpol vorstellig wurde. Vgl. Jean-Charles Brisard und Guillaume Dasquié: Die verbotene Wahrheit, Zürich 2002, S. 114f.

10 - Vgl. dazu und zu den florierenden Geschäftsbeziehungen der Familie bin Laden zu George Bush sen. und jun. sowie anderen US-Politikgrößen: Jean-Charles Brisard und Guillaume Dasquié: a.a.O.

11 - Vgl. *St. Petersburg Times* 30.10.2001 : MacDill Air Force Base's coalition village detailed

12 - Vgl. *Boston Globe* 27.9.2001: ‚Rogue' nations furnish intelligence

13 - Vgl. *The Telegraph* 7.10.2001: Expelled Libyan spy chief returns for talks with MI6

14 - Vgl. *FAZ* vom 15.2.2002: Libyen will von der Liste

15 - Vgl. *Chronicle Herald*, Halifax 2.11.2001: US still covering fpr bin Laden network?

16 - Vgl. *DIE ZEIT* vom 1.11.2001: Schule des Hasses auf dem Balkan

17 - Der Kongress bewilligte den US-Nachrichtendiensten insgesamt zusätzlich 40 Milliarden $, in der Bundesrepublik wurden aus Sondersteuern 2 Milliarden DM eingestellt, von denen auch der BND profitiert.

18 - Vgl. *Associated Press* 13.2.2002: Predator Spy Planes Lurk Over Targets; *Associated Press* 5.2.2002: Pilotless Spy Plane Plagued by Flaws

19 - Vgl. *Reuters* vom 8.11.2001: Report: Panel to Urge Intelligence Shakeup

20 - Vgl. Bill Sulzman (Citizens for Peace in Space, Denver): The Satellite Wars: Afghanistan ans Yugoslavia, 28.11.2001

21 - Vgl. *Boston Globe* 20.1.2002: CIA takes on major new military role

22 - Vgl. *Reuters* 7.2.2001: U.S. Paid Afghan Warlords for Help, Report Says

23 - Vgl. *junge Welt* 9.2.2002, „Auf tönernen Füßen"

24 - Vgl. *FAZ* 15.2.2002, „Abdullah für türkische ISAF-Führung"

25 - Mitte Februar hatte Karzai rivalisierenden Stammesfürsten gedroht, er würde US-Luftschläge anfordern, wenn sie ihre Differenzen mit Waffengewalt austrügen. Vgl. *Reuters* 18.2.2002: U.S. Says al Qaida Threat Remains in Afghanistan

26 - Vgl. *Associated Press* 4.1.2002: US Tries to distinguish Friend, Foe

27 - Vgl. World Socialist Web Site 3.1.2002: Oil company adviser named US representative to Afghanistan

28 - Vgl. *Reuters* 26.9.2001: Studie: 55 Lager bin Ladens in Afghanistan

29 - China hat nicht nur – nach Einschätzung des australischen Experten Desmond Ball – die größten funkelektronischen Aufklärungskapatitäten im asiatischen Raum für seine Informationsgewinnung, sondern verfügt seit seiner Involvierung in den Kampf der Mudjahedin gegen die sowjetische Besatzungsmacht über dichte Agentennetze in Afghanistan. Vgl. Zur Funkaufklärung *Associated Press* vom 12.4.2001: Dozens of Nations Fly Spy Aircraft

30 - Vgl. *FAZ* 30.1.2002: Amerikanische Zweifel und verärgerte Saudis

31 - Vgl. *Reuters* 25.10.2001: France to Send Spy Planes, More Ships to Help U.S.

32 - Vgl. *FAZ* vom 27.12.2001: Streit in Kabul über Dostum

33 - Vgl. *FAZ* 5.2.2002: Rühe: Deutschland sollte Afghanistan-Truppe führen

34 - Vgl. *New York Times* 24.11.2001: Pakistanis Again Said to Evacuate Allies of Taliban

35 - Vgl. *junge Welt* 9.2.2002: Auf tönernen Füßen

36 - Vgl. *Associated Press* 9.10.2001: Former Afghan Leader Criticizes US

37 - Vgl. *dpa* 27.10.2001: Russland liefert weitere Panzer an Taliban-Gegner

38 - 1994 waren CIA-Residenten in alle zentralasiatischen Republiken geschickt worden, nachdem sie im Marshall-Center in Garmisch-Partenkirchen ihren letzten Schliff erhalten hatten. Neben der militärischen Dauerpräsenz, die die umfassende US-Militärhilfe für Usbekistan und Tadjikistan vermuten läßt, wird auch das nachrichtendienstliche Potential der USA im kaspischen Raum aufgestockt werden.

39 - Vgl. *Associated Press* 22.12.2001: Bericht über Spannungen mit Briten wegen Afghanistan-Einsatzes

40 - Vgl. *SZ* vom 26.2.2002: Karzai wünscht Miteinander Irans und der USA

41 - Vgl. *FAZ* 14.2.2002: Deutschland baut afganische Polizei auf

42 - *FAZ* 13.2.2002: GSG 9 seit zwei Monaten in Afghanistan

43 - Vgl. *FAZ* vom 25.2.2002: Eigene Kundschafter

44 - Vgl. *FAZ* 16.2.2002: Gewaltsame Zusammenstöße in Kabul

# EINFACH NUR IM FALSCHEN FILM?

## DIE ERMITTLUNGEN ZU DEN FLUGZEUGATTENTATEN AM 11. SEPTEMBER FÜHREN NUR ZU DEN ÜBLICHEN VERDÄCHTIGEN

*Rene Heilig*

*Obwohl man normalerweise bei so einem Vorfall in alle Richtungen ermitteln müsste, gab es von Anfang an nur die Spur bin Laden. Rene Heilig fragt nach, warum die Ermittlungen nur zu den von vornherein Verdächtigten geführt haben. Außerdem zeigt er auf, welche Spuren nicht untersucht wurden. Er würdigt ausführlich das „Geständnis-Video" bin Ladens, über dessen Echtheit viel spekuliert wird.*

**Rene Heilig**

geb. 1952 in Berlin

neben Abitur Fernmeldemechaniker gelernt

1973 bis 1978 Studium der Philosophie in Berlin

heute Journalist bei der Tageszeitung *Neues Deutschland*,

unter anderem zuständig für sicherheitspolitische Fragen,

berichtete bereits mehrmals von Krisen- und Kriegsschauplätzen vor allem auf dem Balkan

Zwei Tage nach den grauenhaften Flugzeugattentaten auf das New Yorker Word-Trade-Center und das Pentagon in Washington äußerte sich der Direktor des regierungsnahen Moskauer Instituts für strategische Studien, Jewgenij Koschokin, über die Chancen der Aufklärung: „Möglicherweise wird die Welt manche Dinge niemals erfahren", denn es sei möglich, „dass nicht nur die Personen starben, die die Angriffe direkt ausführten, sondern dass auch eine ganze Reihe weiterer Personen, die in die Vorbereitung verwickelt waren, erst noch getötet werden müssen." Ein Land, das es wie die USA, noch immer nicht geschafft hat, den 1963 verübten Mord an seinem Präsidenten John F. Kennedy öffentlich nachvollziehbar und mit juristischen Konsequenzen aufzuklären, kann sich über solche und manch andere Verschwörungsgedanken wahrlich nicht beklagen.

Als Koschokin im September prognostizierte, dass alle offiziellen US-amerikanischen Untersuchungen der Verbrechen „in einer Sackgasse" enden werden, hatte selbst der in Moskauer Methoden erfahrene Skeptiker, nicht gedacht, wie rasch man in der so genannten freien Welt am gewünschten Endpunkt politisch opportuner Erkenntnisse ankommt. War das vielleicht sogar ein Grund dafür, dass man die Ermittler der sonst in jeder Richtung potenten Bundespolizei FBI von Anfang an in eine Einbahnstraße hetzte?

Eigentlich war das Spektrum jener Terrorgruppen, denen man jede Scheußlichkeit wider die Globalmacht USA zutrauen konnte, recht groß. Das zeigt der Blick in einen entsprechenden 41-seitigen Bericht, der dem Kongress am 10. September, also einen Tag vor dem großen Morden zugegangen war. Titel: „Terrorism: Near Eastern Groups and State Sponsors 2001". Darin sind Vereinigungen, mehr oder minder aktiver Art, als Bedrohung aufgelistet. Doch kaum waren die Flugmaschinen in die Gebäude gerast, da meldeten Presseagenturen: Radikale Palästinensergruppen haben sich zu den Taten bekannt. Der vermutlich vom israelischen Auslandsgeheimdienst Mossad, der in den USA über nicht wenige einflussreiche Kontakte verfügt, eingefädelte Coup klappte nicht. Die als Bekenner genannte Demokratische Front für die Befreiung Palästinas und die Volksfront für die Befreiung Palätinas dementierten umgehend und glaubhaft. Sie waren wohl auch von der US-Administration nicht als das zu enttarnende Böse erwünscht. Die vermutete Täterschaft blieb nur wenige Stunden unbenannt. Noch hatte sich der Staub der zusammengefallenen Twin-Towers nicht über New York gelegt, da nahm der dienstälteste Republikaner im Justizausschuss des US-Senats Orrin Hatch das Wort: Alle Hinweise deuten auf Osama bin Laden, verkündete er. Nachdem der Schuldige benannt war, mussten nur noch medienwirksame Fakten herangeschafft werden. Und die waren dann so „stark und unwiderlegbar", dass auch bei Großbritanniens Premier Tony Blair keinerlei Zweifel an dem ihm übermittelten 31-seitigen Akt aufkamen. Dass ausgerechnet Blair ihn bekam, lag daran, dass Großbritannien von den USA bereits als Knappe für den eben erst verkündeten Feldzug gegen das Böse auserwählt worden war. Auch für NATO-Generalsekretär Lord Robertson waren es „klare und zwingende Beweise", die für das von ihm vertretene Bündnis ausreichten, zum erstenmal in seiner Geschichte - und zudem auch noch ungebeten - den Verteidigungsfall auszurufen. Dennoch hofften vernunftbegabte Bündnispolitiker, dass man vor einem zu erwartenden Krieg, gegen wen auch immer, die von US-Außenminister Collin Powell „der Welt und dem amerikanischen Volk" versprochene überzeugende Anklage zur Kenntnis nehmen könne.

Die blieb bis heute aus, US-Offizielle stellten stattdessen das gesamte Rechtssystem auf den Kopf, als sie erklärten, man habe bei den Ermittlungen keine Informationen erlangt, die nahelegen, dass bin Laden nicht an den Attentaten beteiligt war. CIA-Chef George Tenet ergänzte, dass bin Laden die Fähigkeit habe, „unterschiedliche Angriffe mit geringer oder keiner Vorwarnung" zu organisieren, der Ex-CIA-Boss James Woolsey deutete die Komplizenschaft mit einer oder mehreren Regierungen an, Ex-Sicherheitsberater Lawrence Eagleburger gab kund: „Ich denke, dass wir zeigen werden, dass wir schrecklich in unserer Stärke und Vergeltung sind..." Nach kurzem Aufmarsch überschütteten die USA Osama bin Ladens Gastland Afghanistan mit einem Bombenhagel. Als Ziel des „Feldzuges gegen das Böse“ versprach George W. Bush, der als US-Präsident auch Oberbefehlshaber der perfektesten Tötungsmaschinerie der Welt ist, bin Laden „tot oder lebendig“ zu fassen. Nimmt man das als wahres Motiv, dann wäre der Feldzug eine einzige Pleite, denn so schimpfte Senator Jim Bunning Anfang Februar: „Wenn wir eine Milliarde Dollar und mehr am Tag ausgeben, dann sollten wir doch eigentlich wissen, ob Osama bin Laden in Somalia steckt oder im Irak.“ Oder tot ist, wie andere Quellen vermuten lassen.

Washington hat es vom ersten Tage der Ermittlungen an verstanden, einen einzigartigen Informationsirrgarten anzulegen. Man fühlt sich medial einbezogen in die Jagd der 7.000 FBI-Agenten und der mindestens dreimal so vielen zusätzlichen Helfer anderer offizieller Stellen. Ein Gefühl das trügt, denn zu viele Fragen bleiben unbeantwortet. Im Rahmen der Operation „Penttbom“ (**Pen** für Pentagon, **tt** für Twin-Tower und **bom** für Bombe) sammelten die Fahnder emsig und nicht immer im Einklang mit den Rechten, die Verfassung und Gesetze der USA und anderer Staaten gebieten, Informationen. Auf der vom FBI eingerichteten Denunziationswebsite liefen schon in den ersten drei Monaten 450.000 Meldungen wachsamer US-Bürger ein. Seit der Kommunistenhatz des Senators McCarthy hatte es so etwas nicht mehr gegeben. Ob Brauchbares darunter war, ist nie bekannt geworden. Dafür aber Anschwärzereien wie diese gegen den Ägypter Fathy Abdel Khalek. Ihn hatte seine US-Ehefrau anonym der Terror-Beihilfe beschuldigt, nachdem sie herausbekommen hatte, dass er nicht nur mit ihr sondern in seiner Heimat ebenfalls verheiratet ist. Mit dem „Bigamisten“ verhaftete die FBI-Macht gleich acht seiner Ruder-Freunde. Sicher ist sicher.

Die Bundespolizei sprach unmittelbar nach den Anschlägen mit den Angehörigen von 266 Opfern, die in den vier Flugzeugbomben ermordet worden sind. Die Agenten des Justizministeriums sortierten aus den Passagierlisten jene aus, für die sich (in den USA) weder Verwandte noch Freunde finden ließen. Man checkte deren Status als Einwohner oder Visainhaber, suchte nach

Adressen, Kreditkarten- und Kontenspuren, Steuerunterlagen, verglich Aufenthaltsorte mit den Aufzeichnungen von Videoüberwachungssystemen. Nachdem die Bruchstücke fast über Nacht sortiert waren, blieben 19 Namen, alle arabischen Ursprungs, übrig. Ohne weiteren Ermittlungen veröffentlichte man ihre Steckbriefe als die der Täter. Vermutlich waren sie es, zumindest einige von ihnen. Doch die bislang vorgelegten Beweise würden jeden Richter erzürnen. Keiner gab sich seither wirklich Mühe, die persönlichen Hintergründe der jungen Männer vor allem in ihren Heimatstaaten ausreichend zu erhellen. Weitere 50 Personen identifizierten Ermittler eiligst als Helfer und orteten bin Laden-al-Qaida-Zellen in Tucson (Arizona), Santa Clara (Kalifornien), Arlington (Texas), Brooklyn (New York), Boston (Massachusetts), Providence (Rhode Island) und in Florida. Lange hörte man nichts mehr darüber, ob der als Top-Terrorist annoncierte Saudi wirklich so viele Zellen im Land der Ungläubigen aufbauen konnte. Im Februar dann ließ das FBI, welches permanent Terror-Alarm gab, durchblicken: In den USA halten sich noch mindestens 100 al Qaida-Leute auf.

Schon in den ersten fünf Fahndungstagen hatte das FBI 170 Namen auf der Liste, die sowohl als Verdächtige wie als Zeugen gesucht wurden. Dabei gab es die verschiedensten Gründe, jemanden zu verdächtigen. Die kanadischen Einwanderungsbehörden lieferten beispielsweise einen Mann mit den Papieren der palästinensischen Autonomiebehörde aus, weil sich in seinem Gepäck ein Foto fand, dass ihn in Flugbegleiter-Dress vor den Twin-Towers zeigte. Einen Franco-Algerier namens Habib Zacarias Moussaoui klagte man an, weil er Fliegen lernen wollte, doch auf das Landen keinen Wert legte. Der Mann war allerdings schon am 17. August verhaftet worden. In der Zelle soll er sich gefreut haben über den Erfolg der Attentäter. Dass er zu denen gehörte, ist nach den veröffentlichten Fakten weiter ein Verdacht.

Noch immer ist das FBI einen halbwegs gerichtsfesten Beweis schuldig, dass die vier mutmaßlichen Piloten – Mohammed Atta in Flug American Airlines 011 aus Boston, Marwan Al-Shehhi in

United Airlines aus Boston, Khalid Al-Midhar in American Airlines 007 aus Washington und Zaid Samir Jarrah in United Airlines 093 aus Newark - wirklich in der Lage waren, die großen Boeings so perfekt zu beherrschen. Laut FBI waren die wichtigsten Attentäter rund 15 Monate vor ihrer Tat in den Vereinigten Staaten. Zumindest die genannten vier besuchten Flugschulen. Warum sie das Fliegen in den USA lernen wollten, wird allgemein damit begründet, dass dies dort relativ billig sei. Logisch ist es nicht, wenn al Qaida wirklich die Unterstützung von Regierungen genießt, für die es kein Problem gewesen wäre, die Attentäter in einem Militärcamp oder ähnlichem drillen zu lassen. Die Sparsamkeitsmotive kollidieren zudem mit der Aussage, die Terroristen hätten über unbeschränkte finanzielle Mittel verfügt. Im Fall der ausgewählten Huffmann-Flugschule beträgt der Ausländeranteil über 75 Prozent. Es gab die Meldung, die Bundespolizei wisse von 27 potenziellen Terroristen, die in den USA zu Piloten geschult worden waren. Eine Ente? Wie diese „ermittelt" wurde, belegt der vom WDR-Magazin „Monitor" geschilderte Fall des 27-jährigen Darmstätters Hossain El Quariachi. Man verhaftete den angehenden Mediziner, der ob seiner Vorfahren arabisch aussieht, jedoch einen deutschen Pass besitzt und dummerweise ebenfalls in den USA das Fliegen erlernen wollte, bei der Einreise in die Staaten als mutmaßlichen Terroristen. Ohne Beweis hielt man ihn fest, wochenlang. Er kam erst wieder frei, als er zugab, bei der Einreise gelogen zu haben. Was zwar nicht stimmte, doch für ein weiteren Dasein als Vorbestrafter sorgte. Zugleich ignorierten die Ermittler völlig Hinweise von Linien- wie Militärpiloten, nach denen Amateurflieger, die erst ein paar Stunden auf Cessna- oder Piper-Maschinchen gelernt haben, unmöglich solche Riesenjets wie die Boeing 757 oder 767 beherrschen könnten. Schon gar nicht im Anflug auf ein so schwieriges Ziel wie schmale Wolkenkratzer oder das flache Pentagon. Diese Ziele sollen von Piloten getroffen worden sein, die zum Teil nach Aussagen ihrer Fluglehrer kaum mit Einmotorigen geradeaus fliegen konnten. Auch die sechs Stunden, die Atta und Shehhi in einem 727-Simulator verbracht haben, können kaum ausreichend gewesen sein. Zwischen diesem Typ und der Terror-767 liegen zwei Jet-Generationen. Falls jemand den Hinweis, man habe in bin Ladens Quartieren Flugsimulator-CD's gefunden, ernst nähme, so würde das bedeuten, dass Millionen von Menschen, die solche CD's täglich in den Home-PC schieben, das Zeug zum Piloten haben.

Wenige Tage nach dem Attentat berichtete *Newsweek*, dass einige der auf der FBI-Liste aufgeführten Tatverdächtigen an militärischen Einrichtungen der USA studiert hätten. Die Quelle saß im Pentagon. Es handelte sich um die Maxwell Air Force Base, eine Basis im texanischen Books und die Naval Air Base in Pensacola. Senator Bill Nelson wollte Details wissen. No comment - weder von der Navy, noch vom Justizministerium. Erst redete man sich auf ein nicht passendes Alter beim Kursanten Atta hinaus, dann war der Name Mohammed zu gewöhnlich. Damit endete eine Spur ziemlich abrupt.

Auch wenn inzwischen nach Tag, Stunde und Minute geschildert, so ist doch die Arbeit des US-amerikanisch-kanadischen Luftabwehrsystems NORAD höchst dubios. Sollte es diesem hochtrainierten System wirklich nicht gelungen sein, in einem Zustand der Luftnot Jäger an die Maschinen zu bringen, die ihren normalen Kurs deutlich verlassen und zudem die Transponderverbindungen zu den Fluglotsen gekappt hatten? Auch wenn es sich ein „gewöhnlicher" US-Bürger nicht vorstellen konnte, dass Terroristen Kamikaze ähnliche Anschläge unternehmen würden - die Luftverteidiger und die Geheimdienstler der USA mussten es zumindest ins Kalkül ziehen. Spätestens nachdem der Top-Terrorist Carlos nach der Verhaftung im Jahr 1994 seinen Pariser Vernehmern gestanden hat: Ja, wir haben über diese Anschlagsform schon vor Jahren intensiv nachgedacht.

United Airlines 093 von Newark nach San-Francisco gibt zusätzliche Rätsel auf. Nicht nur, weil angeblich - statt wie in den anderen Maschinen - vier und nicht fünf Terroristen an Bord waren. Und nicht nur, weil die Passagiere an Bord, im Gegensatz zu den NORAD-Leuten, mit einem Minimum an Informationen die richtigen Schlüsse aus der Entführung gezogen haben sollen. Wenn

Presseberichte stimmen, dass Trümmerbrocken im Umkreis von sieben Meilen verteilt sind, dann scheidet die Version aus, heldenhaft kämpfende Passagiere hätten Schlimmeres verhütet und die Maschien zum Absturz gebracht. Wurde UA 093 vielleicht doch abgeschossen? Für einen kurzen Moment war in der aktuellen Berichterstattung die Rede davon, F 16 Kampfjets hätten am Rumpf der entführten Maschine „gehangen". Das Thema ist tabu so wie die Daten auf Flugschreibern und dem Voice-Recorder der Boeing.

Um so mehr wurden von den Medien patriotische Telefonate von Bord der entführten Passagiermaschine verbreitet. Beispielsweise jenen zwei, die Passagierin Barbara Olsen, eine TV-Journalistin und Anwältin, per Handy mit ihrem Ehemann geführt hat. Als gründlichen Menschen auffiel, dass die durch ihre Jobs geschulte Beobachterin weder Hautfarbe, noch Akzent oder ähnliche Merkmale, die die Entführer als Araber kennzeichnen könnten, mitteilte, fanden sich ersatzweise Telefongesprächssequenzen des 31-jährigen Mark Bingham. Der UA 093-Passagier sah angeblich „drei arabisch aussehende Männer mit roten Stirnbändern". Dass Teppichmesser als Waffe verwandt wurden, ist bislang auch nur eine Idee. Sie stützt sich auf ein Telefonat einer Stewardess aus einer der New Yorker Maschinen. Sie will messerartige Instrumente, die aus Rasierklingen gebastelt worden sind, erkannt haben. Wie die Terroristen sie an Bord brachten, oder ob sie dort von Helfershelfern bereits versteckt waren, ist nicht geklärt.

Geradezu grotesk ist die Behauptung, dass von den Flugschreibern und Voice-Recordern der in New York und Washington eingeschlagenen Flugzeuge nichts mehr übrig geblieben sein soll. Es hat im Zusammenhang mit den Twin-Tower-Anschlägen Gerüchte über Finanzspekulationen gegeben. Dort angesiedelte Firmen hätten beispielsweise Kreditkarten-Transaktionen zu verbuchen gehabt, die für einen normalen Dienstagmorgen zumindest sehr ungewöhnlich gewesen seien. Waren die US-Bürger an jenem Tag einfach im Kaufrausch? Die Rede ist auch von gut 100 Millionen Dollar-Transfers, die am 11. September über WTC-

Computer gelaufen seien. Auch um solche Gerüchte zu entkräften, hat man eine deutsche Firma, die auf die Rettung von Computerdaten spezialisiert ist, mit der Untersuchung jedes beim Trümmerbergen gefundenen PC beauftragt. Die Convar Deutschland GmbH aus Primasens leistete bereits Erstaunliches. Laut Firmenchef Peter Henschel waren viele der gefundenen Festplatten in so guter Verfassung, dass man fast sämtliche auf ihnen gespeicherte Daten rekonstruieren konnte. Und das soll nicht funktionieren bei den acht im WTC-Schutt verborgenen Flugschreibern, die ihrem Zweck nach gerade gegen Kerosinbrand, Explosionen und Crashs gesichert sind?

Öffentlich völlig verdrängt scheinen auch andere Fakten, die in den Anschlagsstunden und den unmittelbar folgenden Tagen als Tatsachen verbreitet wurden. Was beispielsweise ist mit der Autobombe, die zeitgleich mit den Flugzeugangriffen vor dem US-Außenministerium explodierte? Stimmt es, dass von Dallas aus eine fünfte Maschine entführt werden sollte? Nur durch die Einstellung des gesamten Luftverkehrs seien „fliegende Bomben" am Boden geblieben, sagte die Chefin der US-Luftaufsichtsbehörde, Jane Garvey. Eine solche Sperrung sollten die cleveren Attentäter nicht vorausgesehen haben? Und falls es wirklich weitere Todesflieger gab, warum werden sie noch immer nicht präsentiert? Was war der Grund dafür, dass Anti-Terror-Kommandos zwei Tage nach dem 11. September die Maschine AA 133 auf dem Kennedy-Airport in New York stürmten? Waren wirklich indische bin-Laden-Leute an Bord? Haben europäische Banker Recht, wenn sie sagen, die von den USA überreichten Listen von Terrorkonten und -inhabern seien nur von geringer Beweiskraft? War der Mitte Oktober in Washington verhaftete Indonesier Agus Budimann wirklich eine Art Führungsoffizier für Atta? Hat er dem angeblichen bin Laden-Mann Belfas eine Fahrerlaubnis des US-Staates Virginia besorgt? Woher stammt Attas gefälschter Florida-Führerschein? Wie klärte das FBI den Bombenfund auf dem Busbahnhof von Philadelphia? Haben sich die Attentäter tatsächlich für Landwirtschaftsflugzeuge interessiert, um Kampfstoff, von dem es nicht einmal die Spur eines Hinweises gibt, abzuregnen? Was ist mit den angeblich durchs Land rollenden LKW-Bomben? Waren die mehrmaligen Drohungen gegen Brücken und Hafenanlagen vielleicht nur eine Form der psychologischen Kriegsvorbereitung? Was hat man aus jenen herausgeholt, die mit gefälschten Pilotenausweisen, mit American-Airlines- und Lufthansa-Uniformen erwischt wurden? Wie klärte man die Insider-Börsengeschäfte, bei denen durch den Kauf von Twin-Tower- und Airline-Aktien das 12- bis 25-fache verdient worden sein soll? Und zum Vorwurf, den der französische „Figaro" ausgesprochen hat, nahm die CIA bislang auch nicht Stellung. Danach gab es noch vor kurzem Kontakt des Dienstes zu seinem einstigen Anti-Sowjet-Werkzeug bin Laden. Über Anthrax muss man im Zusammenhang mit den vermutlich von bin Laden inszenierten Attacken kein Wort verlieren. Die sind hausgemacht und die US-Fahnder tun sich seltsam schwer, den (die) Milzbrand-Absender, der (die) neben fünf Todesopfern eine weltweite Hysterie zu verantworten hat (haben), zu erwischen.

Der deutsche Kanzleramtsminister Steinmeier erwähnte nach dem September-Grauen in einem Halbsatz, dass der Bundesnachrichtendienst ein Telefonant abgefangen hätte, bei dem sich zwei bin Laden-Anhänger über „ihre" Attentate begeistert geäußert haben sollen. Wenn man das Gespräch, das – so es stattgefunden hat – vermutlich vom asiatischen Lauschstützpunkt des BND abgefangen worden ist, veröffentlichen würde, wäre die Geschichte glaubhafter. Deutschland, so wird behauptet, sei der Vorbereitungsraum für die Attentäter gewesen. Vieles spricht dafür, nur auch die von deutschen und US-Polizisten vor allem in Hamburg zusammengetragenen Fakten lassen maximal starke Vermutungen zu. Amsterdam, Zürich, Madrid werden als Stationen der Terroristen genannt. Und in Prag hat man Atta angeblich mit einem irakischen Agenten gesehen – was wahlweise bestritten oder bekräftigt wird. Zudem sollen US-Dienste gelauscht haben, als bin Laden seiner Mutter ankündigte, man werde für eine gewisse Zeit keinen Kontakt haben, weil da eine große Sache laufe. Wer hält diesen womöglich entscheidenden Beweis zurück? Und warum? Dass man eigene V-Leute und Ermittlungsmethoden schützen müsse, kann jetzt ja wohl nicht mehr als Ausrede gelten.

Viele sicher durchaus wichtige Ermittlungsbausteine werden dagegen oft willkürlich so lange umgeschichtet, bis bin Ladens Terrorburg entsteht. Eigentlich gehört es zum ABC kriminalistischer Untersuchungen, dass man die Persönlichkeit von mutmaßlichen Tätern psychologisch auslotet. Offenbar konnte man sich beim FBI nicht entscheiden. So schwankt man zwischen tief religiös und daher fanatisch oder von Grund auf verdorben. Im mit Selbstreflektion beschäftigten puritanischen Amerika kommt beides an. Doch ist es wirklich vorstellbar ist, dass Allah-Fanatiker so gegen dessen Ge- und Verbote verstoßen, wie von den Ermittlern herausgefunden worden ist. Einige Attentäter waren, ohne dass es für ihre Tarnung notwendig gewesen wäre, beim Saufen erwischt und in Strip-Schuppen gesehen worden. Verdächtig schnell hatte man den Alamo- Mietwagen von Atta und seinem Kumpanen Umari in einem der Bostoner Flugplatz-Parkhäuser entdeckt und darin - oh Wunder - ein Instrument zur Berechnung des Flugtreibstoffverbrauchs sowie Pilotenschulungsunterlagen sichergestellt. Haben die Attentäter bis zur letzten Minute gebüffelt? Und wieso waren die Unterlagen in Arabisch, eine gängige Pilotensprache ist das nicht. Dafür zeigen uns die Ermittler das Testament der Entführer sowie ein angebliches 18 Kapitel starkes Terrorhandbuch der al Qaida nicht in Arabisch sondern in englischer Übersetzung. Das, was in Attas so perfekt fehlgeleitetem Gepäck als quasi Bekenntnis gefunden wurde, hat nach Ansicht von Experten unpassende Nebentöne. Und es ist ohne Motive. Also keine Botschaft an die Nachwelt. Ging es aber nicht um ein politisches Signal? Warum schickten einige Attentäter ihre Abschiedsbriefe an die Familien nicht per Post sondern quasi an die FBI-Verfolger, die sie bei Haussuchungen fanden? Ganz kurios wird es, wenn man liest, dass eine Kopie des vermeintlichen Gruppentestaments in den Trümmern der in Pensylvania abgestürzten Maschine gefunden wurde.

Man traut inzwischen den mehr oder minder geheimen US-Diensten allerlei zu. Beim Garagen-Anschlag auf das World-Trade-Center im Jahr 1993 beispielsweise waren die islamischen Terroristen längst von US-Diensten unterwandert. Der Bombenhersteller stand auf der Lohnliste des FBI. Man kann ebenso an das 1995er Bombenattentat auf das Behördengebäude in Oklahoma City erinnern. 185 Menschen starben damals. Die Ermittler hatten unmittelbar auf bin Laden als Urheber gedeutet. Und dann den Nazi-Milizionär Timothy McVeigh ermittelt - und hingerichtet. Anfang Februar 2002 überraschte das Simon-Wiesenthal-Zentrum mit dem Hinweis auf Verbindungen zwischen arabischen und US-Nazi-Terroristen um McVeigh, in die auch Finanziers und Propagandisten aus Europa, beispielsweise der Schweiz involviert seien. Man kann den Angaben ein Stück weit trauen. Trotzdem sie vom israelischen Mossad stammen dürften.

Der ultimative Beweis dafür, dass Osama bin Laden die neue Welle von Gewalt angezettelt hat, wäre sein Geständnis, besser noch ein Bekenntnis. Dazu jedoch müsste man ihn ergriffen und zum Reden gebracht haben. Ist das unmöglich, so müssen eben Videos bemüht werden. Davon gibt es mehrere, die bislang zumeist dem arabischen TV-Kanal *Al Dschasira* zugespielt worden sind. Die Inszenierung der langen Statements war austauschbar: Bin Laden vor einer Felswand, die die Gläubigen womöglich an Mohammeds Flucht aus Mekka erinnern sollte, die Fallschirmjäger-Kalaschnikow, die ihn seit dem Kampf gegen die Sowjets begleitet hat, in Griffnähe. Bin Laden spricht nicht nur zu den radikalen Islamisten, er wendet sich an alle Muslime und stellt sich solidarisch an die Seite der von Israel verfolgten Palästinenser.

Dann drei Monate nach dem 11. September - US-Bodentruppen operierten bereits in Afghanistan – „fand sich" ein Video ganz anderer Art. In den Medien hatte inzwischen etwas eingesetzt, das Kommunikationswissenschaftler Emotainment nennen. Unter Quotendruck und Informationsdiktat leidend, wechselten immer mehr Medien von sachlicher Information zu einem Gemenge aus Emotionen und Unterhaltung.

„Denjenigen, die das Video sehen, wird klar, dass er nicht nur des Massenmordes schuldig ist. Er hat kein Gewissen und keine Seele und ist das Schlimmste, was die Zivilisation hervorgebracht hat." Das sagte US-Präsident George W. Bush über das durch bin Laden personifizierte Böse. Wie anders würden fanatische Muslime wohl die nach ihrer Ansicht westlich Dekadenten charakterisieren, die wie dieser Bush, einem falschen Gott huldigen und die Welt dominieren möchten?!

Trotz aller Hoffnung auf Aufklärung - das verwackelte, unscharfe und falsch ausgeleuchtete 40-Minuten-Band, das zweifelsohne mehr über bin Laden verrät, als alle seine bisherigen zelebrierten Wortmeldungen - hat nur Quoten gemacht. Doch kaum einen seriösen Eindruck. Nach dem Vorspielen eilig auf Fernsehschirme projizierte mehr oder minder solide Terrorismusexperten hatten – wie vor der Ausstrahlung – noch immer nicht mehr Möglichkeiten, als Glaubensbekenntnisse abzuliefern. Keiner konnte mit Bestimmtheit sagen: Ja, der zynisch lachende Turban und Tarnjacke tragende Mann ist bin Laden. Die US-Ermittler selbst haben bei ihrer jahrelangen Jagd auf den Terroristen immer wieder behauptet, dass bin Laden möglicherweise Doppelgänger hat.

Das US-Verteidigungsministerium bestätigte, schon gut 14 Tage vor der Ausstrahlung in den Besitz des Videos gelangt zu sein. Mehrmals wurde seine von höchster Stelle angekündigte Veröffentlichung verschoben. Begründung: Man wolle ganz sicher gehen, dass keine Zweifel an bin Ladens Eingeständnis bleiben. Das Video sollte also eine Art blutig-tropfendes Messer oder ein rauchender Colt sein – kurzum etwas, das kein Richter als Beweisstück ablehnen kann. Die US-Ermittler (welche waren beteiligt?) setzten daher vier, wie es heißt, unabhängige Übersetzer an die Übertragung ins Englische. Wie die vier ihren Job taten, erfahren wir nicht. So wie wir nicht erfahren, mit welchen technischen Hilfsmitteln, wer das miese Amateur-Video so bearbeitet hat, dass sich halbwegs verständliche Passagen herausfiltern ließen. Es scheint eine gute Fügung gewesen zu sein, dass es genau jene waren, die einem Geständnis nahe kommen.

Wenn es der US-Regierung wirklich darum gegangen wäre, gerichtsverwertbare Beweise vorzulegen, hätte sie manch Klärendes zu ihren den Krieg rechtfertigenden Propagandasprüchen hinzufügen müssen. Beispielsweise eine klare Aussage darüber, wie sie in den Besitz des Bandes kam. War es ein kleines Band, so wie man es in einem Camcorder verwendet? War es eine große Kassette, also möglicherweise schon umgeschnitten? Wenn man unabhängigen Experten das „Mutterband" überließe, wären möglicherweise auch jene zu beruhigen, die technische Manipulationen wittern. Die Zweifler leben wahrlich nicht nur in der arabischen Welt. Natürlich ist es möglich, dass jemand irgendwelche „Familienfilmchen" des Oberschurken synchronisiert hat.

Um das Video zu fälschen, könnte man die Tonspur mit passend gemixten Sequenzen überspielen. Die ohnehin schlechte Qualität des Bandes würde dabei entstehende „unsaubere" Nebengeräusche schlucken. Zweitens könnte man die komplette Stimme bin Ladens nachbilden. Die US-Firma AT&T-Labs hatte erst im August 2001 angekündigt, dass sie mit der Vermarktung einer Text-to-Speech-Software beginnt. Die „natürliche" Sprache, samt Aussprache und Intonation eines konkreten Menschen könne nachgebildet werden, wenn man nur genug Sprachproben von ihm gesammelt hat. Und davon hat bin Laden durch seine offiziellen Videoauftritte genug geliefert und wenn es stimmt, dass der NSA-Geheimdienst auch dessen Satellitentelefon überwachte, hätte man – wenn man will - genügend Ausgangsmaterial für eine Computersimulation. Die Gesprächspartner bin Ladens sondern überdies so unendlich viel substanzloses Allah-Traum-Geschleime ab, dass sie als Stichwortgeber für eine mögliche „Dialogverfeinerung" optimal wären. Warum eigentlich hat noch niemand versucht, diese Stichwortgeber ausfindig zu machen und zu befragen?

Wer fand das Band wo? Zunächst hieß es, US-Geheimagenten hätten es in einem leeren Privathaus in der ostafghanischen Stadt Jalalabad gefunden. Lassen bin Ladens Leute überall einfach das Passende liegen? Erinnern wir uns, auch der mutmaßliche Terrorgruppen-Chef Mohammad Atta legte in seinem am Flugplatz gefundenen Mietwagen und in seinem fehlgeleiteten Gepäck auch jede Menge passende Indizien aus. Welch Zufall führte die findig-fündigen US-Geheimagenten gerade in jenes Haus? Im übersetzten Video spricht einer der bin Laden Partner von einem „Gästehaus". Wessen Gästehaus ist es? Hat die Geheimorganisation al Qaida so offizielle Verstecke? Oder durchsuchen die USA alle noch intakten Häuser in Afghanistan? Stimmt vielleicht die Version, Soldaten des Paschtunen-Kommandeurs Hazrat Ali hätten das Band entdeckt und es später für viele Dollars der CIA übergeben? Warum hat man in all den Monaten, in denen man Afghanistan besetzt hält, noch kein TV-Team quasi zum Lokaltermin eingeladen, um den Ort des angeblich so beweiskräftigen Treffens zu dokumentieren? Nun, nachdem die fanatischen Taliban besiegt sind, ist das Fotografieren und Filmen menschlicher Wesen in Afghanistan – anders als zum Zeitpunkt der Videoaufzeichnung - ja wieder erlaubt.

Es heißt, auf dem Video sei das Datum 9. November zu sehen. Auf den gezeigten Sequenzen im Fernsehen sucht man es vergebens. Möglich, dass man die Zeitangabe mit dem Übersetzungstext auf dem ungewöhnlich dicken Schwarzsockel verdeckte. Handwerklich üblich wäre, es, man ließe Texte „durchlaufen", so wie man Nachrichten mit Börsendaten unterlegt. Aber vielleicht brauchte man dicken Balken, um von den Sequenzen Titelblattfotos mit kompletten Aussagen vorzufertigen? Warum wurden die Videoaufnahmen überhaupt gemacht? Als Propagandafilmchen keineswegs. Jedenfalls nicht für Afghanistan, dort spricht man nicht wie im TV-Streifen arabisch. Es heißt, der eingeladene Scheich wollte sie als Dokument glücklichster Minuten bewahren. Und dann bereitet der Kameramann (wer es war, haben die Ermittler noch immer nicht erfragen können?) dieses hochwichtige, nicht überraschend kommende Ereignis so stümperhaft vor? Er legte eine (gebrauchte) Kassette ein, ohne sie zurückzuspulen. Als sie nach zehn Minuten zu Ende war, spulte er das Band zum Anfang zurück und drehte weiter. So tauchen plötzlich in der Mitte zwölf Minuten mit Ansichten eines zerstörten US-Hubschraubers auf. Es handelt sich vermutlich um jene Maschine, die am 2. November abgestürzt ist oder abgeschossen wurde. Sicher scheint ebenso, dass die Gesprächsbilder vor dem 16. November aufgenommen worden sind, denn man knabbert am hellen Tage Chips – was Allah auch bei bin Laden nicht toleriert hätte - im Ramadan.

Auch was die Teilnehmer des Treffens betrifft, sind die US-Dienste nicht auskunftsfreudig. Der sich als bin-Laden-Groupi outet, soll Scheich Suleiman aus Saudi-Arabien sein. Das ist jener, der pausenlos Allah preist, sich mit Traumdeutungen wichtig macht. Die anderen kennen die Leute, die das Video wochenlang bearbeitet haben, und die, die seit Monaten den Aufenthaltsort bin Ladens suchen, angeblich nicht. Die saudische Zeitung *Aschark el Ausat* half aus und erkannte angeblich Khaled al-Harbi. Seltsam, den kennen die US-„Schlapphüte" nicht? Dabei hat der sich doch als US-gefälliger Anführer in Afghanistan (gegen die Sowjets), in Bosnien (gegen die Serben) und in Tschetschenien (gegen die Russen) exponiert und so beide Beine verloren. Die saudischen „Schlappturbane" jedenfalls kennen ihn gut, sie wissen auch, dass er zehn Tage nach den Anschlägen in New York und Washington das Königreich mit unbekanntem Ziel verlassen hat. Sind die Gerüchte, der ägyptische Geheimdienst hätte für US-Kollegen gegenüber al-Harbi den Auftraggeber zum beweiskräftigen Amateur-Video-Interview mit bin Laden gemimt, als falsche Spur ausgelegt worden? Oder warum taucht al-Harbi als einer der wichtigsten Zeugen nicht in der Fahndungsliste des FBI auf?

Dass al-Harbi bin Laden eine Art Video-Falle stellte, macht zumindest nicht weniger Sinn, als der Verdacht, der ideologisch mit Sicherheit für die Attentate verantwortliche Terrorchef habe sich mit „falschen Federn" geschmückt, um seine Brüder und deren Nachgeborene zu beeindrucken. Sollte der schlaue, jahrelang im Konspirieren geübte Terrorfuchs so dumm sein, vor laufender Kamera etwas zu gestehen, was er bislang zwar begrüßt, doch als Urheber stets geleugnet hat? Nicht einen wirklich unbekannten Fakt hat er genannt, aus dem hervor ginge, dass er mehr als die US-Ermittler weiß. Dafür passt einiges, was man der US-Übersetzung entnimmt, nicht so recht. Beispielsweise die Aussage, die trainierten Attentäter hätten bis kurz vor dem Einstieg in die Flugzeuge nichts über die bevorstehende Operation gewußt. Alles, was man bisher über die Flugausbildung der Terrorpiloten und ihrer Helfer erfahren hat, deutet in eine andere Richtung. Höchst fragwürdig ist auch, dass die Mitglieder der Attentatsgruppen sich vorher nicht gekannt haben (sollen - Anm. des Hrsg.).

Gegenbeispiel: Mohammad Atta und Abd al-Asis al Umari, die beiden aus der American-Airline-Maschine Flug Nummer 011, die zuerst in die Twin-Towers krachte, wohnten zusammen, mieteten ein Auto. Und wie war das mit dem Zusammenhang der Gruppe in Deutschland? Unklar ist auch, ob bin Laden den vom FBI verdächtigten Atta wirklich als Anführer der Terroristen benannte. In der Übersetzung der Video-Stimme des angeblichen bin Laden heißt es: „Muhammad (Atta) from the Egyptian family..." War der Name Atta nicht zu verstehen? Kannte bin Laden ihn nicht oder war der Heldenname ihm entfallen? Haben ihn US-Ermittler nur der eigenen Logik folgend, als wahrscheinlich angenommen und daher in den dicken Textbalken in Klammern gesetzt? Jeder Rechtsanwalt würde solche Schlampereien dankbar annehmen, um seinen Mandanten frei zu boxen.

Fragwürdig ist auch: Wann erfuhr bin Laden wie vom Erfolg des Anschlages. Er sagt, „es war 5.30 Nachmittags unserer Zeit", da saßen er und Dr. Ahmad Abu-al-(Khair) – da ist wieder so ein vermuteter Namen – vor dem Radio. „Am Ende der Sendung" hörten sie die Nachricht vom ersten Crash... Der ereignete sich um 8.45 Ostküstenzeit. Da war es in Afghanistan 18.15 Uhr... Auch wenn sich die grauenhafte Nachricht blitzschnell um die Welt verbreitete – die Zeit überholen, konnte sie nicht. Dauerte die Sendung, die der bin-Laden-Verbrecher-Clan hörte, so lange? Oder war bin Laden an einem anderen Ort, der westlicher liegt? Auch sollte man sich wundern, dass der Terror-Kommandeur, der Zeitpunkt und Ablauf der Aktion genau kannte, es sich nehmen ließ, die Aktion seiner Kämpfer im Fernsehen zu verfolgen. Sollte es dem allmächtigen, auf der höchsten Welle des Glücks schwimmenden bin Laden wirklich nicht möglich gewesen sein, an der Grenze nach Pakistan *CNN* zu schauen?! Wie das genau abgelaufen ist, könnten doch die US-Vernehmer jener al Qaida-Gefangen herausbekommen, die im Stützpunkt Guantanamo auf Kuba oder andernorts gefangen gehalten sind. Doch wie seltsam: Inzwischen scheint das unlängst noch so wichtige Video überhaupt keine Rolle mehr zu spielen. Hat es seinen propagandistischen Zweck im Sinne der Rechtfertigung eines unerklärten Krieges der USA gegen zumeist am Terroranschlag vom 11. September unschuldige Menschen erfüllt? Wie viele von ihnen durch US-Bombardements umgekommen sind, kann man nur schätzen, es sind mit Sicherheit mehr, als jene die in den USA durch den Wahnsinn von Fanatikern starben.

Auch wenn der uneingeschränkt solidarische Bundeskanzler Gerhard Schröder umgehend die Echtheit des Videos bestätigte, so als habe er neben dem Kameramann gestanden, bleibt letztlich die Frage nach einem rechtsstaatlichen Verfahren offen, das ja auch in Abwesenheit des mutmaßlichen Drahtziehers Osama bin Laden geführt werden könnte. In der „Universellen Erklärung der Menschenrechte“ von 1948 ist festgelegt: „Jeder Mensch, der einer strafbaren Handlung beschuldigt wird, hat Anspruch darauf, so lange als unschuldig zu gelten, bis seine Schuld in einem öffentlichen Verfahren, in dem er alle für seine Verteidigung notwendigen Garantien gehabt hat, gemäß dem Gesetz nachgewiesen ist.“ Es steht nicht darin, dass Osama bin Laden von dieser Regelung ausgenommen ist – auch wenn er vermutlich einer der grausamsten und fanatischsten Massenmörder auf Erden ist - oder war.

# VÖLKERRECHT – DEAD OR ALIVE

*von Dieter Elken*

*Im folgenden Beitrag geht es um einige der wichtigsten Fragen nach dem 11. September: rechtfertigten die Attentate den Krieg gegen Afghanistan? Dieter Elken untersucht diese elementare Frage unter völkerrechtlichen Gesichtspunkten und kommt zu dem Ergebnis, dass dieser Krieg zwar politisch gewollt, aber nach dem internationalen Recht völlig illegitim ist. Dies vor allem, weil ein Terroranschlag von Personen oder Gruppen keinen Krieg gegen einen Staat rechtfertigt.*

**Dieter Elken**

wurde am 6.6. 1948 in Hamburg geboren,

studierte Jura in Heidelberg und Köln.

Arbeitet heute als Rechtsanwalt in Strausberg bei Berlin mit den Schwerpunkten Sozial- und Arbeitsrecht, Zivilrecht.

Für den deutschen Bundestag ist die Lage nach dem 11. September klar: Der internationale Terrorismus hat die Vereinigten Staaten angegriffen. Die USA machen von ihrem Recht auf Verteidigung Gebrauch. Die NATO hat dementsprechend den Bündnisfall festgestellt. Die Bundeswehr nimmt am Krieg gegen den Terror teil. Dies alles soll auch einen Krieg gegen Afghanistan als ein Land rechtfertigen, das Terroristen auf seinem Territorium duldet und sie nicht daran hindert, außerhalb seiner Grenzen terroristische Aktionen durchzuführen.

Dementsprechend behauptete die Bundesregierung, der Einsatz bewaffneter deutscher Streitkräfte bei der Unterstützung der gemeinsamen Reaktion auf terroristische Angriffe gegen die USA erfolge „auf der Grundlage des Artikels 51 der Satzung der Vereinten Nationen und des Artikels 6 des Nordatlantikvertrages sowie der Resolutionen 1368 (2001) und 1373 (2001) des Sicherheitsrats der Vereinten Nationen“ (vgl. BT-Drucksache 14/7296).

Die Bundesregierung zollte mit dieser Begründung des Bundeswehreinsatzes dem Umstand Tribut, dass die UN-Charta in ihrem Art. 2 Abs. 4 Gewalt zwischen Staaten ausschließt: „Alle Mitglieder unterlassen in ihren internationalen Beziehungen jede gegen die territoriale Unversehrtheit oder die politische Unabhängigkeit eines Staates gerichtete oder sonst mit den Zielen der Vereinten Nationen unvereinbare Androhung oder Anwendung von Gewalt.“ Sie kennt nur zwei Ausnahmen vom strikten Gewaltverbot, nämlich das Selbstverteidigungsrecht gem. Art. 51 der UN-Charta und die Ermächtigung zur Vornahme von militärischem Zwang gemäß Artikel 42.

## NOTWEHR GEGEN DIE TALIBAN?

Das Recht auf Selbstverteidigung, das im Völkerrecht unabhängig von der UN-Charta gewohnheitsmäßig anerkannt wird, wird in Art. 51 der UN-Charta als Notwehrrecht anerkannt „bis der Sicherheitsrat die zur Wahrung des Weltfriedens und der internationalen Sicherheit erforderlichen Maßnahmen getroffen hat.“

Das Notwehrrecht gilt folglich nicht absolut und unbefristet, sondern nur zur Abwehr eines gegenwärtigen Angriffes und nur so lange, bis der Sicherheitsrat selbst Schritte zur Konfliktbeilegung unternimmt.

Im Falle des Afghanistankrieges der USA und ihrer europäischen NATO-Verbündeten ist zunächst festzuhalten, dass nach wie vor ungeklärt ist, wer die terroristischen Anschläge am 11. September organisiert, befehligt und finanziert hat. Die Vereinigten Staaten vermuten Osama bin Laden als Täter hinter den Tätern. Sie vermuten seine vorgebliche Organisation al Qaida als Ausführungsorgan hinter den Tätern. Aber beweisen können die Vereinigten Staaten ihren Verdacht nicht. Nicht einmal Tony Blair, der anders als der NATO-Rat, von ihm vorgelegten ausreichenden Beweisen spricht, behauptet, dass es gerichtsverwertbare Beweise gibt. Der US-Außenminister Powell gestand in der *New York Times* ein, dass die USA nicht einmal Indizien für ihren Verdacht gegen bin Laden haben.[1] Schon gar nicht behaupteten die Vereinigten Staaten, dass die Taliban oder der Afghanische Staat die USA angegriffen hätten.

Die Talibanregierung hätte sich demzufolge eines Verhaltens schuldig machen müssen, das einem eigenen Angriff gleichgekommen wäre. Erst dann hätte es einen völkerrechtlich ausreichenden Grund für einen Krieg gegeben. In Art. 3 ihrer Resolution 3314 (XXIX) vom 14.12.1974 haben die Vereinten Nationen eine solche Aggression dann angenommen, wenn das „Entsenden bewaffneter Banden, Gruppen Freischärler oder Söldner durch einen Staat oder für ihn, wenn sie mit Waffengewalt Handlungen gegen einen anderen Staat“ von so schwerer Art ausführen, dass sie ... Invasionen oder Angriffen von Streitkräften eines Staates auf einen anderen oder der Beschießung oder der Bombardierung des Hoheitsgebietes eines Staates durch die Streitkräfte eines anderen Staates „gleichkommen“. Es ist dabei immer erforderlich, dass die Gewaltanwendung dem Völkerrechtssubjekt, d.h. einem Staat, zurechenbar ist.

Die USA werfen den Taliban noch nicht einmal zu Propagandazwecken vor, die al Qaida oder gar die Attentäter vom 11. September in die Vereinigten Staaten entsandt zu haben. Dies hätte ein aktives Engagement der afghanischen Machthaber vorausgesetzt. Die Taliban-Führer mögen außenpolitisch ahnungslose, religiöse Fanatiker gewesen sein, doch grenzenlos dumm waren sie nicht. Und außenpolitische Ambitionen hatte ihnen bis dahin noch niemand unterstellt. Die Verwandlung von drei Passagiermaschinen in fliegende Bomben ist zudem weder einer militärischen Invasion gleichzusetzen, noch einem regulären Luftkrieg. Dieser terroristische Angriff ging auch territorial nicht von Afghanistan aus, sondern die Passagiermaschinen wurden auf US-amerikanischen Inlandsflügen entführt.

Der internationale Gerichtshof in Den Haag hat in seiner Nicaragua-Entscheidung von 1986 ausdrücklich festgestellt, dass die finanzielle, logistische und militärische Unterstützung nicht-staatlicher Kombattanten (d.h. damals der Contras) nicht ausreicht, um einen bewaffneten Angriff des unterstützenden Staates i.S. des Art. 51 der UN-Charta anzunehmen.[2] Die USA als die Contras unterstützender Staat wurden deshalb nur wegen ihrer Verminung von Seehäfen Nicaraguas als Aggressor verurteilt, nicht wegen ihrer bekannt massiven Unterstützung der Contras, denen vom IGH eine gewisse Eigenständigkeit zu-gebilligt worden war.

In diesem Zusammenhang ist der Hinweis von Nöten, dass Osama bin Laden nicht von den Taliban ausgerüstet wurde, sondern ganz offenbar umgekehrt Osama bin Laden saudische Gelder in Infrastrukturprojekte Afghanistans investiert hatte. Auch die innerafghanischen militärischen Aktivitäten der al Quaida waren nach allen erhältlichen Informationen von bin Laden selbst finanziert.

**Für die Annahme eines Verhaltens der Taliban, das mit einem Angriff gleichzusetzen sein könnte, gibt es daher keinen Anhaltspunkt.**

Unterhalb dieser Ebene haben die Vereinten Nationen allerdings festgestellt, dass jeden Staat die Verpflichtung trifft, die Unterstützung u.a. von irregulären Streitkräften zu unterlassen, die in das Gebiet eines anderen Staates eindringen wollen oder dort terroristische Aktivitäten durchführen wollen.[3]

Fest steht insoweit nur, dass die Einheiten bin Ladens am afghanischen Bürgerkrieg teilgenommen hatten. Die Taliban hatten ansonsten erklärt, sie hätten keinerlei Anhaltspunkte für terroristische Auslandsaktivitäten bin Ladens. Sie erklärten sich im übrigen bereit, vorgelegte Beweise zu prüfen und bin Laden gegebenenfalls auszuliefern.

**Eine weitergehende völkerrechtliche Verpflichtung des Talibanregimes gab es nicht.**

Die US-Regierung lehnte es jedoch ab, einen Auslieferungsantrag zu stellen und einen Haftbefehl zu präsentieren. Sie lehnte es ebenso ab, der afghanischen Regierung Beweise vorzulegen, aus denen sich eine Beteiligung bin Ladens und der al Qaida an den Terroranschlägen ergeben hätte. Der US-Verteidungsminister Rumsfeld erklärte sogar, die Auslieferung bin Ladens sei (zur Abwendung eines Krieges) nicht ausreichend: „Das Problem ist viel größer als bin Laden."[4] Sein Stellvertreter, Paul Wolfowitz, kündigte folgerichtig an, „Staaten auszuschalten", die den Terrorismus unterstützten. Eine Bemerkung, die angesichts des Umstandes, dass bin Laden und die Taliban bekanntlich politisch und organisatorisch mißratene Ziehkinder des saudischen Regimes, des pakistanischen Geheimdienstes sowie der CIA sind, offenbar Propaganda für die schlecht informierte Öffentlichkeit ist.[5]

Nur Israel und die Vereinigten Staaten gehen bislang in der Praxis davon aus, dass militärische Angriffe auf das Territorium fremder Staaten völkerrechtlich gerechtfertigt sind, wenn dort zuvor terroristische Aktivitäten geplant und vorbereitet wurden und der betreffende Staat dies nicht unterbunden hat. Auch ein Berater der Bundesregierung, Prof. Jochen Frowein, soll diesen Standpunkt vertreten.[6] Ein derartiger Standpunkt ist jedoch mit dem Völkerrecht und der Rechtsprechung des Internationalen Gerichtshofes nicht vereinbar. Dementsprechend sind weder die Bombenangriffe der USA auf die libyschen Städte Bengasi und Tripolis am 15. April 1986 als Reaktion auf die Weigerung der libyschen Regierung, Verdächtige des Anschlags auf die Berliner La Belle-Diskothek auszuliefern, gerechtfertigt, noch Raketenangriffe auf Ausbildungslager bin Ladens nach den Attentaten auf die US-Botschaften in Kenia und Tansania. Ebensowenig die Entführung General Noriegas aus Panama 1993, bei der Tausende von Menschen starben. Jetzt haben die USA ihre Haltung noch gesteigert: Nicht einmal die Bereitschaft der Taliban, dringend Tatverdächtige nach einem Auslieferungsersuchen auszuliefern, konnte den Afghanistankrieg abwenden. (Verweis auf Treffen in Berlin, Sommer 2001, Anm. des Hrsg.) Im nachfolgenden Krieg gegen Afghanistan waren die Vereinigten Staaten somit der Aggressor. Sie handelten völkerrechtswidrig.

Aber selbst dann, wenn unterstellt würde, die US-Regierung hätte die fehlenden Beweise gegen Osama bin Laden, die fehlenden Beweise gegen die al Qaida, deren organisatorische Struktur bisher niemand offen dargelegt hat, die fehlenden Beweise gegen die Taliban - wäre ein Notwehrrecht nur dann gegeben, wenn der Angriff zum Angriffszeitpunkt noch „gegenwärtig" war. Die Anschläge vom 11. September 2001 hatten keine Fortsetzung gefunden. Die späteren Anthrax-Anschläge haben nach allen bisherigen Erkenntnissen ihre Urheber in amerikanischen Bio-Kampfmittel-Laboren. Andere Indizien für Angriffe mit afghanischem Hintergrund gibt es nicht. Die Spuren der unmittelbar Tatbeteiligten an den Attentaten vom 11. September weisen nicht nach Afghanistan, sondern geographisch nur in Länder, mit denen die Vereinigten Staaten verbündet sind.

Selbst, wenn eingeräumt würde, dass ein angegriffener Staat Zeit benötigen kann, um seinen Gegenangriff zu organisieren, erkennt das Völkerrecht ein Notwehrrecht nur an, wenn konkrete Anhaltspunkte für die Gefahr weiterer Anschläge (desselben Gegners) vorliegen. Derartige Anhaltspunkte fehlen.

## KRIEGSERMÄCHTIGUNG DURCH DIE VEREINTEN NATIONEN?

Gemäß Artikel 51 der UN-Charta besteht das Notwehrrecht eines Staates nicht zeitlich unbegrenzt, sondern nur bis zu dem Zeitpunkt, „bis der Sicherheitsrat die zur Wahrung des Weltfriedens und der internationalen Sicherheit erforderlichen Maßnahmen getroffen hat".

In seiner Resolution 1368 (2001) vom 12.09.2001 bekundete der Sicherheitsrat, nachdem er die Anschläge scharf verurteilt und als „Gefährdung des Weltfriedens" bezeichnete, seine Bereitschaft, „alle erforderlichen Schritte zu unternehmen, um auf die Terroranschläge vom 11. September zu antworten, und alle Formen des Terrorismus zu bekämpfen, im Einklang mit seiner Verantwortung nach der Charta der Vereinten Nationen". Mit dieser Formel nach Art. 39 der UN-Charta eröffnet der Sicherheitsrat in aller Regel Schritte für Sanktionen gemäß den Artikeln 41 und 42 seiner Charta. Zugleich ruft der Sicherheitsrat „alle Staaten dringend zur Zusammenarbeit auf, um die Täter, die Organisationen und Unterstützer dieser terroristischen Anschläge vor Gericht zu bringen."

Die von der US-Regierung gewünschte Ermächtigung zu militärischem Vorgehen enthält diese Resolution nicht. Der Sicherheitsrat stellt im Gegenteil klar, dass die terroristischen Anschläge Terroranschläge sind und nicht die Kriegserklärung eines oder mehrerer Völkerrechtssubjekte. Der Sicherheitsrat weist darüber hinaus darauf hin, dass die Täter „vor Gericht" zu bringen sind - ein klares Indiz dafür, dass die Vereinten Nationen von einem Verbrechen und nicht von einem Krieg ausgehen.

Die Resolution fordert dementsprechend die Mitgliedsstaaten dazu auf, die Anti-Terror-Konvention der UNO vollständig umzusetzen.[7] Nach dieser Konvention sollen die Staaten unter dort bestimmten Voraussetzungen ihre Zuständigkeit für die strafrechtliche Verfolgung von terroristischen Aktivitäten begründen. Militärische Aktionen werden dort nicht erwähnt.

Rechtlich unhaltbar ist deshalb ebenso die Ansicht der Bundesregierung, die Resolution ermächtige die UN-Mitgliedsstaaten, auch militärische Schritte zu unternehmen. Da der Sicherheitsrat selbst seine Bereitschaft erklärte, „alle notwendigen Schritte zu unternehmen, um auf die Terroranschläge zu reagieren", hat er die alleinige Kompetenz auch für Gewaltmaßnahmen beansprucht. Es kann also keine Rede von einer Ermächtigung für militärische Maßnahmen sein.

Auch die Resolution 1373 (2001) vom 28.09.2001 trifft keine Entscheidung für militärische Sanktionsmaßnahmen. Sie benennt weder einzelne noch kollektive Täter, noch irgendwelche Staaten als verantwortlich für die Anschläge vom 11. September. Sie enthält jedoch einen Katalog von konkreten Maßnahmen gegen den Terrorismus, darunter solchen zur Bekämpfung der Finanzierung terroristischer Akte, gegen deren Ausrüstung mit Waffen und zur strafrechtlichen Verfolgung von Terroristen und ihren Organisationen.

Ermächtigungen des UN-Sicherheitsrates sehen demgegenüber anders aus: Sie ermächtigen ausdrücklich. So formuliert die UN-Resolution 678 (1990) bezüglich des Irak: „Der Sicherheitsrat ... ermächtigt die Mitgliedsstaaten ... für den Fall, dass der Irak die oben genannten Resolutionen bis zum 15. Januar 1991 nicht entsprechend Ziffer 1 vollständig durchführt, alle erforderlichen Mittel einzusetzen, um der Resolution 660 (1990) und allen dazu später verabschiedeten Resolutionen Geltung zu verschaffen und sie durchzuführen und den Weltfrieden und die internationale Sicherheit in dem Gebiet wiederherzustellen".

Auch eine nachträgliche Billigung des US-Angriffs auf Afghanistan liegt nicht vor. Sie ist insbesondere nicht der Presseerklärung des UN-Sicherheitsrates vom 08.10.2001 zu entnehmen. In ihr teilt der Präsident des Sicherheitsrates, Richard Ryan (Irland) mit, dass die US-Regierung und die britische Regierung dem Sicherheitsrat über ihre militärischen Maßnahmen berichteten und dass der Sicherheitsrat diese Berichte, zu denen jeder Staat verpflichtet ist, der sich auf Art. 51 der UN-Charta beruft, zur Kenntnis nahm.

Hier dürfte der wohlwollende diplomatische Wortlaut, mit dem die Zur-Kenntnisnahme formuliert wurde, zu Irritationen geführt haben. Aber abgesehen davon, dass auch die wohlwollende Zur-Kenntnisnahme eines Berichts nicht mit der nachträglichen Billigung eines Krieges bzw. mit Ermächtigung zur Kriegführung gleichzusetzen ist, sind Presseerklärungen keine Quelle des Völkerrechts, die einen Krieg rechtfertigen können.

**Es gibt deshalb für den Krieg gegen Afghanistan keine völkerrechtliche Legitimation.**

## DER BÜNDNISFALL NACH ART. 5 NATO-VERTRAG

Im NATO-Vertrag haben die Mitgliedsstaaten bzw. Vertragsparteien vereinbart, dass ein Angriff gegen einen oder mehrere Mitgliedsstaaten als Angriff gegen alle angesehen wird. „Sie vereinbaren daher, dass im Falle eines solchen bewaffneten Angriffs jede von ihnen in Ausübung des in Artikel 51 der Satzung der Vereinten Nationen anerkannten Rechts der individuellen oder kollektiven Selbstverteidigung der Partei oder den Parteien, die angegriffen werden, Beistand leistet .... Die Maßnahmen sind einzustellen, sobald der Sicherheitsrat diejenigen Schritte unternommen hat, die notwendig sind, um den internationalen Frieden und die internationale Sicherheit wiederherzustellen und zu erhalten.“[8]

Zu Recht erhoben deshalb einige NATO-Staaten zunächst erhebliche Bedenken gegen die Feststellung eines Bündnisfalls. Die portugiesische und die niederländische Regierung waren der Ansicht, die Anschläge vom 11. September seien kein Kriegsakt.[9] Der NATO-Generalsekretär George Robertson erklärte anfänglich ebenso, die Terroranschläge könnten als Angriff auf alle betrachtet werden, „falls der Angriff vom Ausland aus gesteuert worden sein sollte“. Wenig später beriefen sich die NATO-

Politiker auf „geheime Beweise“, die sie allerdings selbst nicht ernst nahmen. Selbst jetzt, nach der vernichtenden militärischen Niederlage der Taliban und ihrem Zusammenbruch, bleiben diese „geheim“. Dies rechtfertigt die Annahme, dass diese vorgeblichen Beweise so „geheim“ sind, dass sie wohl auch vor den NATO-Politikern geheim gehalten werden.

Aus dem terroristischen Angriff gegen die USA wurde von den NATO-Propagandisten ein Angriff auf die „Zivilisation“ gemacht. So heißt es in der Regierungserklärung von Bundeskanzler Schröder, es gebe eine „Kriegserklärung an die gesamte zivilisierte Welt“. Zivilisation - das ist im Wortsinn die Gesellschaft mit verfeinerter Lebensart. Die feine Gesellschaft hielt es dann für angebracht, das Völkerrecht zu mißachten und einen Angriffskrieg gegen die „Barbaren“ zu beginnen. Dies allein ist bereits der erste Schritt auf dem Wege der „Barbarisierung“ der sog. zivilisierten Staaten. Weitere sollten folgen.

## NOTWEHREXZESS

Im Kriegsvölkerrecht gilt, dass auch im Verteidigungskrieg nicht alles erlaubt ist. Die Verteidigung muß sich am Gebot der Verhältnismäßigkeit (ius in bello) und Proportionalitätsprinzip messen lassen. Diese Gebote sollen den Mißbrauch des Selbstverteidigungsrechts verhindern. Unmittelbares Ziel des Afghanistankrieges ist jedoch mitnichten nur die „Neutralisierung“ der al Qaida. US-Minister Rumsfeld betonte bereits im Oktober 2001, dass dies nicht „Ziel und Ende dieser Sache“ sei, weil es weltweit noch fünfzig weitere „Zellen“ gebe und Busch verkündete: „Heute konzentrieren wir uns auf Afghanistan. Aber die Schlacht ist breiter angelegt.“ Der Krieg gegen den Terror kennt ganz offenbar keine Grenzen - und schon gar nicht diejenigen, die das Völkerrecht setzt.

Dieses läßt kriegsführenden Parteien nicht die Wahl der Mittel. So ist es u.a. „verboten, Waffen, Geschosse und Material sowie Methoden der Kriegsführung zu verwenden, die geeignet sind, überflüssige Verletzungen und unnötige Leiden zu verursachen".[10] Das Protokoll wurde von den USA zwar nicht ratifiziert, sein Inhalt gilt aber unabhängig davon gewohnheitsrechtlich. Dementsprechend sind die in Afghanistan zum Einsatz gebrachten Streubomben, von denen jede einzelne bis zu 200 Sprengkörper freisetzt, die noch lange nach Beendigung der Kriegshandlungen explodieren können, völkerrechtswidrig. Es handelt sich um Bomben, die zuallererst die gewöhnliche Bevölkerung treffen. Verboten ist auch die Bombardierung der zivilen Infrastruktur.

Inzwischen sind selbst nach vorsichtigen Schätzungen mehr als drei Mal so viel afghanische Bürgerinnen und Bürger (Zivilisten) getötet worden, als in New York am 11. September 2001. Doch der Krieg geht weiter.

## DIE KRIEGSGEFANGENENFRAGE

Die Behandlung von Kriegsgefangenen durch die US-Truppen stößt international auf Kritik. Die Käfighaltung von Gefangenen in der US-Militärbasis Guantanamo auf Kuba, der Transport von Gefangenen mit verbundenen Augen und mit von Klebestreifen verschlossenen Mündern (damit sie ihre Bewacher nicht beißen können, so ein US-Militärsprecher!) verstößt gegen das Verbot von körperlichen und seelischen Folterungen.[11] Die Unterkunftsbedingungen entsprechen nicht denjenigen der in der gleichen Gegend untergebrachten Truppen des Gewahrsamsstaates, wie es Art. 25 Abs. 1 der III. Konvention fordert. Ebenso wird auf die Sitten und Gebräuche der Gefangenen keine Rücksicht genommen.

Die US-Regierung rechtfertigte die Mißachtung der Genfer Konvention mit der Behauptung, dass es sich bei den Gefangenen um „unlawful combatants" (gesetzlose Kämpfer) handeln soll. Auch die Taliban seien nicht Armee eines regulären Staates, sondern eine Bande von Mördern und Verbrechern.

Das III. Genfer Abkommen vom 12. August 1949 definiert den Begriff des Kriegsgefangenen folgendermaßen: „Angehörige der regulären Streitkräfte sowie sonstiger Milizen und Freiwilligenkorps einschließlich organisierter Widerstandsbewegungen", aber auch „in Gefangenschaft geratene Zivilpersonen, die beim Herannahen des Feindes zu den Waffen gegriffen haben" (Artikel 4). Demnach waren die Taliban Teil der regulären Streitkräfte, mindestens aber Milizen oder Freiwilligenarmeen i.S. der III. Genfer Konvention. Das Internationale Komitee des Roten Kreuzes sah sich daher nur zu bald veranlaßt, die USA daran zu erinnern, dass von jeder Person, die im Zuges eines bewaffneten Konflikts gefangengenommen wird, vermutet werden muß, dass sie Kriegsgefangener ist, bis ein zuständiges Gericht das Gegenteil feststellt.[12] Das IKRK betonte dabei, dass dies grundsätzlich sowohl für die Taliban wie für al Qaida-Mitglieder gelte. Die Genfer Konvention gelte für alle Gefangenen, in Afghanistan ebenso wie auf Guantanamo.[13]

Bush reagierte auf die Kritik, indem er zwar den Taliban einen gewissen Mindestschutz versprach, aber nicht die vollen Rechte von Kriegsgefangenen, aber nicht den weiter rechtlos gestellten al Qaida Kämpfern.

Die Internationale Juristenkommission bezeichnete diese Position als juristisch inkorrekt: „Nur ein amerikanisches Gericht, nicht die Administration, hat die legale Kompetenz, darüber zu entscheiden", welchen Häftlingen der Status von Kriegsgefangenen zukommt. Dies entspräche den Regeln der Genfer Konvention. Im Zusatzprotokoll und zwar in Art. 45 Abs. 2, heißt es: „Wer in die Gewalt einer gegnerischen Partei geraten ist, nicht als Kriegsgefangener in Gewahrsam gehalten wird und von dieser Partei wegen einer im Zusammenhang mit den Feindseligkeiten begangenen Straftat gerichtlich verfolgt werden soll, ist berechtigt, sich vor einem ordentlichen Gericht auf seinen Status als Kriegsgefangener zu berufen und eine diesbezügliche Entscheidung des Gerichts herbeizuführen."

Da die US-Regierung den Gefangenen dieses Recht weiterhin verweigert, verletzt sie gemäß den Artikeln 84, 105 und 130 der

III. Konvention das Recht der Gefangenen auf ein faires Verfahren und somit die Genfer Konvention in besonders schwerer Weise. Dies wird im Statut des künftigen internationalen Strafgerichtshofes als Kriegsverbrechen definiert. Der ehemalige US-Justizminister Ramsey Clark fordert deshalb, die Gefangenen ordentlichen Gerichten zu übergeben. Vergebens.

Die US-Regierung insistiert darauf, die Gefangenen vor Sondermilitärgerichte zu stellen, die in nicht-öffentlichen Verhandlungen ohne die Verfahrensstandards ordentlicher Gerichte arbeiten sollen. Ein klarer Verstoß gegen die Menschenrechte und gegen die Resolution 1368 (2001) vom 12. September 2001, die fordert, „die Täter, die Organisationen und Unterstützer dieser terroristischen Anschläge vor Gericht zu bringen". Das meint selbstverständlich ein ordentliches Gericht mit allen rechtsstaatlichen Verfahrensgarantien.

Hier ist auch der Hinweis angebracht, dass der Aufruf von US-Präsident Bush, Osama bin Laden tot oder lebendig beizubringen, diesen höchst offiziell rechtlos stellt. Dies ist der Aufruf zu Lynchjustiz - außerhalb jeder zivilisierten Rechtstradition.

Es nimmt bei dieser Sachlage nicht Wunder, dass der Sonderbotschafter der USA für Kriegsverbrecherprozesse, Pierre-Richard Prosper, inzwischen die Revision der vier Genfer Konventionen fordert: „Der Krieg gegen den Terror ist eine neue Art von Krieg, der nicht voraussehbar war, als die Genfer Konventionen ausgehandelt und unterzeichnet wurden". Und: „Wir sollten alle internationalen Dokumente prüfen, ob sie mit dem derzeitigen Moment der Geschichte vereinbar sind". Die Genfer Konventionen seien zwar noch für Kriege zwischen souveränen Staaten wichtig, taugten aber nicht für den Kampf gegen den internationalen Terrorismus.[14]

Die USA können sich der Geltung der Genfer Konventionen jedoch nicht einfach entziehen. Ihre Revision ist nur möglich, wenn sie von einer Zwei-Drittel-Mehrheit der 190 Unterzeichnerstaaten gebilligt wird.

In der Öffentlichkeit wird im Zusammenhang mit den anhaltenden Kriegsdrohungen der USA gegen den Irak immer noch zu wenig beachtet, dass auch die Drohung mit einem nicht durch die UN-Charta sanktionierten Krieg gegen das Gewaltverbot in Art. 2 Abs. 4 der UN-Satzung verstößt, wie der Internationale Gerichtshof in seinem Gutachten über die Frage der Rechtmäßigkeit der Androhung und des Einsatzes von Nuklearwaffen vom 08.07.1996 feststellte: „Wenn die ins Auge gefaßte Gewaltanwendung ungesetzlich ist, ist auch die erklärte Bereitschaft, sie anwenden zu wollen, eine durch Artikel 2, Absatz 4 verbotene Drohung.“[15] Damit ist auch die Androhung von Gewalt zur Beschleunigung eines völkerrechtlich geforderten Verhaltens des Irak grundsätzlich eine unzulässige Gewaltandrohung. Die USA sehen das nicht so. Sie haben die Verletzung der Waffenstillstandsresolutionen des Sicherheitsrates SC 686 und 687 durch den Irak als eine Ermächtigung zu fortgesetzten Angriffshandlungen gesehen. Andere Sicherheitsratsmitglieder waren zu Beginn des Jahres 1998 anderer Ansicht. Dies läßt die US-Regierung offenbar unbeeindruckt.

Es ist auch darauf zu verweisen, dass es für die USA kein Recht auf Einmischung in die inneren Angelegenheiten anderer Staaten gibt. Der völkerrechtliche Grundsatz der Gleichberechtigung souveräner Staaten verbietet jede von außen kommende Intervention und die Anwendung von Zwang (militärischen und terroristischen Mitteln). Das schließt selbstverständlich ein Recht auf die Ermordung von Staats- oder Regierungschefs oder deren Sturz durch andere Staaten aus. Die Vereinigten Staaten haben deshalb kein Recht, den Sturz Saddam Husseins zu betreiben, um den letzten Golfkrieg zu Ende zu führen.

Der Kampf gegen die Achse des Bösen wird zusätzlich mit dem Argument gerechtfertigt, es könne den USA nicht zugemutet werden, abzuwarten dass diese Staaten Massenvernichtungswaffen produzieren und sie in die Hände von Terroristen gelangen lassen. Den USA stünde das Recht auf präventive Selbstverteidigung zu.

Auch dies ist im Völkerrecht mehr als umstritten, weil mit der vorgeblichen präventiven Selbstverteidigung das völkerrechtliche Gewaltverbot jederzeit umgangen werden kann. Die Vereinten Nationen haben sich in den letzten Jahrzehnten zwei Mal mit vorgeblichen Präventivmaßnahmen befaßt, nämlich mit dem Angriff Israels auf Ägypten im 6-Tage-Krieg und dem Bombenangriff auf den damals im Bau befindlichen irakischen Atomreaktor Tamuz I im Jahre 1981. Beide Male wurden die israelischen Angriffe von den meisten Staaten verurteilt. In seiner Resolution 487 vom 19.06.1981 verurteilte der Sicherheitsrat einstimmig den israelischen Angriff auf den Irak. Auch die Völkerrechtler, die das Recht auf präventive Selbstverteidigung fordern, verlangen jedoch einen unmittelbar bevorstehenden Angriff als Voraussetzung, mithin eine klar erkennbare, konkretisierte Angriffsgefahr. Davon konnte weder bei den genannten israelischen Angriffen zuvor die Rede sein, noch gibt es auch nur den geringsten Hinweis für die Vorbereitung von Angriffshandlungen des Irak, des Iran oder Nordkoreas gegen die USA.

Die Weltöffentlichkeit ist damit konfrontiert, dass die größte Supermacht des Globus kaum verdeckt erklärt, das Völkerrecht in seine eigenen Hände nehmen zu wollen. Dies ist aufgrund der traditionellen Durchsetzungsschwäche des Völkerrechts von nicht geringer Bedeutung.

Das Völkerrecht hat sich während seiner verhältnismäßig kurzen historischen Existenz immer weiter entwickelt. Das Zeitalter der kolonialistischen Eroberung und Aufteilung der Welt kannte kein Gewaltverbot. Das Gewaltverbot und der Respekt der Souveränität aller Völker, gilt allgemein erst seit dem II. Weltkrieg. Es wurde zum völkerrechtlichen Konsens erst nach zwei Weltkriegen und angesichts der Gefahr des Untergangs aller Beteiligten an einem Krieg in einem atomaren Inferno. Der Schrecken schon der bis dahin bekannten Kriege verschaffte diesem Völkerrecht allgemeine Anerkennung, auch, wenn es danach immer noch eine Vielzahl bewaffneter Konflikte gab. Es ist davon auszugehen, dass die Existenz völkerrechtlicher Normen Angriffskriege zumindest erschwert.

Das Gewaltverbot im Verhältnis zwischen den Staaten und somit die Aufrechterhaltung des geltenden Völkerrechts und auch die Geltung des Kriegsvölkerrechts, mit seinen Normen zum Schutz der Opfer von Kriegen sind zivilisatorische Errungenschaften der gesamten Menschheit, die niemand leichtfertig aufs Spiel setzen darf.

Es ist deshalb nötig, allen Versuchen entgegenzutreten, das Völkerrecht wieder auf das Niveau des Absolutismus herunterzudrücken, als die Fürsten für sich ein souveränes Recht auf Kriegführung beanspruchten. Wir erleben jetzt die Wiederauferstehung einer Rechtspraxis, in der Machtstaaten kraft ihrer Überlegenheit beanspruchen, neues Recht autonom zu schaffen, zu verändern und altes Recht zu beseitigen. Imperiales Faustrecht ist zwar auch Recht, doch kein Recht, dass humanitären Grundsätzen und zivilisatorischen Ansprüchen genügt.

1 - *Frankfurter Rundschau*, 09.10.2001

2 - ICJ Reports of Judgements, Advisory Opinions and Orders 1986, S. 14, 62 ff, 104 ff

3 - vgl. die Erklärung zu den Grundsätzen des Völkerrechts betreffend die freundschaftlichen Beziehungen und die Zusammenarbeit unter den Staaten in Übereinstimmung mit der Charta der VN, Resolution 2625 (XXV) vom 24.10.1970

4 - *Frankfurter Rundschau*, 19.09.01

5 - vgl. Handelsblatt, 13.09.01

6 - vgl. die *FAZ* vom 15.09.01

7 - „International Convention for the Suppression of the Financing of Terrorism", verabschiedet von der UN-Vollversammlung am 09.12.1999

8 - Artikel 5 des Nordatlantikvertrages, Anm. des Hrsg.

9 - vgl. *ND* vom 13.09.2001

10 - I. Zusatzprotokoll der Genfer Konventionen von 1949 über den Schutz der Opfer bewaffneter Konflikte von 1977

11 - vgl. Art. 17 Abs. 4 der III. Konvention

12 - vgl. *Le Monde*, 11.02.2002

13 - vgl. die *SZ* vom 09./10.02.2002

14 - vgl. *Frankfurter Rundschau*, 23.02.2002

15 - ICJ Reports of Judgements, Advisory Opinions and Orders, 1996, 246

# INTERNATIONALE GEMEINSCHAFT UND HEGEMONIALMACHT:

## UNO UND USA NACH DEN TERRORANSCHLÄGEN VOM 11. SEPTEMBER 2001

*August Pradetto*

*Im folgenden Abschnitt äußert sich auch Professor Pradetto zu den völkerrechtlichen Aspekten des Krieges gegen den Terror und gegen Afghanistan. Seine besondere Aufmerksamkeit gilt hier aber der Rolle der Vereinten Nationen. Ihm gelingt der Nachweis, das die UNO im Verlauf dieses Krieges marginalisiert wurde. Als Ursache sieht er den unilateralen Politikansatz der USA, die im bisherigen Kriegsverlauf versuchte, die Weltorganisation für sich zu instrumentalisieren. Umso erstaunlicher ist die teilweise Annäherung der USA im Zuge des drohenden Irak-Krieges zu werten. Aus welchen Erwägungen heraus die USA sich zu dieser vorsichtigen Änderung entschlossen haben wird im zweiten Teil des vorliegenden Artikels gezeigt.*

**August Pradetto**

Geb. 1949 in Graz, Österreich.

Dr. phil., Professor für Politikwissenschaft am Institut für Internationale Politik an der Universität der Bundeswehr Hamburg.

Studium der Politikwissenschaft, der Philologie und der Publizistik.

1977 - 1984 am Fachbereich Politische Wissenschaft der Freien Universität Berlin tätig.

1984 - 1985 am Institut für Staat und Recht der Universität Warschau.

1985 - 1989 an der Integrationswissenschaftlichen Fakultät der Universität Wien, an der St. Lawrence University und am Institute of European Studies (Vienna Program). 1989-1991 am Institut für Internationale Politik und Regionalstudien an der Freien Universität Berlin.

Seit 1992 am Institut für Internationale Politik der Universität der Bundeswehr Hamburg. 2000 Gastprofessur am Department Government and International Studies, Hong Kong Baptist University

Forschungsschwerpunkte: Außen- und Sicherheitspolitik zentral- und osteuropäischer Länder, Transformation postkommunistischer Länder, sicherheitspolitische europäische Integration, militärisches Krisenmanagement.

Publikationen und andere Details siehe unter www.pradetto.de.

Die Vereinten Nationen reagierten nach den Terroranschlägen auf New York und Washington am 11. September 2001 prompt. Sie verurteilten das Verbrechen schärfstens, charakterisierten es als Aggression und Gefährdung der internationalen Sicherheit und erklärten sich zu koordinierten Maßnahmen nicht nur bereit, sondern dafür auch zuständig. Dies kommt in sämtlichen Stellungnahmen und Resolutionen zum Ausdruck, die seither verlautbart worden sind. Zu berücksichtigen ist dabei, dass die Resolutionen des Sicherheitsrates nicht nur in seltener Einmütigkeit und Geschlossenheit seiner ständigen Mitglieder beschlossen wurden. Sie wurden damit gleichzeitig von den mächtigsten Akteuren auf der Weltbühne – den USA, Russland, China, Großbritannien und Frankreich – getragen. Gleichwohl spielte die UNO in der Folgezeit eine bemerkenswert marginale Rolle im Kampf gegen den internationalen Terrorismus. Diese Diskrepanz ist Ausgangspunkt für die Fragestellung, wie das Agieren der Vereinten Nationen nach dem 11. September 2001 einzuschätzen ist und welche Ursachen und Entwicklungen für die genannte Widersprüchlichkeit verantwortlich sind. Zwei Fallbeispiele stehen nachfolgend im Mittelpunkt der Analyse: die Eliminierung des Taliban-Regimes in Afghanistan im Oktober und November 2001 und die Kriegsplanung gegen Irak zum Sturz von Saddam Hussein im Jahre 2002. Beides wurde von den USA in einen unmittelbaren Kontext mit dem „Krieg gegen den Terror“ gestellt.

## DIE VÖLKERRECHTLICHE AUSGANGSSITUATION[1]

Geht man davon aus, dass es sich bei den Anschlägen um einen bewaffneten Angriff handelte,[2] stellt sich die Frage danach, was im Rahmen der Selbstverteidigung erlaubt ist. Hier besteht Konsens, dass „das Nötige“ erlaubt ist, um die terroristische Bedrohung auszuschalten. Militärische Schläge müssen zur Abwehr eines Angriffs erfolgen. Sie dürfen nicht unverhältnismäßig sein. Sie müssen sich gezielt gegen die Urheber des Terrors richten. Zulässig ist auch, sich gegen neue, unmittelbar bevorstehende Angriffe im Rahmen des Selbstverteidigungsrechts zur Wehr zu setzen.

Damit sind Abwehrmaßnahmen untersagt, die im Vergleich zum Angriff nach Art und Gewicht unangemessen sind. Bestrafungs- und Vergeltungsaktionen sind nicht vom Recht auf Selbstverteidigung gedeckt. Für den Sturz eines fundamentalistischen oder eines diktatorischen Regimes gibt es keine völkerrechtliche Grundlage.
Als Verstoß gegen das Gewaltverbot gilt demnach, wenn ein Staat angegriffen wird, bei dem Terroristen etwa nur zeitweilig Unterschlupf finden.[3] Gegen einen solchen Militärschlag hätte der angegriffene Staat seinerseits ein Recht auf Selbstverteidigung, und andere Länder könnten ihm im Rahmen des Völkerrechts zu Hilfe eilen. Konsens ist aber auch, dass alle Staaten die Pflicht haben, terroristische Attacken zu unterbinden, die von ihrem Gebiet ausgehen können.
Indes kann nicht aus Vermutungen über terroristische Aktivitäten, die in einem Staat vorbereitet werden, oder Annahmen über Verbindungen zwischen staatlichen Einrichtungen und Terroristen das Recht abgeleitet werden, diese Staaten umfassend anzugreifen. Aus dem Selbstverteidigungsrecht kann eine gewisse „Vorverlagerung" dieses Rechts abgeleitet werden, das Maßnahmen gegen unmittelbar bevorstehende Terrorakte einschließt, wenn der Gefährdung nicht anders begegnet werden kann und der bedrohte Staat praktisch schutzlos gestellt würde. Irgendein Recht zu präventiven „Verteidigungskriegen" ergibt sich daraus jedoch nicht.[4]

Wenn die Anschläge vom 11. September 2001 als bewaffnete Angriffe gegen die USA anzusehen sind, steht diesen und ihren Bündnispartnern automatisch ein Recht auf individuelle und kollektive Selbstverteidigung zu. In der Intensität der von ihnen ausgehenden Bedrohung und mit Blick auf ihre schrecklichen Folgen lassen sich die Terroranschläge vom 11. September 2001 tatsächlich herkömmlichen zwischenstaatlichen Angriffen materiell gleichstellen. Von daher meinen einige Völkerrechtler, dass die mit Blick auf die traditionell gemäß Artikel 51 der UN-Charta geforderte staatliche Zurechnung terroristischer Aktivitäten – das heißt, dass terroristische Aktionen nur dann als Angriffshandlungen betrachtet werden können, wenn ein Staat oder ein De-facto-Regime hinreichend in sie verwickelt ist (so genannte indirekte Aggression) – fraglich sei. Die Primärgefahr gehe von den Terroristen selbst aus.[5]

Doch auch im Fall eines bewaffneten Angriffs ist das Recht auf individuelle oder kollektive Selbstverteidigung gemäß Artikel 51 der UN-Charta nur solange eröffnet, „bis der Sicherheitsrat die zur Wahrung des Weltfriedens und der internationalen Sicherheit erforderlichen Maßnahmen getroffen hat" (Satz 1). Die solcher Art festgelegte Subsidiarität des Selbstverteidigungsrechts gegenüber den Zuständigkeiten des Sicherheitsrats „ist ein unaufgebbares Konstruktionsprinzip des Systems kollektiver Sicherheit der UNO-Satzung".[6] Damit ist das Verhältnis des Selbstverteidigungsrechts zu den Aufgaben und Befugnissen des Sicherheitsrates zwar nicht klar geregelt. Jedoch wird davon auszugehen sein, dass dem Sicherheitsrat zumindest die Möglichkeit eingeräumt werden muss, die erforderlichen Maßnahmen zu treffen, wann immer dies nach den Umständen des Falles möglich ist.

Der Sicherheitsrat trägt nach Artikel 24 der UN-Charta die Hauptverantwortung für die Wahrung des Weltfriedens, nicht einzelne Staaten. Vor diesem satzungsrechtlichen Hintergrund können den die Terroranschläge vom 11. September 2001 betreffenden Resolutionen 1368 (2001) und 1373 (2001) des Sicherheitsrates daher nicht ohne weiteres Schlüsse auf die Rechtmäßigkeit bewaffneter Gegenmaßnahmen entnommen werden, wie dies von den USA und Großbritannien nach dem 7. Oktober 2001 wie auch von anderen Staaten, die sich an der militärischen Aktion der USA gegen Afghanistan in unterschiedlicher Form beteiligten, beansprucht wurde.[7]

Durfte also das Taliban-Regime Gegenstand von Selbstverteidigungsmaßnahmen der USA sein? Auszugehen ist davon, dass Selbstverteidigungsmaßnahmen gegen al Qaida und Osama bin Laden, sofern Beweise für ihre Urheberschaft für die Anschläge vom 11. September 2001 vorliegen und von der Planung und Organisation weiterer derartiger Anschläge ausgegangen werden kann, auf afghanischem Boden gerechtfertigt sind. Das Taliban-Regime bot den Terroristen der al Qaida Schutz und kam den Aufforderungen des Sicherheitsrates nicht nach, an der Ergreifung der Täter und der Hintermänner der Anschläge mitzuwirken. Angesichts dessen hat der grundsätzliche Anspruch des Taliban-Regimes auf Achtung seiner territorialen Integrität im Wege einer Güterabwägung hinter das Selbstverteidigungsrecht zurückzutreten. Die Verteidigungsmaßnahmen durften und dürfen also auch gegen Ziele in Afghanistan gerichtet sein, soweit es sich bei ihnen um Personen oder Einrichtungen der al Qaida handelt.[8]

Aktionen gegen das Taliban-Regime wären indes nur zulässig, wenn die Taliban ihrerseits als Angreifer im Sinne des Artikels 51 anzusehen wären. Dies war nicht der Fall, und kann selbst dann nicht zur Begründung eines Anspruchs auf Selbstverteidigung nach Artikel 51 herangezogen werden, wenn ein etwaiges Unterlassen der Regierung vorlag, gegen die von ihrem Gebiet ausgehenden terroristischen Aktionen vorzugehen.[9] Für eine stillschweigende Ermächtigung des Sicherheitsrates zu einem bewaffneten Sturz des Taliban-Regimes gab es in den entsprechenden Resolutionen ohnehin keinerlei Anhaltspunkte. Auch standen einer solchen Annahme Äußerungen von Ratsmitgliedern entgegen, die eine auf klare Beweise gestützte, strikt auf die Abwehr der Terrorismusgefahr beschränkte Aktion forderten.

Terroristische Aktivitäten auf ihrem Territorium zu unterbinden, haben die Taliban offenkundig versäumt. Die Ideologie und der Extremismus der Taliban lassen darüber hinaus den Schluss zu, dass sie bin Laden und mit ihm zusammenhängende Terrorzellen zumindest indirekt unterstützt haben. Der Beschluss des Sicherheitsrates, der im Zusammenhang mit den Anschlägen vom 11. September 2001 das Recht auf individuelle und kollektive Selbstverteidigung erwähnt, legt, wie gesagt, nahe, diese Terrorakte als bewaffneten Angriff zu interpretieren. Um einen bewaffneten Angriff Afghanistans oder der Taliban-Regierung oder um eine „indirekte Aggression“ würde es sich dennoch erst handeln, wenn von Verantwortlichen in Kabul die Terroristen in die USA geschickt worden wären. Aber eine „Entsendung“ der Selbstmordattentäter von New York und Washington warfen nicht einmal die Vereinigten Staaten den Taliban vor. Es gab keine ausreichenden Beweise für eine substanzielle Beteiligung eines „Hintergrundstaates". Dies gilt auch dann, wenn die territoriale Zuordnung der terroristischen Angreifer zu einem Staat, der diesem Angreifer einen „safe haven" bietet, mit Bezug auf eine „indirekte Aggression" interpretiert wird: Die Anschläge in New York und Washington wurden vorrangig nicht etwa in einer afghanischen Höhle, sondern in Hamburg-Harburg, in Florida sowie mit hoher Wahrscheinlichkeit – stellt man die Herkunft des Großteils der Täter in Rechnung – in Saudi-Arabien vorbereitet, und zwar über Jahre hinweg.

Offenkundig wurde schon kurz nach Beginn der Angriffe, dass die von den USA und Großbritannien ergriffenen Maßnahmen keineswegs nur der Abwehr der terroristischen Angriffe dienten, sondern auf die Eliminierung des Taliban-Regimes zielten. Die Begründung, nur dadurch könne hinreichende Sicherheit gegen weitere terroristische Aktivitäten der al Qaida erreicht werden, ist allerdings in Frage zu stellen: Die USA und Großbritannien hatten selbst immer wieder auf die weltweiten Ausweichmöglichkeiten der Terrororganisation hingewiesen, was einen „langandauernden, globalen Kampf" notwendig mache. Die Terroristen hatten in der Phase der Vorbereitung des Krieges fünf Wochen Zeit, sich außer Landes zu begeben. Zum Zeitpunkt des Beginns der Angriffe wurde von Washington wie von London bekundet, dass man nicht einmal wisse, ob sich Osama bin Laden und die anderen Al-Qaida-Mitglieder überhaupt noch in Afghanistan aufhielten.

## DIE UNO NACH DEN TERRORANSCHLÄGEN AUF NEW YORK UND WASHINGTON

Innerhalb von weniger als 48 Stunden bekundeten der Sicherheitsrat der Vereinten Nationen und die Generalversammlung die Entschlossenheit der Staatengemeinschaft, gemeinsam den Terrorismus zu bekämpfen und Täter und Hintermänner zu bestrafen. Sie sprachen sich für die Unterstützung von Maßnahmen gegen die Verantwortlichen sowie gegen jene Staaten aus, die den

Tätern Hilfe, Unterstützung oder Unterschlupf gewährt haben. In ungewöhnlicher Einmütigkeit verurteilte der Sicherheitsrat die Terrorakte als Bedrohung des Weltfriedens und der internationalen Sicherheit.[10]

Unmittelbar nach den Anschlägen am 11. September 2001 hatte der Generalsekretär der UNO, Kofi Annan, US-Präsident Bush und dem New Yorker Bürgermeister Giuliani die uneingeschränkte Solidarität der Vereinten Nationen mit den Vereinigten Staaten und ihrem Volk ausgesprochen. Er verurteilte die Terroranschläge gleichzeitig mit dem ausdrücklichen Hinweis darauf, dass eine überlegte und vernunftgeleitete Beurteilung nun essentieller denn je sei.[11] Alle Nationen guten Willens, so Annan, müssten ihre Anstrengungen vereinen, um den gemeinsamen Feind zu bekämpfen und zu schlagen.

In den nachfolgenden Tagen machte der UN-Generalsekretär deutlich, wen er als vorrangigen Akteur und Koordinator dieser internationalen Kräftebündelung sah: die Vereinten Nationen. Sie seien „in einzigartiger Weise dazu befähigt, diese Bemühungen voranzubringen." Mit Blick auf Fragen der Legitimität militärischer und sonstiger Maßnahmen und in offenkundiger Voraussicht der Komplikationen, die durch ein unilaterales Vorgehen entstehen könnten, betonte er, die Vereinten Nationen böten das für den Aufbau einer universellen Koalition erforderliche Forum und könnten der langfristigen Reaktion auf den Terrorismus globale Legitimität verleihen.[12]

Tatsächlich bemühten sich die USA sofort nach den Terroranschlägen um eine möglichst breite internationale Front. Diese Anstrengungen bezogen neben den europäischen Verbündeten sowie Ländern im Nahen Osten und in Asien auch die UNO als Organisation ein. US-Präsident Bush selbst nahm einen Tag nach den Anschlägen telefonisch Verbindung mit allen führenden Repräsentanten der fünf ständigen Mitglieder des Sicherheitsrates der UN auf. Er sprach mit dem russischen Präsidenten Putin, dem chinesischen Präsidenten Jiang Zemin, dem französischen Präsidenten Chirac, dem britischen Premier Blair sowie mit dem deutschen Bundeskanzler Schröder. US-Außenminister Powell sprach mit UN-Generalsekretär Annan.

Gleichzeitig ließ die US-Administration von Anfang an keinen Zweifel daran, dass sie selbst unter von ihr zu definierenden Bedingungen militärische Maßnahmen ergreifen würde und solche vorbereitete. Präsident Bush machte außerdem klar, dass die USA Bodentruppen einsetzen würden, um der Terroristen habhaft zu werden. Die Auseinandersetzung könne nicht allein mit Marschflugkörpern geführt werden. Verteidigungsminister Rumsfeld bekräftigte, es werde um eine „breitangelegte Kampagne" unter „Nutzung des gesamten Spektrums unserer (militärischen) Fähigkeiten" gehen.[13]

Bemerkenswert war, dass praktisch unmittelbar nach den Anschlägen Osama bin Laden für diese verantwortlich gemacht wurde. Die Quellen, aus denen diese „gesicherte Erkenntnis" kam, waren die gleichen, die – ausgestattet mit modernster Technik und hohen Finanzbudgets – zuvor gänzlich versagt und die Bedrohung durch zu allem entschlossene Islamisten wie auch die Vorbereitungen, die für die Anschläge über Jahre hinweg in den USA selbst getroffen worden waren, nicht erkannt hatten: die US-Nachrichten- und Sicherheitsdienste. Der Tatbestand ist um so bemerkenswerter, als CIA-Direktor George Tenet bin Ladens Terrornetz al Qaida im Februar 2001 vor einem Senatsausschuss in Washington als „die unmittelbarste und ernsteste Bedrohung" für die Sicherheit der USA bezeichnet hatte.[14] Und ebenso erstaunlich mutet vor diesem Hintergrund an, dass Präsident Bush erst nach den Anschlägen am 24. September die Sperrung von Bankkonten Osama bin Ladens verfügte.[15]

Am 18. September 2001 rief Kofi Annan in einer Rede im Rahmen eines Gottesdienstes in New York dazu auf, nicht ganze Völker, Regionen oder Religionen für die Taten einiger Individuen verantwortlich zu machen. Die Antwort auf die Anschläge müsse derart sein, dass sie in weltweiter Aktion gegen die Geißel des Terrorismus eine Einheit und nicht neue Spaltungen innerhalb und zwischen Nationen hervorbringe. „Terrorismus ist eine globale Bedrohung. Er verlangt nach einer vereinten, globalen Antwort. Um ihn zu bekämpfen, müssen sich alle Nationen beraten und im Einklang handeln. Deshalb haben wir die Vereinten Nationen." [16]

In dem Osama bin Laden und al Qaida betreffenden Auslieferungsultimatum gegenüber den Taliban lag mit Blick auf die völkerrechtliche Legitimität der später gegen Afghanistan vorgetragenen militärischen Angriffe insofern ein Widerspruch, als wohl kaum davon auszugehen war, dass den Taliban mit dem Terroristenchef gelingen sollte, was US-amerikanischen Kampfflugzeugen und ganzen Trupps von Agenten und Antiterrorspezialeinheiten der US-Army und der Britischen Armee, die auf ihn angesetzt waren, in den Jahren zuvor nicht gelungen war. Allerdings solidarisierten sich die Taliban anfangs mit bin Laden und lehnten eine Auslieferung ab.

Zur Frage der Legitimität der Kriegführung gegen Afghanistan auf Basis des Vorwurfs, das religiöse Regime der Taliban würde Osama bin Laden schützen, ist zu bemerken, dass der Große Rat der Rechtsgelehrten (Schura) in Afghanistan bin Laden am 20. September 2001 nach zweitägigen Beratungen aufforderte, das Land zu verlassen. Die Schura bekundete ihr Mitgefühl für die Opfer der Terrorakte vom 11. September und verlangte, dass die UNO sowie die Islamische Konferenzorganisation (ICO) die Anschläge untersuchen. Im Falle des Vorliegens eindeutiger Beweise gegen bin Laden werde sich dieser einem Gerichtsverfahren zu stellen haben.[17]

Ende September teilten wiederum die Taliban mit, sie hätten bin Laden „unter Kontrolle“. Der Taliban-Botschafter in Pakistan, Abdul Salam Saif, sagte, bin Laden befinde sich in Afghanistan und werde nicht an die Vereinigten Staaten ausgeliefert, solange Washington keine ausreichenden Beweise für seine Verstrickung in die Anschläge vorlege.[18]

Mitglieder der US-Regierung taten unterdessen kund, dass sie den Kreis derjenigen Staaten, die von militärischen Maßnahmen betroffen sein könnten, sehr weit zogen. Präsident Bush nannte alle Staaten feindlich und als Ziel möglicher Angriffe, die Terroristen „beherbergen und unterstützen“.[19] Andererseits behielten sich die USA auch Optionswechsel vor. Mit der Entscheidung darüber, wie die militärischen Gegenmaßnahmen aussehen würden, ließ man sich Zeit, auch wenn um Afghanistan herum fieberhaft Kriegsvorbereitungen getroffen wurden. Rumsfeld äußerte sich einmal mit diesen, dann wieder mit modifizierten oder sogar gegenteiligen Aussagen. Der Ankündigung, man werde alle militärischen Fähigkeiten gegen Afghanistan einsetzen, folgte die Aussage, diverse Länder hätten sich bei „Schlägen" gegen dieses Land erschöpft, und es gebe dort nicht viele Dinge von Wert, „mit denen man leicht umgehen könnte".[20] Präsident Bush selbst stufte die Auseinandersetzung mit dem internationalen Terrorismus zeitweise mit der Beschreibung, es handele sich um einen Guerillakrieg, etwas herab.[21]

Die Fragwürdigkeit des Hinweises auf die Nichtauslieferung Osama bin Ladens als Begründung für die militärischen Maßnahmen Anfang Oktober wurde noch bekräftigt, als US-Geheimdienste Ende September verlauten ließen, sie hätten Informationen, wonach sich bin Laden in Pakistan, Tschetschenien oder in Somalia aufhalte.[22] Mittlerweile waren allerdings dreißigtausend Soldaten, mehr als dreihundert Kampfflugzeuge und Dutzende von Kriegsschiffen mit vier Flugzeugträgern um Afghanistan und Irak stationiert. B-52- und B-1-Bomber waren auf dem britischen Stützpunkt Diego Garcia konzentriert worden. Außerdem verfügte Großbritannien zu diesem Zeitpunkt in der Golfregion über einen Flugzeugträger, Kriegsschiffe und Kampfflugzeuge sowie rund 20.000 Soldaten.[23]

Am 27. September 2001 warb Kofi Annan bei der Pressekonferenz im UN-Hauptquartier in New York mit dem Argument, dass unschuldige Zivilisten nicht für die Taten ihrer Regierung bestraft werden sollten, für ein umfangreiches humanitäres Hilfsprogramm, für das man Geldgeber suche. Auf Fragen nach den Chancen einer politischen Lösung der Afghanistan-Krise sowie dem weiteren Vorgehen zur Bekämpfung des Terrorismus ließ sich der Generalsekretär nicht mehr ein.[24]

Vor dem Hintergrund mangelnder Beweise, dass die Taliban Auftraggeber der Anschläge gewesen waren, sowie mangelnder Kenntnis, ob sich bin Laden und die wesentlichen Figuren von al Qaida überhaupt noch in Afghanistan aufhielten, erscheinen die Anfang Oktober 2001 gegen Afghanistan ergriffenen Maßnahmen nicht nur unter dem Aspekt der Selbstverteidigung zur Abwehr weiterer Angriffe, sondern auch und vor allem mit Blick auf die Verhältnismäßigkeit militärischer Maßnahmen problematisch. Mittlerweile hatten Hunderttausende Afghanen die Flucht vor möglichen Militärschlägen ergriffen. Die internationalen Hilfsorganisationen waren aus demselben Grund abgezogen. Aufgrund des aufeinander folgend dritten Dürrejahres waren bereits im Sommer 2001 mehrere Millionen Menschen von Notlieferungen und humanitären Maßnahmen internationaler Organisationen bzw. anderer Staaten abhängig gewesen. Allein in der Zeit der Vorbereitung der militärischen Angriffe auf Afghanistan dürften aufgrund fehlender Hilfsleistungen und dem Flüchtlingselend mehr Menschen zu Tode gekommen sein als bei den Anschlägen auf das World Trade Center und das Pentagon.

Allerdings erweckte die Taliban-Regierung selbst unmittelbar vor den US-Angriffen den Eindruck, als sei Osama bin Laden im Land und unter ihrer Kontrolle. Taliban-Botschafter Saif machte den Vereinigten Staaten ein Verhandlungsangebot. Er ließ im pakistanischen Islamabad verlauten, Kabul sei zu einem Prozess gegen bin Laden vor einem Gericht in Afghanistan bereit. Die USA müssten vor einem islamischen Gericht in Afghanistan Klage erheben. In diesem Falle werde die Regierung bin Laden festnehmen und vor Gericht bringen.[25]

Die US-Regierung lehnte nicht nur diesen Vorschlag ab, sondern auch eine Aufforderung von UN-Generalsekretär Kofi Annan. Dieser hatte unmittelbar vor Beginn der Angriffe Washington aufgefordert, eine Militäraktion von einem entsprechenden Beschluss des Sicherheitsrats abhängig zu machen.[26] Zuvor, am 28. September 2001, hatte der Sicherheitsrat der Vereinten Nationen die Resolution 1373 (2001) verabschiedet. In der Resolution wurden eine Reihe von Maßnahmen zum Kampf gegen den internationalen Terrorismus vorgeschlagen, wobei in allgemeiner Form vor allem die Austrocknung der finanziellen Möglichkeiten des Terrorismus, die Belieferung mit Waffen, die Verhinderung von Rückzugsgebieten für Terroristen sowie die Mittel der Bekämpfung des internationalen Terrorismus wie Austausch von Informationen etc. angesprochen wurden. Außerdem wurde ein „Komitee Terrorismus" des Sicherheitsrates eingerichtet, das aus allen Mitgliedern des Rates besteht, um die Implementierung der Resolution 1373 zu überwachen. Als Vorsitzender dieses Komitees wurde am 4. Oktober der britische Diplomat bei den Vereinten Nationen, Sir Jeremy Greenstock, benannt.

## DIE UNO UND DER AFGHANISTANKRIEG

Die Aufforderung Kofi Annans an die USA, den Sicherheitsrat mit möglichen militärischen Maßnahmen gegen Afghanistan zu befassen, sowie die Ablehnung der USA, dem nachzukommen, verdeutlichen, dass die USA den in Artikel 51 Satz 1 der UN-Charta festgelegten Grundsatz der Subsidiarität des Selbstverteidigungsrechts gegenüber der Zuständigkeit des Sicherheitsrates bewusst ignorierten und die UNO umgingen.[27] Ein Motiv war sicher zu demonstrieren, dass die USA sich für die als richtig erachteten militärischen Maßnahmen von niemandem eine Erlaubnis holen und sich nicht durch irgendwelche Einwände binden lassen würden. In der Tat konnte Washington keineswegs gewiss sein, dass der Sicherheitsrat ein Mandat ohne Auflagen erteilen würde. Ein solches wurde aber, wie die Kriegführung dann klarlegte, de facto beansprucht. Washington wollte sich auf keine exakten Aussagen festlegen, welche politischen Ziele in Afghanistan mit welchen militärischen Mitteln verfolgt würden. Präsident Bush ließ anfangs nur verlauten, dass Angriffe gegen Ausbildungslager für Terroristen und das Militär in Afghanistan begonnen hätten. Ziel der Angriffe sei es, die Taliban militärisch zu schwächen und ihr Kommunikationsnetz zu zerstören.[28] Nachdem der Generalsekretär der UNO über die von den USA und Großbritannien vorgetragenen Angriffe gegen Afghanistan informiert worden war, sagte er in einer Erklärung am 8. Oktober, dass die Militäraktion auch im Licht der vom Sicherheitsrat vorgenommenen Bestätigung des der Charta der Vereinten Nationen innenwohnenden Rechts auf individuelle und kollektive Selbstverteidigung gesehen werden müsse. Zugleich betonte er die Notwendigkeit für die internationale Gemeinschaft, „härter denn je" eine politische Lösung für den Konflikt in Afghanistan zu finden.[29] Diese Mitteilung konnte als Versuch interpretiert werden, die UNO nicht von den USA und der Entwicklung in

Afghanistan abzukoppeln. Eine ausdrückliche Billigung der US-Militäraktionen war hierin nicht zu erkennen.[30]

Die Reaktion wies vor allem Pragmatismus aus: Die Vereinten Nationen waren und sind von den USA abhängig, und ein gewünschter Einfluss auf das weitere Vorgehen der USA wie auf die Wiedererlangung einer Rolle der Weltorganisation hing und hängt von einem kooperativen Verhältnis zwischen den USA und der UNO ab. Während Kofi Annan es nach Beginn der Angriffe auf Afghanistan vermied, die USA für ihr Vorgehen zu kritisieren, betonte er in praktisch jeder Rede und Stellungnahme die Notwendigkeit einer politischen Lösung für den Konflikt in Afghanistan. Er wies immer wieder auf die schwierige Lage unschuldiger afghanischer Zivilisten hin, „die für die Aktionen des Taliban-Regimes nicht verantwortlich gemacht werden können".[31] Er betonte wiederholt, dass die Afghanen in einer verzweifelten Situation seien, in der sie Hilfe brauchten, und forderte, dass den Vereinten Nationen möglichst schnell Möglichkeiten für humanitäre Hilfe eröffnet werde. Und er drängte praktisch von Beginn der militärischen Maßnahmen an auf deren schnelle Beendigung.[32]

Zugleich versuchte der Generalsekretär, die USA einzubinden und in ihrem Engagement im Rahmen der UNO zu bestärken. Er unterstrich die kooperative Beziehung zwischen Washington und den Vereinten Nationen: „Wir arbeiten jetzt sehr, sehr gut mit der US-Regierung und der US-Administration. Ihr neuer Botschafter ist da, die Zahlungen sind getätigt worden, und ich vermute, dass im Zuge dieser Entwicklung die Zahlungen rechtzeitig, vollständig und auf einer regulären Basis geleistet werden." [33]

Zeitgleich mit der formellen Unterrichtung des Sicherheitsrates der Vereinten Nationen, dass die USA und Großbritannien in Afghanistan auf der Grundlage von Artikel 51 der UN-Charta ihr Recht auf Selbstverteidigung ausübten, kündigten die USA mögliche weitere, über Afghanistan hinausgehende Aktionen an. Der US-Botschafter bei den Vereinten Nationen, Negroponte, deutete in seinem Brief an den Rat darauf hin: „Wir mögen zu dem Schluss kommen, dass unsere Selbstverteidigung weitere Aktionen hinsichtlich anderer Organisationen oder Staaten erfordert." [34]

Als Zwischenfazit ist festzuhalten, dass die Vereinten Nationen in der Krisensituation nach den Anschlägen vom 11. September 2001 marginalisiert waren. Welche Rolle die Weltorganisation einzunehmen hatte, bestimmten im Wesentlichen die USA. Die UNO wurde vor allem für die „Kriegsnachsorge" vorgesehen, die in finanzieller wie in militärischer Hinsicht mit zu tragen sich Washington von vornherein nur sehr beschränkt bereit erklärte. Stattdessen kündigten die USA an, nach Afghanistan mit wechselnden Koalitionen und notfalls auch unilateral weiter den Feind bekämpfen zu wollen. Ins Visier genommen wurden keineswegs nur die Terroristen selbst, sondern alte Feinde der USA, die sich in der Vergangenheit als Unterstützer antiamerikanischer Aktivitäten und als Störenfriede einer Pax Americana in der jeweiligen Region erwiesen haben: Irak, Iran, Nordkorea. Darüber hinaus wurden militärische Mittel bereitgestellt, um in einer ganzen Reihe von Ländern den Antiterrorkampf zu führen oder zu unterstützen, so u.a. auf den Philippinen, in Pakistan, Georgien, Jemen und Somalia.

Der 11. September 2001 brachte also nicht, wie von vielen vorschnell behauptet, erhofft oder beschworen, einen neuen Schub an Multilateralismus und eine Aufwertung der UNO als Organisatorin einer weltweiten Front gegen den Terror, seine Quellen wie auch seine Ursachen, sondern vielmehr das Gegenteil.

In Wirklichkeit hatte einem vor allen von den Europäern erhofften Multilateralismus der USA im weltweiten Kampf gegen den Terror Verteidigungsminister Rumsfeld schon zwei Wochen nach den Terroranschlägen eine unmissverständliche Absage erteilt. In einem am 27. September veröffentlichten Zeitungsbeitrag beschrieb er die Vorstellungen der US-amerikanischen Führung: „Dieser Krieg wird nicht von einem breiten Bündnis geführt, vereint in dem einzigen Ziel, eine Achse feindlicher Mächte zu besiegen. Es wird vielmehr wechselnde, sich verändernde und sich entwickelnde Koalitionen von Ländern geben. Die Länder werden verschiedene Rollen übernehmen und auf verschiedene Art und Weise Beiträge leisten. Einige werden diplomatische Unterstützung bieten, andere finanzielle und wieder andere logistische oder militärische. Einige werden uns öffentlich helfen, während andere uns vielleicht aufgrund der Umstände weniger öffentlich und heimlich helfen werden. In diesem Krieg wird die Mission die Koalition definieren – nicht andersherum."[35]

So wie hier in aller Eindeutigkeit der Anspruch auf Unilateralität bzw. eine von den USA definierte Mutilateralität und damit eine Absage an die UNO und an eine Beschlussfassung über militärische Maßnahmen im Kampf gegen den Terrorismus durch den Sicherheitsrat der Vereinten Nationen formuliert wurde, führte Rumsfeld wenig später aus, dass ganz alleine die USA darüber zu entscheiden gedächten, wo auf der Welt in welcher Form – auch militärisch – vorzugehen sei: „Unsere Reaktion könnte darin bestehen, Marschflugkörper auf militärische Ziele irgendwo auf der Welt abzufeuern. Wir könnten aber ebenso gut einen elektronischen Kampf führen, um den Investitionsfluss durch Offshore-Bankenzentren zu stoppen. Die Uniformen in diesem Konflikt werden ebenso sehr die Nadelstreifen der Bankiers und die lässige Kleidung der Programmierer wie Wüstentarnkleidung sein." [36] Des Weiteren wurde von Rumsfeld umstandslos die Einmischung in die Angelegenheiten anderer Länder proklamiert: „Während wir womöglich militärisch gegen ausländische Regierungen vorgehen, die den Terrorismus unterstützen, könnten wir auch versuchen, die von diesen Regierungen unterdrückten Menschen zu Bündnispartnern zu machen." Und weiter: „Vergessen Sie ‚Rückzugsstrategien'; es handelt sich um einen andauernden Einsatz ohne Befristung. Wir haben keine festgelegten Regeln zur Dislozierung unserer Truppen; stattdessen werden wir Richtlinien aufstellen um festzustellen, ob militärische Gewalt die beste Methode ist, ein bestimmtes Ziel zu erreichen." [37]

Der Verteidigungsminister führte damit nur genauer aus, was US-Präsident Bush wenige Tage zuvor bereits allgemeiner formuliert hatte. In einer Rede vor dem Kongress am 20. September hatte Bush gesagt, der Krieg gegen den Terrorismus werde nicht eher zu Ende sein, bis jede weltweit tätige terroristische Gruppe gefunden, am weiteren Vorgehen gehindert und besiegt sei. Er kün-

digte an, dass die USA die Spielregeln und Modalitäten dieses Krieges definieren würden. Die Amerikaner sollten sich nicht auf eine Schlacht, sondern auf einen langandauernden Feldzug einstellen, „wie wir ihn bislang noch nicht erlebt haben". Washington werde die Staaten verfolgen, die den Terroristen Hilfe oder Unterschlupf gewähren. [38] Die Nationen der Welt stellte er vor die Alternative: „Jede Nation in jeder Region muss nun eine Entscheidung treffen: entweder sie sind auf unserer Seite, oder auf der Seite der Terroristen. Von diesem Tage an wird jeder Staat, der weiterhin Terroristen unterstützt oder ihnen Unterschlupf gewährt, von den USA als feindliches Regime betrachtet." [39]
Dass es der Führung in Washington in der militärischen Reaktion auf die Anschläge auch um etwas anderes ging als um Selbstverteidigung und die Abwehr terroristischer Angriffe, machte Bush in einer „Botschaft an das Militär" deutlich: „Seid bereit. Ich habe die Streitkräfte in Alarmbereitschaft versetzt, und das hat seinen Grund. Die Stunde wird kommen, in der Amerika handelt und ihr werdet uns stolz machen." [40]
In der Welt nach dem 11. September 2001 bestimmen nach Ansicht der US-Führung sie und nicht die Vereinten Nationen oder das Völkerrecht die Spielregeln. Ob dies dem Kampf gegen den „transnationalen Terrorismus" zuträglich ist und damit der Antiamerikanismus in verschiedenen Teilen der Welt abgebaut wird, scheint indes fraglich.

## DIE UNO UND DIE „POST-TALIBAN-ORDNUNG"

Der UNO wurde erst nach Beginn der militärischen Aktionen gegen Afghanistan am 7. Oktober 2001 eine weitergehende Aufgabe zugewiesen.[41] Diese Aufgabe hatte allerdings nichts mit der direkten Führung des Kampfes gegen den internationalen Terrorismus, der Abwendung von Bedrohungen für den internationalen Frieden und die internationale Sicherheit zu tun, sondern ergab sich aus den von den USA unilateral beschlossenen militärischen Maßnahmen zur Terrorbekämpfung als Kriegsfolge mit Blick auf die Konsolidierung des politisch-gesellschaftlichen Systems in Afghanistan nach dem beabsichtigten Sturz der Taliban.

Nicht zuletzt von den Regierungen der USA und der Bundesrepublik Deutschland wurde auf die Organisation einer Post-Taliban-Ordnung in Afghanistan durch die Vereinten Nationen gedrängt. Allerdings äußerte sich der Anfang Oktober eingesetzte UN-Sonderbeauftragte für Afghanistan, Lakhdar Brahimi, bis zum Fall Kabuls am 13. November bezüglich einer solchen Mission skeptisch.

Die UNO versuchte diesbezügliche Hoffnungen und Erwartungen von vornherein zu dämpfen. Lakhdar Brahimi stellte sowohl eine Peace-keeping-Rolle der Vereinten Nationen in Frage als auch eine Rolle bei einem intendierten State-Building nach den Taliban.[42] Das Dilemma der Vereinten Nationen brachte Kofi Annan zum Ausdruck: Einerseits verdeutlichte er, dass die Rekonstruktionsaufgabe umso schwieriger würde, je länger der Krieg andauerte. Andererseits erklärte er die Bereitschaft, die Weltorganisation in eine Funktion zu setzen, sobald der Krieg beendet wäre.[43] Gleichzeitig war offenkundig, dass er das Risiko eines Scheiterns der UNO in einer solchen Mission und die Gefahr eines Rückschlages für die UNO hoch bewertete.
Auf seiner Pressekonferenz anlässlich der Zuerkennung des Friedensnobelpreises an den Generalsekretär und die Vereinten Nationen am 12. Oktober 2001 äußerte sich Annan verhalten auf die Frage, inwieweit die UN bereit seien, eine leitende Rolle beim Nation-building in Afghanistan einzunehmen. Er sprach den Afghanen vielmehr Assistenz bei dieser Aufgabe zu, ohne jedoch selbst das Zepter in die Hand nehmen zu wollen: „Man kann dem afghanischen Volk keine Regierung auferlegen." Vielmehr sei es Hilfe bei der Rehabilitierung und beim Wiederaufbau, bei der die UNO eine Rolle zu spielen habe.[44]

Dessen ungeachtet war von Anfang an davon auszugehen, dass sich die UNO engagieren würde, wenn sich die fünf ständigen Mitglieder des Sicherheitsrats hierauf verständigten. Vor diesem Hintergrund versuchte Brahimi nach einer geschlossenen Sitzung des Sicherheitsrats am 24. Oktober 2001 erneut, einerseits Illusionen über Möglichkeiten externen Agierens in Afghanistan entgegen zu wirken und andererseits den Sicherheitsratsmitgliedern auszureden, die UNO vor unrealistische und nicht zu bewältigende Aufgaben zu stellen. Bei einer Interimsregierung komme es vor allem darauf an, dass die Afghanen das Gefühl hätten, selbst zuständig zu sein; alles Andere habe keine Zukunft. Die Hauptstadt Kabul und später das ganze Land dürften nicht an eine einzige ethnische Fraktion, politische Partei oder an eine „untaugliche Allianz" fallen. Damit wurde mehr als deutlich, was Lakhdar Brahimi von der Nordallianz als „endogenem" Bündnispartner der USA mit Blick auf die Neuordnung des Landes nach dem Sturz der Taliban hielt. Der von Brahimi als „wünschenswerteste Lösung" bezeichnete Vorschlag – die Schaffung einer gemischten afghanischen Friedenstruppe mit Unterstützung der Vereinten Nationen – blieb weit hinter den Visionen zurück, die vor allem die NATO-Mitglieder, aber auch Staaten wie Iran und Russland, in den vorangegangenen Wochen eingebracht hatten.[45]

Die Vereinten Nationen selbst waren in dieser Situation aufgrund der unilateralen Vorgehensweise Washingtons, aber auch mit Hinblick auf die Neugestaltung einer politischen Ordnung in Afghanistan ein Anhängsel des US-amerikanischen militärischen Vorgehens. Von Seiten der USA veränderten sich die Vorschläge für eine Post-Taliban-Ordnung je nach militärischer Konstellation. So wurden, als die Bombardements drei Wochen lang keine Auflösungserscheinungen bei den Taliban erkennen ließen, in Washington Teilungspläne ventiliert. Sie ordneten den Norden Afghanistans der Nordallianz zu, den paschtunischen Süden gegebenenfalls den Taliban. Während US-Außenminister Powell vor dem Fall Kabuls eine Beteiligung „gemäßigter Taliban" an einer Übergangsregierung in Übereinstimmung mit der pakistanischen Haltung verlangte, übernahm er unmittelbar danach die russische Position und lehnte eine derartige Partizipation ab.

Darüber hinaus war der an die UNO herangetragene Vorschlag der Organisation des „politischen Prozesses" nach den Taliban keineswegs in den Händen der dafür in der UNO Verantwortlichen. Es gab eine ganze Anzahl von Afghanistan-Beauftragten unterschiedlicher internationaler Organisationen wie auch einzelner Staaten, deren Koordination bestenfalls punktuell sichtbar wurde. Allein die USA hatten mit dem Planungsdirektor im Außenministerium, Richard Haass, dem Balkan-Spezialisten James Dobbins und die für Südostasien zuständige Christina Rocca drei Persönlichkeiten, die für Afghanistan zuständig erklärt wurden. Neben den Beauftragten der einzelnen Länder sowie anderer internationaler Organisationen gab es auch die unterschiedlichsten Gesprächs-, Konsultations- und Abstimmungsforen, in denen nichtafghanische Akteure um Einflussnahme rangen, etwa die „Sechs-plus-Zwei-Gruppe", bestehend aus China, Pakistan, Iran, Tadschikistan, Turkmenistan, Usbekistan, Russland und den USA. Dazu fanden auf den unterschiedlichsten Ebenen und in den unterschiedlichsten Kontexten Kontaktaufnahmen und Gespräche zwischen Vertretern der Nordallianz, anderen Vertretern afghanischer Gruppen und exilierten afghanischen Politikern mit den bereits genannten Akteuren statt.

Anfang November 2001 sprach sich Annan für die Zeit nach einer Entmachtung der Taliban eindeutig gegen ein UN-Protektorat aus. In einem Interview erklärte er, bislang gebe es keine Antwort auf die Frage, was nach dem Ende der US-Angriffe geschehen solle. Drei Möglichkeiten würden erwogen: eine UN-Blauhelmmission, ein multinationaler Militäreinsatz oder eine rein afghanische Lösung. Annan gab einem Zusammenwirken der afghanischen Kräfte, also einer „afghanischen Lösung", den Vorzug, weil dies „der beste Garant für die Stabilität des Landes" sei.[46]
Wie berechtigt die Befürchtungen der UNO waren, erwies sich im Augenblick des Einmarsches der Nordallianz in Kabul. Wie erwartet, waren die neuen Machthaber weniger an einer repräsentativen, multiethnischen, demokratischen Regierung interessiert als an der Absicherung eigener Positionen.
Am 14. November 2001, einen Tag, nachdem Kabul in die Hände der Nordallianz gefallen war, fasste der Sicherheitsrat der Vereinten Nationen einen Beschluss. Er übertrug den UN-Verantwortlichen in vager Form die Aufgabe, bei der Neuordnung Afghani-

stans führend tätig zu werden. In der Entschließung wurde eine „zentrale Rolle“ der UNO bei den Anstrengungen verlangt, möglich schnell eine Übergangsadministration zur Bildung einer neuen Regierung einzusetzen.[47]

Die Aktivitäten, die Brahimi mit dem Sieg der Nordallianz einzuleiten hatte, blieben von vornherein hinter den geschaffenen Tatsachen zurück. Zugleich war bereits eine Anpassung an die neuen Realitäten erkennbar. Brahimi ließ verlauten, er wolle mit der Nordallianz den „politischen Rahmen für die Zukunft des Landes abstecken“. Dann sollten Vertreter anderer ethnischer Gruppen dazu stoßen. Er werde versuchen, „eine hoffentlich repräsentative Auswahl der afghanischen Bevölkerung zusammen zu bringen und zu sehen, welche Art von Interimsvereinbarungen wir für Kabul ausarbeiten können“.[48] Die zuvor von westlichen Politikern ins Auge gefasste UN-Supervision der Bildung einer multiethnischen, repräsentativen Regierung war in 48 Stunden einer pragmatischen Sicht auf die neuen Machthaber in Kabul gewichen. Brahimi reaktivierte die „Gruppe 21“, der die sechs Anrainerstaaten Afghanistans, die fünf ständigen Mitglieder des Sicherheitsrats sowie Japan, Deutschland, Indien, Kanada, Italien, die EU-Ratspräsidentschaft und einige andere Länder angehörten. Damit sollten die vielen diplomatischen Aktivitäten gebündelt werden, die sich auf den unterschiedlichsten Ebenen mit dem Thema befassten. Nach einem von Brahimi vorgelegten Fünf-Punkte-Plan sollten sich UN-Vertreter mit Sprechern der Nordallianz treffen, um den politischen Rahmen für die Zukunft des Landes abzustecken. Sobald wie möglich sollten diese Gespräche durch Vertreter anderer ethnischer Gruppen ergänzt werden. Dieses Forum sollte dann Vorschläge unterbreiten, um einen Vorläufigen Rat einzuberufen, der die Grundlagen einer Übergangverwaltung samt „Regierungsprogramm“ ausarbeiten sollte. Eine große Versammlung der Repräsentanten von Stämmen und Clans, eine Loya Jirga, sollte diese Übergangsverwaltung und deren Vorhaben billigen. Schließlich sollte eine in einem Zeitraum von zwei Jahren auszuarbeitende Verfassung von einer weiteren Loya Jirga bestätigt und danach eine neue Regierung gebildet werden. Gleichzeitig wurden die ersten Vorwürfe an die Adresse der

Vereinten Nationen laut: Von pakistanischer Seite kam die Kritik, die Weltorganisation habe erst fünf Wochen nach Kriegsbeginn begonnen, über eine politische Lösung nachzudenken.[49] Absehbar war schon zum damaligen Zeitpunkt, dass die Vorhaltungen gegenüber den Vereinten Nationen in den folgenden Monaten und Jahren noch lauter werden würden – nicht zuletzt von denjenigen, die die Aufgabe des State-building nach noch nicht einmal beendetem militärischen Regimewechsel der UNO übertragen hatten. Während das State-building in anderen Fällen, mit denen die UNO zu tun hatte, meist versucht wurde, als die Bürgerkriegsentwicklung im Gange oder durch „Ausbluten" weitgehend abgeschlossen war, stand (und steht) man in Afghanistan praktisch am Beginn eines solchen Prozesses: Der Bürgerkrieg, der mit der Machtübernahme durch die Taliban 1996 sukzessive seinen Abschluss gefunden hatte, wurde durch den Krieg von außen erst wieder induziert. Dies macht es noch schwieriger, jene drei Bedingungen zu erfüllen, die für ein alternatives State-building unabdingbar sind, aber noch lange keinen Erfolg garantieren, wie die meisten Beispiele derartiger UNO-Aktivitäten (von Kambodscha über Somalia bis nach Bosnien-Herzegowina) zeigen: Massive militärische Präsenz ist nötig, um die minimalen Voraussetzungen (law and order) für den „politischen Prozess" zu gewährleisten; die externe Leitungsorganisation muss ein hohes Maß an Autorität, Verfügungsgewalt und Kompetenz besitzen, um sich gegenüber rivalisierenden Gruppen im Land durchzusetzen; massive Aufbauhilfe ist nötig, um den externen Verantwortlichen die Möglichkeit der Schaffung sozioökonomischer und politischer Grundlagen für das intendierte State-building (und hierüber bedingte Legitimität) zu verleihen. Alle drei Voraussetzungen waren in Afghanistan, wie sich binnen Kurzem zeigte, kaum zu realisieren.
Abgesehen von organisationsinternen Kapazitäten, hingen Autorität, reale Verfügungsgewalt und Kompetenz der UNO auch von den Voraussetzungen ab, die die afghanischen Verhältnisse selbst für eine State-building-Rolle der Organisation bereitstellten. Afghanistan bot wenig Anhaltspunkte für eine tragfähige Rolle eines externen Akteurs. Dem Gelingen einer UN-Intervention stand und steht eine Multiethnizität im Wege, die seit der Staats-

gründung[50] einen prekären Charakter aufweist. Zu den wichtigsten Ethnien gehören die Paschtunen (38 Prozent), die Tadschiken (25 Prozent), die Usbeken (6 Prozent), die Hazaren (19 Prozent) sowie zahlreiche kleinere ethnische Gruppen (Aimak, Turkmenen, Belutschen u.a.). Ihre religiös-islamische Zugehörigkeit zu den Schiiten (15 Prozent) und Sunniten (etwa 84 Prozent) ist nicht streng nach Ethnien zu trennen. Sprachliche Unterschiede tragen das Ihre zur schwierigen Lage bei. Zudem gibt es weitere Überschneidungen bezüglich der Regionen, in denen die einzelnen Volksgruppen beheimatet sind.[51]

Zusätzlich zu der prekären ökonomischen Lage im Innern Afghanistans hatten die vom afghanischen Staat lange Zeit nicht unterbundene Opiumproduktion, der Bürgerkrieg und die Loyalität zu Osama bin Laden zu einer immer weiter reichenden Isolation des Landes von der internationalen Gemeinschaft geführt. Im November 1999 begonnene UN-Sanktionen trugen weniger zu einer Modifizierung der Politik der Taliban als vielmehr zur Vergrößerung der internationalen Kluft bei.[52]

Damit zusammenhängend stellen sich in Bezug auf ein längerfristiges Engagement der UNO Fragen in finanzieller Hinsicht. Wer soll das Geld für eine Rekonstruktion Afghanistans aufbringen, das ausreichend wäre, um das Land durch externe Hilfe zu führen und zu stabilisieren? Bereits die Summen, die investiert werden, um die Mobilität dort stationierter Truppen zu gewährleisten, übersteigen bei dem Zustand, in dem sich Afghanistan befindet, alles, was bisher für derartige Aktionen ausgegeben wurde. Es gab weithin keine Polizei. In weiten Teilen des Landes sind nach wie vor weder asphaltierte Straßen noch elektrischer Strom, Telefon, Post oder fließendes Wasser vorhanden. 80 Prozent der Bevölkerung hatten in 2001 nicht einmal sauberes Trinkwasser.[53]

Als letzter hier zu nennender Faktor stehen einer erfolgversprechenden UN-Intervention auch die politischen Konditionen, die sich durch die Stichworte prästaatliche und prädemokratische Strukturen sowie Abwehr „westlicher“ Dominanzversuche charakterisieren lassen, entgegen. Der Bürgerkrieg hatte eine Situation geschaffen, in der der Kampf um persönliche Macht geführt wurde und mit dem Streben nach Hegemonie der eigenen ethnischen Gruppe verknüpft war. In der Bevölkerung entstand ein Überdruss an der Fortsetzung des sinnlosen Krieges, den sich die Taliban ab Ende 1994 zunutze machten: Als neue, unverbrauchte, religiös motivierte und einem moralischen Anspruch folgende Bewegung waren sie den zuvor herrschenden Mudschaheddinparteien, die sich völlig diskreditiert hatten, weitaus überlegen. Binnen zwei Jahren lösten sie diese in der Regierung ab. Die politisch-religiöse Rigorosität unter ethnischen Vorzeichen war es jedoch, die eine nationale Integration auch unter Federführung der Taliban unmöglich machte. Seither bestanden keine funktionierenden Regierungsinstitutionen.[54]

Eine tragfähige Rolle des externen Akteurs UNO war unter diesen Umständen wenig realistisch, noch dazu, wenn die „berechtigten Sicherheitsinteressen" der Staaten im Umfeld Afghanistans „Berücksichtigung" erfahren und damit auf die Politik der UNO beim State-building in Afghanistan Einfluss nehmen würden. Hier handelte es sich vor allem um Pakistan und Iran, aber auch die zentralasiatischen Staaten, Russland und Indien.

Die Afghanistan-Konferenz in Bonn Ende November und Anfang Dezember 2001 verbesserte die Voraussetzungen für ein Eingreifen der UNO nur begrenzt. Zwar demonstrierten die teilnehmenden Gruppen mit Blick auf die noch im Dezember 2001 angesetzte Nothilfe- bzw. Geberkonferenz zum Wiederaufbau des Landes Konzilianz. Die vertretenen Gruppen einigten sich auf eine „Interim-Authority", die ab 22. Dezember 2001 die Amtsgeschäfte übernahm. Neben einer Reihe innerafghanischer Unwägbarkeiten blieben indes wesentliche konkrete Punkte und noch mehr die strategischen kontrovers, bis zur Frage, wie die künftige Staatsform Afghanistans aussehen sollte.

Beeinträchtigt war das Bonner Treffen und sein Ergebnis auch dadurch, dass es von diversen politischen und militärischen Führern in Afghanistan als nicht repräsentativ und von „Ausländern" dominiert abgelehnt wurde. Divergenzen hatten darüber hinaus von Anfang an zwischen den aus Afghanistan angereisten Repräsentanten und den zur Konferenz ebenfalls eingeladenen Exilgruppen bestanden.

Der zweite für die ins Auge gefasste State-building-Funktion der UNO zentrale Problembereich war nicht weniger umstritten als die Führungsfrage, nämlich wie eine militärische Absicherung des „Friedensprozesses“ erfolgen könne. Schon zur Gewährleistung der elementaren Versorgung der Bevölkerung und zur Linderung der mit dem Winter 2001/2002 sich ausweitenden humanitären Katastrophe war nach Ansicht der Vereinten Nationen und aller westlichen Politiker eine mit einem „robusten“ Mandat ausgestattete und möglichst schnell einzusetzende externe Truppe notwendig. Doch abgesehen von schon erwähnten kulturell bedingten Vorbehalten, wollte sich die Nordallianz die Absicherung ihrer Positionen im noch nicht einmal beendeten Krieg nicht durch auswärtiges Militär streitig machen lassen. Andere Gruppen der Afghanen stimmten dagegen einer Stationierung auswärtiger Kräfte nicht zuletzt aus machtpolitischem Kalkül zu: Ohne solche Kräfte würde die Nordallianz noch weniger bereit sein, die Macht im Land zu teilen. Schließlich einigte man sich auf eine 5.000 Mann umfassende Schutztruppe für Kabul.

Bereits drei Monate später sprach sich allerdings der Präsident der provisorischen Regierung, Karzai, sowie kurze Zeit später auch Außenminister Abdullah für eine Ausweitung der Präsenz der internationalen Schutztruppen über Kabul hinaus auf andere Städte und Regionen aus, um ihre ungesicherten und bedrohten Positionen mit Hilfe internationaler Truppen besser absichern zu können und die reale Beschränkung der eigenen Macht auf Kabul – ebenfalls nur gewährleistet durch die Präsenz internationaler Truppen – erweitern zu können.

Eine substanzielle Besserung der Lage – sowohl unter dem Gesichtspunkt der Legitimität der neuen Regierung als auch unter dem der politischen Stabilität und der militärischen Sicherheit – war auch ein Jahr nach dem Regimewechsel bestenfalls in Ansätzen erkennbar.

Anfang September 2002 hatte Bush für die Vereinten Nationen in Sachen Irak nicht viel übrig. Sie wurden für das „notwendige Vorgehen“ gegen Saddam Hussein nur unter einer Bedingung in Erwägung gezogen: dass sie ausführten, was Washington von ihnen verlangte. Ansonsten, so Bush bei seiner Rede am 12. September 2002 vor der Vollversammlung, hätten sie „versagt“, und die USA würden alleine die „notwendigen Maßnahmen“ treffen.[55] Ohnehin waren Vizepräsident Cheney, Verteidigungsminister Rumsfeld, Sicherheitsberaterin Rice und Präsident Bush selbst der Auffassung, es gehe nicht um eine Wiederaufnahme der 1998 abgebrochenen Inspektionen des irakischen Waffenarsenals. Vielmehr stehe die „endgültige Beseitigung“ der Gefahr von Massenvernichtungswaffen Iraks auf der Tagesordnung, und dies sei nur durch einen Regimewechsel in Bagdad zu gewährleisten. Nur Außenminister Powell vertrat die Position, man solle es mit UNO-Waffeninspektionen ein letztes Mal versuchen.

Nach der UNO-Vollversammlung ließ sich Washington dann doch auf eine kontroverse Debatte über eine Irak-Resolution ein. Zusammen mit Großbritannien wurde ein Dokument durchzusetzen versucht, das eine Legitimation für eventuell sofortige militärische Maßnahmen der USA gegen Irak bieten sollte, wenn Saddam Hussein nicht sofort, bedingungslos und vollständig abrüste. Von dieser Vorgabe rückte Washington dann Stück für Stück ab, nachdem außer Großbritannien alle Sicherheitsratsmitglieder ihre unmissverständliche Ablehnung bekundet hatten.

Am 8. November 2002 beschloss der Sicherheitsrat schließlich eine Irak-Resolution, die einerseits die von den USA seit langem geforderte Verschärfung des Drucks durch Androhung militärischer Maßnahmen widerspiegelte.[56] Zugleich war sie – gemessen an der Haltung Washingtons seit Anfang 2002 – in einem wesentlichen Maße von Kompromissen mit den Positionen Frankreichs, Russlands, Chinas und Kofi Annans geprägt. Diese hatten sich gegen eine Resolution ausgesprochen, die bei Verstößen eine sofortige Handhabe für ein militärisches Eingreifen der USA böte, auf dem Vorrang der Vereinten Nationen und des Sicherheitsrates bei der Durchführung der Beschlüsse bestanden und als Hauptaufgabe die Durchsetzung der schon in den bisherigen Irak-Resolutionen des Sicherheitsrates gesetzten Ziele definiert, nicht einen Regimewechsel.

Resolution 1441 entsprach dem Anliegen der USA, die möglichen Bestände chemischer und biologischer Waffen und das möglicherweise forcierte Nuklearbewaffnungsprogramm Irak ultimativ ins Visier zu nehmen. Aber die Resolution sah ein „Zweistufenmodell" vor: Die Kontrolleure sollten danach bis zum 21. Februar 2003 einen Bericht über die Erfüllung oder Nichterfüllung der Auflagen durch Irak vorlegen, auf dessen Grundlage der Sicherheitsrat über das weitere Vorgehen beraten und entscheiden wollte. Bei Zuwiderhandeln oder behauptetem Zuwiderhandeln der irakischen Führung oder auch vor Ablauf dieser Frist festgestellten Verstößen war kein Automatismus vorgesehen, der die USA zu einem militärischen Vorgehen legitimierte.

Vielmehr sollte der Sicherheitsrat in einem solchen Fall erneut zusammentreten und über die mit Resolution 1441 angedrohten „ernsthaften Konsequenzen" beraten. Damit hatte sich der Sicherheitsrat de facto zu einem militärischen Vorgehen gegen Irak verpflichtet, sollte dessen Führung die Auflagen nicht erfüllen. Aber der Sicherheitsrat behielt sich die Prüfung des Sachverhalts in jeder Phase und die Entscheidung über das weitere Vorgehen vor. Und die Regierung Bush hatte auf das Ziel des Regimewechsels – zumindest verbal und vorläufig – verzichtet.

Dieser Sachverhalt war nicht nur bemerkenswert, weil solcherart die Kompetenz der Vereinten Nationen zu wahren versucht wurde, gerade über Fragen der internationalen Sicherheit solchen Zuschnitts – nämlich ein mögliches präventives Vorgehen gegen Akteure, die sich nicht an das Völkerrecht halten und zu einer Gefahr für die internationale Sicherheit werden – multilateral zu entscheiden und solche Entscheidungen (oder Perzeptionen) nicht Einzelakteuren zu überlassen. Ebenso bemerkenswerter war, dass die USA sich hierauf einließen.

Die Hinwendung zur UNO war auch deshalb außergewöhnlich, weil die neue Bush-Doktrin zuvor das Recht der USA zu Präventivschlägen – wenn notwendig, zu atomaren Präventivschlägen –

gegen Feinde der USA proklamiert hatte.[57] Diese im September 2002 offiziell bekannt gegebene Doktrin war mit Blick auf den angekündigten Krieg gegen Irak formuliert worden, ging aber in ihrem generellen Anspruch auf ein präventives Interventionsrecht weit über die konkrete Situation und den konkreten Fall hinaus. Sie war solcherart nachgerade eine Demonstration der Ablehnung jeglicher Bindung eines US-Vorgehens an Beschlüsse des Sicherheitsrates der UNO. Darüber hinaus hatte Bush deutlich gemacht, dass sich die USA künftig nicht an geltendes Völkerrecht gebunden fühlten, das Präventivkriege in aller Eindeutigkeit verurteilt, und dass er für die Supermacht eine rechtliche Sonderstellung in der Welt beansprucht.

Was war der Grund für den Schwenk der Bush-Administration – noch dazu nach der Verabschiedung von Resolutionen im Repräsentantenhaus am 7. und im Senat am 10. Oktober 2002, die Bush Unterstützung für den anvisierten Krieg gegen Irak bekundeten,[58] und den Kongresswahlen am 6. November, die einen überwältigenden Sieg für die Republikaner brachten? [59] Vor allem außerhalb der USA erwarteten viele, dass der US-Präsident nun mit innenpolitischer Rückendeckung gegen Irak zuschlagen würde. Doch die Auseinandersetzung über die Irak-Frage war in den USA viel kontroverser und tiefgehender, als dies außerhalb Amerikas wahrgenommen wurde. Und offenkundig hinterließ sie in der Politik der Administration tiefere Spuren als anfänglich gedacht. Schon im Sommer 2002 war die Debatte angesichts der Kriegsvorbereitungen und immer unverhohlener ausgesprochenen Drohungen, die „Zeit des Nichtstuns" sei vorbei, intensiver geworden. Immer mehr Abgeordnete des Repräsentantenhauses und Senatoren, vor allem Demokraten, aber auch einige Republikaner, hatten ihren Widerspruch zum Ausdruck gebracht. Die meisten Intellektuellen und ein großer Teil der Publizisten in den USA waren ohnehin gegen eine derartige Stoßrichtung des Kampfes gegen den internationalen Terrorismus.

Nach der Präventivkriegsrede Vizepräsident Cheneys am 26. August 2002 [60] und den darauf folgenden internationalen Reaktionen eskalierte die innenpolitische Auseinandersetzung in den USA. Das Ausland brachte praktisch geschlossen seine Ablehnung eines von den USA gegen den Willen der internationalen Gemeinschaft geführten Krieges gegen Irak zum Ausdruck. Bush wurde zunehmend vorgeworfen, er isoliere die USA. Er habe binnen Monaten einen großen Teil der weltweiten Solidarität und Loyalität mit den USA – insbesondere der Europäer – und der Bereitschaft globalen Kampfes gegen den Terrorismus nach den Anschlägen auf New York und Washington verspielt. Er bringe seine europäischen Verbündeten in die groteske Lage, dass sie sich eher in den Positionen postkommunistischer und autoritärer Staatsführungen wie denen Russlands und Chinas wieder fänden als beim Partner USA. Senator Edward Kennedy sprach von einem „Amok laufenden Unilateralismus" der Regierung.

Die Argumente, die bei den Anhörungen vor Senat und Repräsentantenhaus an die Administration herangetragen wurden, hatten eine offenkundige Parallelität zu den Vorbehalten, die in Europa geäußert wurden. Zwar schlugen sich diese nur beschränkt in den dann verabschiedeten Resolutionen nieder. Aber die Gegenentwürfe, die eingebracht worden waren, die harte Auseinandersetzung um Kompromisse bis zur Abstimmung und das landesweite Echo, das der Streit auslöste, konnte Bush nur durch das Versprechen eines besonnenen Vorgehens, dass *„war my last choice, not my first"* sein werde sowie den patriotischen Appell *„Don't tie my hands!"* entschärfen. Die demokratische Opposition, die meisten Experten und der allergrößte Teil der Publizisten hatten als das vorrangige Ziel die Rüstungskontrolle bzw. die Abrüstung Iraks und nicht einen Regimewechsel betont und auf ein Vorgehen gedrängt, das die UNO und die Bündnispartner einbeziehen und alle Mittel ausschöpfen sollte, bevor der Präsident zum Mittel des Krieges greift.

Die innenpolitische Auseinandersetzung war nicht nur von den bevorstehenden Wahlen zu Senat und Repräsentantenhaus Anfang November beeinflusst, sondern inhaltlich von der Tatsache, dass die Administration die Frage nach dem „Warum Irak?" und „Warum jetzt?" für die Kritiker nicht überzeugend zu beantworten wusste. Bush wurde vorgeworfen, er habe Irak nicht deswegen als Angriffsziel auserkoren, weil es militärisch so bedrohlich, sondern vielmehr schwach genug sei, um ihn einen überwältigenden Kriegserfolg erwarten zu lassen.[61]

Die Kritiker sahen sich in ihrer Ansicht durch die Angaben des Pentagon und des State Department bestätigt, wonach die militärische Kapazität Iraks gegenüber 1990 bei einem Bruchteil dessen liege, worüber das irakische Regime 1990 verfügt hatte.[62] Vor diesem Hintergrund schien auch der Optimismus der Bush-Administration bei den Senatsanhörungen, als Befürchtungen über Dauer und finanzielle Belastungen geäußert wurden, verständlich: Der Krieg werde nur kurz dauern, versicherten die Experten des Weißen Hauses, und, wie Regierungssprecher Fleischer verkündete, nicht mehr als 100 bis 200 Milliarden Dollar kosten. Die Befürworter eines präventiven Schlages gegen Irak verwiesen indes darauf, dass die Gefährlichkeit Saddam Husseins von seinen biologischen und chemischen Waffen und seinen Proliferationsmöglichkeiten ausgehe.

Als schweren Schlag gegen Bushs Behauptung von der nationalen Bedrohung durch Irak werteten die Gegner des Präsidenten das Auftreten von CIA-Direktor George Tenet im Kontext der Anhörungen. Tenet erklärte auf die Frage, ob tatsächlich eine derart drastische Gefahr von einem Einsatz biologischer und chemischer Waffen durch Irak gegen die USA ausgehe, er betrachte den Einsatz solcher Waffen gegen die USA als unwahrscheinlich. Dagegen würde sich bei einem Krieg der USA gegen Irak diese Gefahr drastisch erhöhen, wenn Saddam Hussein, militärisch in eine ausweglose Lage gebracht, keine Chance mehr für ein Überleben seines Regimes und seiner Person selbst sehe. Das gleiche gelte für die Frage der Proliferation chemischer und biologischer Waffen an internationale Terroristen.[63]

Diese explosive Stellungnahme heizte die innenpolitische Debatte zusätzlich auf. Zur gleichen Zeit wurde bekannt, dass Donald Rumsfeld im Jahre 1983 als Sonderbeauftragter Präsident Reagans in Bagdad mit Saddam Hussein zusammengetroffen war – die USA hatten den Diktator zu dieser Zeit gegen den damaligen „Hauptfeind“ Iran massiv unterstützt. Bald darauf lieferten US-Labors legal mit dem expliziten Einverständnis des Handelsministeriums jenes biologische und chemische Basismaterial an irakische Einrichtungen, mit dem Saddam Hussein dann binnen weni-

ger Jahre sein umfangreiches Arsenal von Massenvernichtungsmittel aufbaute. Bei den Anhörungen wurde Verteidigungsminister Rumsfeld von Senatoren mit der Frage konfrontiert, ob „wir jetzt ernten, was wir damals gesät haben".[64]
Die Anhörungen brachten die Regierung in erhebliche Bedrängnis. Gegen die These von einem möglicherweise kurz bevorstehenden biologischen und chemischen Angriff Iraks gegen die USA wurde eingewendet, Hussein habe schon im Krieg 1991,[65] als er noch über riesige Mengen biologischer und chemischer Waffen verfügte, nicht gewagt, diese gegen die USA und ihre Verbündeten einzusetzen, wissend, dass dies sein Ende wäre. Heute gebe es nicht einmal Beweise, dass er nach der Demobilisierung 1991 bis 1998 noch über große Mengen an Massenvernichtungsmittel verfüge. Und wenn er sie hätte, „weshalb sollte er", fragte der ehemalige demokratische Präsidentschaftskandidat George McGovern, „die USA angreifen und so dumm sein, nationalen und persönlichen Selbstmord zu begehen?" [66]
Dass Bush sich angesichts der Einwände veranlasst sah, zu dem Vergleich zu greifen, Saddam sei genauso schlimm wie Hitler, machte die Administration in den Augen der Kritiker nicht glaubwürdiger. Sie argwöhnte, dass beim Vorgehen gegen Saddam Hussein vor allem Motive der Vergeltung, der Machtdemonstration, des Zugriffs auf Ölreserven sowie strategische Überlegungen einer Neuordnung des Nahen Ostens im Spiel seien. Vorgeworfen wurde Bush außerdem, er versuche mit einem Feldzug gegen Irak sein Versagen in der nationalen und internationalen Sicherheitspolitik zu kompensieren: Die ersten acht Monate seiner Amtszeit bis zum 11. September 2001 habe er mit der Reaktivierung des Star-Wars-Programms Ronald Reagans und der Aufkündigung des ABM-Vertrags verschwendet, während Hinweise auf bevorstehende Terroranschläge missachtet worden seien.[67]

## INSTRUMENTALISIERUNG DER VEREINTEN NATIONEN?

Der zweite – und vielleicht ausschlaggebende – Grund, warum sich Bush doch zu einem Vorgehen zusammen mit den Vereinten

Nationen entschloss, war offenkundig militärischer Natur. Bush fehlten die Aufmarschgebiete für einen schnellen Sieg über Irak. 1991 konnte die Militäraktion rasch und effizient umgesetzt werden, weil die USA und ihre Verbündeten nicht nur vom Meer im Osten, sondern in breiter Front von Saudi-Arabien aus, d.h. im Süden und Südwesten mit Bodentruppen, bestehend aus hubschraubergestützten Luftlandeabteilungen und gepanzerten Verbänden, vorstoßen und die irakischen Truppen, die in exponierter Stellung im okkupierten Kuwait standen, einzukesseln vermochten. Gleichzeitig konnten die alliierten Flugzeuge den Luftraum der Türkei unbegrenzt nutzen und so den Irak von Süden und Norden her in die Zange nehmen.

Im Sommer und Herbst 2002 gab es bei allen Nachbarn, nicht zuletzt beim Verbündeten Türkei, erhebliche Vorbehalte, sich als Aufmarschgebiet zur Verfügung zu stellen. Damit wurde aber die Option, für die sich die US-Führung in einem Krieg gegen Irak entschieden hatte, obsolet, nämlich von allen Seiten her 200.000 bis 250.000 Truppen einmarschieren zu lassen und Bagdad auch von der Peripherie her abzuschnüren. Planungen – soweit sie aus den spärlichen Informationen herauszulesen waren – gingen aber nach wie vor von einer schnell durchzuführenden Operation aus. Nach massiven Luftangriffen, die aber im Unterschied zum Golfkrieg 1991 nicht so sehr die zivile Infrastruktur zerstören, sondern auf militärische Objekte und Verbände konzentriert werden sollten, war vorgesehen, dass Spezialeinheiten und konventionelle Verbände im schnellen Vorstoß Stützpunkte im ganzen Land einrichten. Von ihnen aus sollten verschiedene Offensiven sowohl die politischen und militärischen Stützen des Regimes ausschalten als auch die Massenvernichtungswaffen und diesbezügliche Materialien sichern.

Aber auch dies erforderte mehr Raum als zur Verfügung stand. Ohne ausreichendes Umfeld blieb für eine beabsichtigte Besetzung des Landes und einen Regimewechsel nur jene Option, die einen zentralen Angriff auf Bagdad durch Luftlandetruppen vorsah. Diese Vorgehensweise war aber wegen ihrer hohen militärischen Risken verworfen worden.

Auch die Supermacht USA mit ihren schwimmenden Festungen

vor der Küste und ihren Bomberstaffeln, die von türkischen, kuwaitischen u.a. Stützpunkten wie der Insel Diego Garcia im Indischen Ozean aus losschlagen können, braucht für ihre Infanterie ein Aufmarschgebiet. Die militärische Logik sprach dagegen, dies nur auf das Gebiet Kuwaits zu beschränken, da die hochmobile Strategie der USA Raum für ausgreifende Operationen benötigt, um ihre technologische und personelle Überlegenheit voll zur Geltung zu bringen.

Dass die „afghanische Variante“ der Kriegführung ausfiel, war klar: Weder verfügte man über einen Verbündeten wie die Nordallianz noch konnte erwartet werden, dass durch Luftangriffe die chemischen und biologischen Waffenbestände eliminiert und die irakische Führung beseitigt würden. Die USA bemühten sich aber intensiv, diese Probleme wenigstens teilweise zu minimieren, indem sie irakische Oppositionsgruppen militärisch auszubilden bzw. militärische Aufklärungsmittel in der Region zu verstärken begannen.

Der dritte Grund für die Wiederentdeckung der UNO war strategisch-ordnungspolitischer Natur. Die Bush-Administration konnte keine Lösung für das Problem finden, wie sie Irak nach einem erfolgreichen Krieg befrieden, unter Kontrolle halten und neue politische Strukturen aufbauen sollte. Die ventilierten Optionen erschienen so aussichtslos, dass eine Besetzung Iraks und eine US-Militäradministration für zehn Jahre erwogen wurden. Dass dieser Vorschlag überhaupt ins Spiel kam, zeugte eher von Hilflosigkeit. Der Plan verschwand kurze Zeit später in der Versenkung, nachdem klar wurde, was der Versuch seiner Realisierung bedeutet hätte: ein Desaster für die US-Truppen im Zentrum einer feindlichen Umwelt, eingekreist von wenig freundlich gesinnten Staaten und Völkern. Die USA als (alleinige) Besatzungsmacht in Irak: Nichts könnte den Terrorismus gegen US-Ziele mehr anheizen.

Vor diesem Hintergrund modifizierte die Bush-Administration ihre Irak-Politik. Indem sie sich an den Sicherheitsrat der Vereinten Nationen wandte, hoffte sie gleich mehrere Probleme mit einer Klappe zu schlagen: das militärische, weil sich die arabischen Nachbarn zu einer Mitwirkung bei der Umsetzung der

UNO-Resolution bereit erklärt hatten und damit bei deren Nichteinhaltung de facto nicht um eine zumindest passive Unterstützung einer militärischen Realisierung der Vorgaben herumkämen. Weitgehend gelöst sah Washington solcherart auch das bündnispolitische Problem, weil sich von der Türkei über Frankreich bis hin zu Deutschland alle verpflichtet hatten, an der Verwirklichung der Beschlüsse des Sicherheitsrates mitzuwirken. Wesentlich entschärft würde im Kriegsfall auch das ordnungspolitisch-strategische Problem, weil mit der Resolution nicht mehr nur die USA, sondern vor allem die UNO die Verpflichtung hätten, für die Zeit nach einer Intervention Sorge zu tragen. Zwar wären die USA auch unter solchen Bedingungen die führende Macht und würden aus diesen Gründen den vorhandenen Unmut vorrangig auf sich ziehen. Aber die politische Auseinandersetzung wie auch nicht zuletzt die Frage der Kosten wären durch die UNOisierung des Konflikts abgemildert. Die USA konnten sich versprechen, im Falle eines Krieges auf Basis einer UNO-Resolution erfolgreich eine Beteiligung an den Kriegsaufwendungen einzufordern. Andererseits wurde den USA mit der Verabschiedung der Resolution der oben dargelegte Kompromiss abgerungen. Ein frühes unilaterales Vorgehen der USA wurde verhindert, und die Ziele militärischen Drucks auf Irak wurden modifiziert. In gewisser Weise befreite die UNO die Bush-Administration auch aus einer Zwangslage. Bush hatte sich vor allem aufgrund der zuerst so nicht erwarteten Schwierigkeiten an die UNO und den Sicherheitsrat gewandt. Hätten die anderen Sicherheitsratsmitglieder die US-Administration „auflaufen“ lassen und keinen Kompromiss gefunden, wäre Bush schon aus Gründen der Gesichtswahrung und der Glaubwürdigkeit der Supermacht kaum etwas anderes übrig geblieben als unilateral loszuschlagen. Damit hätte sich schlagartig das Risiko für die US-Army und die Vereinigten Staaten signifikant erhöht.

Bush konnte sich darüber hinaus ausrechnen, sich auch bei einem Verbleib Saddam Husseins an der Macht als Sieger präsentieren zu können, wenn gegen die deklarierte Absicht, Saddam Hussein zu eliminieren, „nur“ das Ziel der Abrüstung (ohne Krieg) erreicht würde. Er – Bush – würde es nämlich gewesen sein, der damit

nicht nur das von ihm ausgemachte „gefährlichste Sicherheitsrisiko“ für die Vereinigten Staaten – nämlich die chemischen, biologischen und nuklearen Waffen Iraks – eliminiert hätte. *Er* würde solcherart auch Saddam Hussein auf die Größe eines Potentaten ohne Waffen minimiert haben. *Er* würde es dann gewesen sein, der nicht nur das Problem auf die Tagesordnung gesetzt, sondern die Weltorganisation UNO auch auf den richtigen Weg gestoßen hätte. *Er* hätte nicht nur das „irakische Problem“ gelöst, sondern der Welt gezeigt, wozu die Supermacht USA willens und fähig ist.
Umgekehrt konnte der mit der Resolution 1441 gefundene Kompromiss eben wegen der Gesamtverantwortlichkeit der UNO diese wie die mit den USA Verbündeten und im Falle eines Krieges unmittelbar oder mittelbar Beteiligten in eine Falle führen. Die Bush-Administration mochte versucht sein, nun unter besseren Voraussetzungen qua Instrumentalisierung der UNO doch möglichst schnell das Ziel des Regimewechsels im Irak zu erreichen und militärisch zuzuschlagen. Sie brauchte dazu nur die Bestimmungen der Resolution 1441 extensiv auslegen und eine so eklatante Verletzung behaupten, dass ein militärisches Vorgehen unabdingbar wäre. Zwar hatten die anderen Sicherheitsratsmitglieder genau aus solchen Überlegungen eine Klausel in die Resolution eingebaut, die vorsah, dass für weitergehende Beschlüsse der Rat wieder zusammentreten müsse. Aber die Bestimmungen waren diesbezüglich interpretationsfähig; darauf hatten die USA bestanden, um sich – wie es die Bush-Administration in aller Eindeutigkeit auch der UNO gegenüber ausdrückte – „nicht die Hände binden“ zu lassen.
Eben diese Gefahr, die die UNO vor eine neue Zerreißprobe und eine schwere Schädigung stellen würde, dürfte Generalsekretär Kofi Annan bewegt haben, als er nach der Verabschiedung der Resolution diplomatisch bemerkenswert unverblümt sein Misstrauen gegenüber den USA zum Ausdruck brachte. Zwar müsse der Druck auf Bagdad aufrecht erhalten bleiben, sagte er. Doch dürfe man nicht den Eindruck erwecken, „hastig nach einem fadenscheinigen Grund für einen Krieg zu suchen“.

Die UNO spielte nach dem 11. September 2001 unter dem Aspekt ihrer Verantwortlichkeit für die kollektive Abwehr einer Aggression bzw. die Wahrung und Wiederherstellung des Friedens und der internationalen Sicherheit eine völlig nachgeordnete Rolle. Die Marginalisierung der Weltorganisation war nicht nur dadurch gegeben, dass die USA in Reaktion auf die Anschläge selbst das Recht auf Selbstverteidigung wahrnahmen. Washington verhinderte bewusst ein stärkeres Engagement der Weltorganisation. Den Vereinten Nationen wurde nach dem 11. September 2001 die Rolle einer subalternen humanitären Hilfsorganisation und einer politischen „Nachsorgeorganisation“ zugeordnet, die sich um die „humanitäre Begleitung“ der militärischen Maßnahmen und den Wiederaufbau nach dem angestrebten Regimewechsel kümmern sollte. Insofern die USA keinen Zweifel daran ließen, dass sie die UNO für den Kampf gegen den internationalen Terrorismus nutzen, sich aber gleichzeitig in ihren eigenen diesbezüglichen Planungen und Zielsetzungen nicht durch rechtliche Restriktionen oder von den eigenen Auffassung abweichende Beschlussfassungen binden lassen wollten, verdeutlichte Washington sein instrumentelles Verhältnis zur Weltorganisation. Gleichzeitig wurde in dieser Konstellation die UNO in den Augen Dritter zumindest partiell zu einem Instrument der Legitimationsbeschaffung für die Politik der USA und in ihrer Glaubwürdigkeit beschädigt.

Nur widerstrebend übernahm die UNO die Aufgabe, die Friedenssicherung und den Wiederaufbau in Afghanistan zu organisieren. Sie tat dies auf Beschluss des Sicherheitsrates, so gut sie konnte, wobei sie aufgrund der sich überstürzenden Ereignisse kaum auf den Verlauf und die Ausgestaltung des „Friedensprozesses“ Einfluss nehmen konnte.

Die Instabilität Afghanistans wurde im Gefolge des Krieges nicht geringer, sondern verstärkte sich eher noch. Nach der Vernichtung der Taliban-Milizen in größeren Teilen des Landes entwickelte sich wie nach dem Ende der ehemaligen sowjetisch gestützten Regierung Anfang der neunziger Jahre ein Kampf um Macht und Ressourcen zwischen unzähligen rivalisierenden Fraktionen in den Provinzen. Die Kriminalität stieg wie der Opiumanbau signifikant. Den Vereinten Nationen fehlten die Mittel und Möglichkeiten, um eine wirksame Kontrolle auszuüben und Stabilität, Sicherheit und Ordnung zu gewährleisten. Ob sich durch den Krieg und die Eliminierung des Taliban-Regimes längerfristig das Rückzugsgebiet für den Terrorismus in Afghanistan verkleinert hat, wird erst die Zukunft erweisen.

Die UNO ist in der Rolle, die sie in Afghanistan zugeteilt bekommen hat, in einer äußerst problematischen Lage. Sie muss ihre Aufgabe unter Verhältnissen wahrnehmen, die so kontingent sind, dass ihr nicht viel mehr bleibt als der Versuch eines äußerst prekären Krisenmanagements. Und wie schon in anderen Fällen, suchen diejenigen, von denen der Auftrag und die Realisierung desselben durch die UNO abhängt, nicht bei sich, sondern bei der Weltorganisation die Schuld, wenn sich die Dinge nicht so entwickeln, wie man dies gewünscht hat.

Auf einer Pressekonferenz des UN-Generalsekretärs im Genfer Palais des Nations am 1. November 2001 erwiderte Kofi Annan auf die Frage, ob die Vereinten Nationen nicht bezüglich des Kampfes gegen den Terrorismus in den Hintergrund gedrängt würden, dass die Vereinten Nationen in Bezug auf Peace-keeping-Operationen nicht die Kapazität besäßen, sich gegen ein solches Verdrängen zu wehren: „Wir können nur so stark sein, wie die Mitgliedsstaaten uns lassen." Dies gelte jedoch nicht für alle Tätigkeiten der Vereinten Nationen; gerade im Hinblick auf die langfristige Bekämpfung des Terrorismus seien die Initiativen und Fundamente in Form der Resolutionen des Sicherheitsrates vom 12. und 28. September 2001 und der UN-Vollversammlung gelegt worden. Militärische Aktionen der USA und Großbritanniens gegen Afghanistan seien dagegen nur ein sehr geringer Teil des internationalen Kampfes gegen Terrorismus.[68]

In der Irak-Frage nach dem 11. September 2001 waren die Vereinten Nationen ebenfalls lange Zeit von völlig untergeordneter Bedeutung. Sie wurden erst reaktiviert, als die Bush-Administration bei ihrem beabsichtigten militärischen Vorgehen innen- wie außenpolitisch auf massive Probleme stieß. Dies bewirkte, dass Washington sich im September 2002 doch an die UNO wandte.

Die beschriebenen Hintergründe und die Vorgehensweise machen indes deutlich, dass dabei keineswegs ein Einschwenken auf ein multilaterales Vorgehen das Motiv war. Vielmehr handelte es sich um eine andere Variante des instrumentellen Verhältnisses zur Weltorganisation. Was aufgrund interner und externer Widerstände im Alleingang immer schwerer machbar erschien, sollte nun mit Hilfe der UNO erreicht werden: das unilaterale Ziel des Regimewechsels durch militärische Intervention.

Die Resolution 1441 war diesbezüglich ein Kompromiss, weil er die USA in einem gewissen Ausmaß an die Verfahrensweisen des Sicherheitsrates band. Andererseits war für einen Militärschlag aufgrund der Resolution schon im Vorfeld die Legitimität militärischen Vorgehens gegen Irak gestiegen, dem „eine letzte Chance" eingeräumt wurde. Washington hatte schon vor der Verabschiedung der Resolution am 8. November 2002 klargemacht, dass es die „notwendigen Maßnahmen" selbst ergreifen werde, wenn Irak seinen (interpretierbaren) Verpflichtungen nicht nachkomme und der Sicherheitsrat den USA dann nicht das Mandat zum militärischen Vorgehen erteile. In der Zwischenzeit konnten die USA aber tun, was ihnen vor Verabschiedung der Resolution 1441 praktisch unmöglich war, weil sich faktisch alle Nachbarn Iraks geweigert hatten, ihr Territorium als Aufmarschgebiet für die US-Army zur Verfügung zu stellen: die Dislozierung mit Hinweis auf die verabschiedete Resolution voranbringen.

In diesem Kontext wird die prekäre Rolle der Vereinten Nationen unter den obwaltenden Bedingungen besonders deutlich: Die anderen Sicherheitsratsmitglieder sahen sich gezwungen, der Erpressung Washington nachzugeben, entweder eine Resolution zu verabschieden, die ein militärisches Vorgehen gegen Irak bei dessen (realer oder behaupteter) Nichterfüllung determiniert, oder sich mit einem unilateralen Militärschlag der USA gegen Irak konfrontiert zu sehen, der die UNO wieder marginalisiert. Die Sicherheitsratsmitglieder sahen in der Verabschiedung der Resolution das kleinere Übel, das einen Militärschlag möglicherweise verhindern, zumindest aber hinauszögern könne. Umgekehrt zogen die USA einen nicht zu unterschätzenden Vorteil aus der Partizipation der Vereinten Nationen. Würde es zum Krieg kommen, würde aus dem Engagement der UNO nolens volens eine größere Mitverantwortung erwachsen, als wenn sie außen vor geblieben wäre. Paradox: Die Sicherheitsratmitglieder, die alle außer den USA und Großbritannien keinen Krieg wollten, sahen ihr Schicksal gewissermaßen in den Händen Saddam Husseins und der USA: Durch ein Fehlverhalten der irakischen Führung oder die Perzeption oder auch nur die Behauptung eines solchen durch die USA würden sie sich möglicherweise gezwungen sehen, einen von ihnen nicht gewollten Krieg materiell oder zumindest politisch zu unterstützen, in jedem Fall aber wie in Afghanistan in einem wesentlichen Maße die Aufbauarbeit zu übernehmen und zu finanzieren, die nach einem Krieg zu leisten wäre.

1 - Ausführlich zu völkerrechtlichen Aspekten der Begründung militärischer Maßnahmen nach dem 11. September 2001 siehe den Beitrag von Dieter Elken in diesem Band. Hier werden nur kursorisch einige, die nachfolgende Betrachtung des Agierens von UNO und USA sowie des Verhältnisses zwischen diesen beiden Akteuren betreffende Facetten beleuchtet.

2 - Völkerrechtlich wird die Entsendung von bewaffneten Banden in einen anderen Staat zur Ausübung von Waffengewalt als bewaffneter Angriff eingestuft, sofern es sich um Aktionen von gewissem Gewicht handelt. Zu untersuchen gäbe es in diesem Zusammenhang eine unüberschaubar umfangreiche Praxis, die eine große Zahl von Ländern umfasst: von der Ausbildung von Guerilla-Kämpfern in Kuba, die dann in Südamerika den „Befreiungskampf“ unterstützten, bis zum Training islamistischer Kräfte in den USA in Camps der CIA für den „Befreiungskampf“ in Afghanistan in der Zeit sowjetischer Besetzung.

3 - Dies gilt auch dann, wenn sich die mutmaßliche Führungsgruppe der Terroristen, die die Anschläge auf New York und Washington verübt hat, jahrelang in einem Land aufhält, eine Leitungs- und Rekrutierungsbasis aufbaut, sich systematisch auf Terroranschläge vorbereitet und im betreffenden Land logistische und Ausbildungsmöglichkeiten zu diesem Zweck nutzt, wie dies bei M. Atta und seiner Zelle (die am 11. September 2001 die Anschläge in New York und Washington verübten) in der Bundesrepublik Deutschland der Fall war.

4 - Zum Teil bieten diese Aussagen, wie leicht erkennbar, einen breiten Interpretationsspielraum. Er wurde auch vielfach unterschiedlich beansprucht. Der größte Teil der internationalen Staatengemeinschaft reagierte reserviert, als sich etwa Präsident Reagan bei „Präventivschlägen“ gegen „Terroreinrichtungen“ in Libyen auf das Selbstverteidigungsrecht und die Charta der Vereinten Nationen berief. Das gleiche galt für die Raketenangriffe auf das Hauptquartier des irakischen Geheimdienstes 1993. Die US-Führung argumentierte, der Geheimdienst habe geplant, den früheren US-Präsidenten Bush zu ermorden. Desgleichen waren die Angriffe auf Sudan und Afghanistan nach den Anschlägen auf US-Botschaften 1998 umstritten. Vgl. Reinhard Müller, Den Terror bekämpfen. Selbstverteidigung und internationale Strafverfolgung, in: *Frankfurter Allgemeine Zeitung (FAZ)* vom 25.09.2001, S. 16; „Die Militärschläge und das Völkerrecht. Washington muß sich auf den Kampf gegen

Terroristen beschränken", in: *FAZ* vom 09.10.2001, S. 3.

5 - Vgl. Thomas Bruha /Mathias Bortfeld, Terrorismus und Selbstverteidigung. Voraussetzungen und Umfang erlaubter Selbstverteidigungsmaßnahmen nach den Anschlägen vom 11. September 2001, in: Vereinte Nationen, Heft 5, 49. Jg., Oktober 2001, S. 162.

6 - Ebd.

7 - „Weder hat der Rat explizit das Vorliegen eines Selbstverteidigungsfalls festgestellt noch die USA und andere Staaten zu bewaffneten Gegenmaßnahmen ermächtigt, noch hat er solche nach Kapitel VII der Charta angeordnet." Ebd.

8 - Ebd., S. 166.

9 - Siehe das Nicaragua-Urteil des Internationalen Gerichtshofes (IGH) vom 27.06.1986, ICJ Reports 1986, S. 14 ff., 103 ff., 30, 91, 58, 103, 191.

10 - Resolution 1368 [2001] des UN-Sicherheitsrates vom 12. September 2001, Gegenstand: Verpflichtung der Staaten zur Verhütung terroristischer Handlungen.

11 - „Secretary-General Condems Attacks on the United States", SG/SM/7948 vom 11.09.2001.

12 - Kofi A. Annan: Vereint gegen den Terrorismus, in: *FAZ* vom 22.09.2001, S. 3. – Am 24. September 2001 ließ UN-Generalsekretär Kofi Annan in einem Aufruf an die UN-Vollversammlung, auf die Anschläge vom 11. September mit der Bekräftigung der Rechtsstaatlichkeit auf nationaler sowie internationaler Ebene zu antworten, in Bezug auf die Rolle der UN wiederum verlauten: „Diese Organisation ist das natürliche Forum für die Bildung solch einer universellen Koalition. Sie allein kann einem langfristigen Kampf gegen Terrorismus globale Legitimation geben." („Secretary-General Urges Assembly to Respond to 11 September Attacks by Reaffirming Rule of Law", SG/SM/7965 vom 24.11.2001).

13 - „Der amerikanische Präsident lobt Verbündete für Geschlossenheit", in: *FAZ* vom 20.09.2001, S. 2.

14 - Archiv der Gegenwart (AdG), 9/2001, 45195A.

15 - AdG 9/2001, 45196A.

16 - „True Faith is Respectful, Compassionate, Devoid of Hatred, Says Secretary-General at Temple Emanu-el in New York", SG/SM/7962/Rev.1* vom 18.09.2001.

17 - Archiv der Gegenwart (AdG), Nr. 9/2001, 71. Jg., 45195f.A.

18 - „Die amerikanische Streitmacht wartet auf Bushs Einsatzbefehl", in: *FAZ* vom 02.10.2001, S. 1. - Darüber hinaus hatte der Sicherheitsrat der UN schon drei Jahre zuvor die Auslieferung bin Ladens verlangt. Dies war nach den Anschlägen auf die US-Botschaften in Kenia und Tansania geschehen. Gleichzeitig hatte er Sanktionen gegen Afghanistan verhängt.

19 - Reinhard Müller, Den Terror bekämpfen. Selbstverteidigung und internationale Strafverfolgung, in: *FAZ* vom 25.09.2001, S. 16.

20 - „Der amerikanische Präsident lobt Verbündete für Geschlossenheit", in: *FAZ* vom 20.09.2001, S. 2.

21 - Leo Wieland, Amerika stellt sich um, in: *FAZ* vom 01.10.2001, S. 1.

22 - „Die amerikanische Streitmacht wartet auf Befehl", in: *FAZ* vom 02.10.2001, S. 1.

23 - Ebd.

24 - „Transcript of Press Conference of Secretary-General Kofi Annan at Headquarters", SG/SM/7972 vom 27.09.2001.

25 - „Militärschläge gegen Afghanistan", in: *FAZ* vom 08.10.2001, S. 1.

26 - Ebd.

27 - Washington und London unterrichteten den Sicherheitsrat erst nach den ersten

Angriffen. Dazu waren sie als Mitglieder der UN ohnehin verpflichtet. Die UN-Charta gibt jedem Staat das Recht zur individuellen und kollektiven Selbstverteidigung. Allerdings muss er alle Maßnahmen „sofort" dem Sicherheitsrat anzeigen.

28 - „Militärschlag gegen Afghanistan" in: *FAZ* vom 08.10.2001, S. 1.

29 - „To Defeat Terrorism, We Need a Sustained Effort and Broad Strategy that Unite All Nations", SG/SM/7985 vom 08.10.2001.

30 - Ablehnend sprach sich u. a. die Parlamentarische Versammlung des Europarates gegen ein unilaterales Vorgehen der USA aus. Sie stelle sich hinter die Möglichkeit von Militäraktionen gegen die Täter und die Hintermänner der Angriffe auf die Vereinigten Staaten unter der Voraussetzung, dass solche Aktionen vom UN-Sicherheitsrat gebilligt, die Ziele klar definiert, Angriffe auf die Zivilbevölkerung vermieden und diese unter Einhaltung internationalen Rechts durchgeführt würden. Siehe Lord Russell-Johnston, Den Frieden, nicht nur den Krieg gewinnen, in: *FAZ* vom 10.10.2001, S. 16.

31 - „Organisation of Islamic Conference Has Central Role in Devising Effective Strategy to Combat Terrorism, Secretary-General Says", SG/SM/7989 vom 10.10.2001.

32 - Tatsächlich hatten die Kampfhandlungen eine Flüchtlingswelle zur Folge, die Hunderttausende Zivilisten in Not stürzte. Aufgrund der Kriegshandlungen und der Unmöglichkeit, in dieser Situation adäquat humanitäre Hilfe zu leisten, kam es zu einer humanitären Katastrophe. Vor diesem Hintergrund wurden Rufe nach einer Feuerpause laut, unter anderem von der UN-Menschenrechtskommissaren Mary Robinson, um effektiv Hilfe leisten zu können. Dies wurde jedoch von den USA abgelehnt.

33 - „Transcript of Press Conference by Secretary-General Kofi Annan at Headquarters, Following Award to Secretary-General and UN of Nobel Peace Price", SG/SM/7992 vom 12.10.2001. – Nach den Anschlägen am 11. September 2001 hatte Präsident Bush die Freigabe und Überweisung eines Teils der erheblichen Rückstände durchgesetzt, die die USA der UNO schuldeten.

34 - „Washington verstärkt seine Bodentruppen", in: *FAZ* vom 10.11.2001, S. 2.

35 - AdG, Nr. 9/2001, 71. Jg., 45202A.

36 - Ebd.

37 - Ebd.

38 - AdG 9/2001, 45192A.

39 - AdG 9/2001, 45192A. – Wie weitgehend der Anspruch auf „Selbstverteidigung" gegen den Terrorismus interpretiert wird, zeigte die Ende Januar 2002 vorgetragene Konstruktion einer „Achse des Bösen" durch den US-Präsidenten mit der Benennung der Staaten Irak, Iran und Nordkorea, für die man sich alle Optionen auch militärischen Vorgehens und Regimewechsels vorbehielt. Nicht einmal mehr mit dem Argument einer unmittelbaren Verbindung zu den Anschlägen vom 11. September 2001 oder Verbindungen zur al Qaida und auch nicht zur präventiven Abwehr von bevorstehenden Terroranschlägen, sondern mit der Begründung eines unterstellten Wunsches der irakischen Führung auf künftige Beschaffung von Massenvernichtungswaffen und eine davon ausgehende „terroristische Bedrohung" der USA wurden militärische Aktionen zur Beseitigung des dort herrschenden Regimes vorbereitet.

40 - AdG 9/2001, 45193A.

41 - Zu den nachfolgenden Ausführungen siehe ausführlicher August Pradetto, Internationaler Terror, forcierter Regimewechsel und die UNO: Der Fall Afghanistan, in: Aus Politik und Zeitgeschichte (APuZ), Beilage zu „Das Parlament", Nr. 51/2001, S. 24-35.

42 - Vor dem 15. November 2001 akzentuierte er immer wieder die vordringliche

Rolle der humanitären Hilfe. Das neu hinzugekommene Mandat der UNO in Afghanistan unterstreiche lediglich die Notwendigkeit internationaler Hilfe beim Wiederaufbau des Landes zur gegebenen Zeit; den Aufbau einer Post-Taliban-Regierung schließe dies jedoch eindeutig nicht ein. UN Information Centre, Press Conference by the SRSG for Afghanistan, Mr. Lakhdar Brahimi, 1 Nov. 2001, http://www.reliefweb.int/w/rwb.nsf/vID/F4C8D67D94A6346985256AF7005AA14F?OpenDocument, am 9.11.2001.

43 - Vgl. Guy Dinmore/Hubert Wetzel/Christian Rohde, Uno arbeitet an Plan für Nachkriegszeit, in: *Financial Times Deutschland* vom 25.10.2001, S. 9.

44 - „Transcript of Press Conference by Secretary-General Kofi Annan at Headquarters, Following Award to Secretary-General and UN of Nobel Peace Price", SG/SM/7992 vom 12.10.2001.

45 - Press Conference by the SRSG for Afghanistan, Mr. Lakhdar Brahimi, 1. Nov. 2001, UN Information Centre, vom 1. November 2001.

46 - Vgl. „Rumsfeld: Krieg gegen Afghanistan wird nicht Jahre dauern", in: *FAZ* vom 06.11.2001, S. 2.

47 - Resolution 1378 (2001), http://www.un.org/Docs/scres/2001/res1378e.pdf, am 19.11.2001.

48 - *FAZ* vom 17.11.2001, S. 6.

49 - „Die Taliban-Führung droht mit der Zerstörung Amerikas", in: *FAZ* vom 16.11.2001, S. 2.

50 - 19. August 1919 Unabhängigkeit von der britischen Kontrolle über die auswärtigen Angelegenheiten Afghanistans. CIA World Factbook, http://www.cia.gov/cia/publications/factbook/, am 14.11.2001. 1973 wurde erstmals die Afghanische Republik ausgerufen. Eine Chronik der afghanischen Geschichte, http://www.afghan-german.de/d/gesch/geschich.htm, am 14.11.2001.

51 - Vgl. CIA, World Fact Book 2000. Afghanistan, http://www.odci.gov/cia/publications/factbook/geos/af.html, am 14.09.2001.

52 - University of Nebraska at Omaha, Afghanistan Atlas Project, http://www.unomaha.edu/afghanistan_atlas/data.html, am 9.11.2001.

53 - „Mit vierzig Jahren ein alter Mann", in: *FAZ* vom 16.10.2001, S. 13.

54 - Vgl. Jochen Hippler, Afghanistan: Von der „Volksdemokratie" zur Herrschaft der Taliban, in: Joachim Betz/Stefan Brüne (HRSG.), Jahrbuch Dritte Welt 1998, München 1997, S. 165-184; http://www.jochen-hippler.de.

55 - Vgl. http://www.whitehouse.gov/news/releases/2002/09/20020912-1.html

56 - Irak-Resolution 1441 (2002) Adopted by the Security Council at its 4644th meeting, on 8 November 2002 http://ods-dds-ny.un.org/doc/UNDOC/GEN/N02/682/26/PDF/N0268226.pdf?OpenElement.

57 - Vgl. The White House, The National Security Strategy of the United States of America, Washington D.C. 2002.

58 - Repräsentantenhaus, 7.10.2002, vgl. http://thomas.loc.gov/cgi-bin/query/D?c107:1:./temp/~c1073ebak6. Senat, 10.10.2002, vgl. http://www.welt.de/daten/2002/10/11/1011au361634.htx?search=senat+bush+irak&searchHILI=1 sowie http://thomas.loc.gov/cgi-bin/query/D?c107:2:./temp/~c1073ebak6.

59 - Wahlen zum Kongress am 6.11.2002, vgl. http://www.welt.de/daten/2002/11/06/1106au366829.htx?search=kongress-wahlen+usa&searchHILI=1 sowie *FAZ* vom 7. November 2002, S. 1 und 2.

60 - Vgl. *FAZ*, 29.8.2002.

61 - Zur US-internen Kritik siehe z.B. *FAZ*, 7.8.2002.

62 - Siehe z.B. das Interview mit Scott Ritter, US-Nachrichtenoffizier und von

1991-1998 Waffeninspekteur bei UNSCOM in Irak, in: William Rivers Pitt (mit Scott Ritter): Krieg gegen den Irak. Was die Bush-Regierung verschweigt. Köln 2002, S. 37 ff.

63 - Vgl. http://www.useu.be/Categories/GlobalAffairs/Mar1902CIATenetIraqWeaponsMassDestruction.html.

64 - Washington Post, 1.10.2002.

65 - Gemeint ist die vom Sicherheitsrat der UNO legitimierte (Resolution 678) und von den USA geführte Operation „Desert Storm" zur Befreiung Kuwaits im Januar/Februar 1991, nachdem die irakische Armee Anfang August 1990 das kleine südliche Nachbarland besetzt und es zum „Bestandteil Iraks" gemacht hatte.

66 - Washington Post, 3.10.2002.

67 - Chicago Tribune, 8.10.2002.

68 - „Transcript of Press Conference by Secretary-General Kofi Annan at Palais des Nations, Geneva", SG/SM/8011 vom 01.11.2001.

# AUFKLÄRUNG UND PROPAGANDA IN KRIEGSZEITEN

*Eckart Spoo*

*Im folgenden Aufsatz untersucht Eckart Spoo wer, wann und warum in den Medien falsche Fährten legt, wie in Zeiten des Krieges Propaganda über die Wahrheit siegt. Zwei besonders aktuelle Beispiele aus jüngster Zeit werden ausführlicher betrachtet der zweite Golfkrieg und der Jugoslawien-Krieg. Damit wird deutlich, wie das „Schweigekartell" arbeitet.*

**Eckart Spoo**

Geb. 1936, Mitherausgeber und verantwortlicher Redakteur der Zweiwochenschrift *Ossietzky* (Berlin), Redakteur des jährlich erscheinenden „Grundrechte-Reports" (Hamburg).

Vorher über 35 Jahre Redakteur der *Frankfurter Rundschau.*

16 Jahre ehrenamtlicher Vorsitzender der Deutschen Journalisten-Union.

Zahlreiche Buchveröffentlichungen, u.a. Herausgeber oder Mitherausgeber der Bücher:

*Die Tabus der bundesdeutschen Presse*

*Anspruch auf Wahrheit*

*Feindbilder*

*Unheimlich zu Diensten - Medienmißbrauch durch Geheimdienste*

*Die Amerikaner in der Bundesrepublik*

*Demokratie - wo und wie?*

In der Propaganda, der wir öfter ausgesetzt sind, als wir ahnen, nämlich fast immer, allemal in Kriegszeiten, sind *Aufklärung* und *Propaganda* ein Begriffspaar – ähnlich wie *Freiheitskämpfer* und *Terroristen* oder *warnen* und *drohen.* Die Guten, nämlich die Unseren, warnen; die Bösen, das heißt die Feinde, drohen. Gemeint ist ein und dasselbe Verhalten: Man verknüpft die Forderung an die andere Seite, etwas zu tun oder zu unterlassen, mit der Ankündigung der Entschlossenheit, ihr empfindlich zu schaden, falls sie der Forderung nicht nachgibt.

George W. Bush, der jetzt mit militärischen Mitteln das, was er unter Freiheit versteht, weltweit zum Dauerzustand machen will („Enduring Freedom"), forderte nach dem 11. September 2001 die Regierung Afghanistans auf, einen Mann auszuliefern, den er als die Inkarnation alles Bösen in der Welt darstellte, Osama bin Laden; andernfalls habe Afghanistan mit Krieg zu rechnen. Das war eine Warnung. Als dann die Bombardements begannen, sahen wir bin Laden kurz im Fernsehen, wie er sagte, die USA seien, solange Irak und Palästina keine Sicherheit erhielten, ihrerseits nicht sicher. Das war, wie uns unsere tonangebenden Politiker und Medien wissen ließen, eine Drohung. In früheren Zeiten, als sich noch NATO und Warschauer Pakt gegenüberstanden, war es in der westlichen Propagandasprache immer die NATO, die warnte, der Warschauer Pakt, der drohte. Bis zur Vereinigung der beiden deutschen Staaten war es selbstverständlich die BRD, die warnte, die DDR, die drohte. Ebenso ist es ein Privileg der Unternehmerverbände, die bösen Gewerkschaften zu warnen, während diese dazu bestimmt sind, zu drohen.

Je nach dem, ob einer nach Darstellung der von uns konsumierten Medien warnt oder droht, wissen wir, was wir von ihm zu halten haben: Entweder er ist gut, oder er ist böse. Denn Warnen, das wissen wir, ist ein freundliches, Drohen ein feindliches Verhalten. So inszeniert die Propaganda das Welttheater und macht uns zu vermeintlich Wissenden, ohne dass wir dieser Indienstnahme unserer Köpfe bewusst werden – denn die beiden Wörter warnen und drohen sind so unscheinbar, dass sie uns beim Lesen oder Hören gewöhnlich gar nicht auffallen. Sie wirken unterschwellig.

Freiheitskämpfer sind gut, Terroristen böse. Wenn sie auf unserer Seite kämpfen, sind sie Freiheitskämpfer. Im Kampf gegen das Böse sind ihnen, weil sie die Unsrigen sind, alle Mittel erlaubt, denn jedes Mittel, mit dem man gegen das Böse kämpft, ist ein gutes Mittel, während die Mittel der Bösen nur böse Mittel sein können. Weil die albanisch-islamisch-separatistischen UCK-Kämpfer im Kosovo gegen die Serben kämpften (also gegen Deutschlands Feinde schon im Ersten und Zweiten Weltkrieg) und weil sie Jugoslawien zerschlagen wollten, das nach den in Deutschland vorherrschenden Interessen und Meinungen ein unerwünschtes Überbleibsel des von Deutschland verlorenen Zweiten Weltkriegs war, mussten sie uns als Freiheitskämpfer erscheinen. Ihre Überfälle, Brandstiftungen, Morde dienten der guten Sache, während alles, was die jugoslawischen Sicherheitskräfte dagegen unternahmen, aus deutscher Sicht nur Terror sein konnte. Jeglicher Widerstand der Serben gegen die deutsche Besatzung im Zweiten Weltkrieg war laut Goebbels-Propaganda Terror gewesen; Goebbels hatte Partisanen immer als Terroristen bezeichnet – auf dem Balkan wie in Polen oder der Sowjetunion. Mit solchen Sprachregelungen blieb der Propagandaminister des Nazi-Regimes nicht allein. Terroristen waren später für die tonangebenden bundesdeutschen Politiker und Publizisten auch die Nationale Befreiungsfront in Algerien, die für die Befreiung ihres Landes von französischer Herrschaft kämpfte, und die Nationale Befreiungsfront Vietnams, die für die Befreiung ihres Landes erst von französischer und dann von US-amerikanischer Herrschaft kämpfte. Nachdem die FNL in Algerien und die FLN in Vietnam militärisch gesiegt hatten, wurden sie eher als künftige Handelspartner gesehen und galten nicht mehr als Terroristen. Umgekehrt konnten frühere Freiheitskämpfer in Afghanistan plötzlich zu Terroristen werden. Die Propagandasprache richtet sich eben nach den jeweiligen Interessen und Machtverhältnissen. Danach sortiert und ordnet und klärt sie, was gut und was böse ist. Gut ist allemal und vor allem die bestehende Herrschaft, der die Propaganda (als Mittel der Bestandssicherung) dient.

Propaganda ist ursprünglich ein kirchlicher Begriff. Gemeint war die Verbreitung des christlichen Glaubens. Nichtgläubige sollten zu Gläubigen gemacht werden. Unter Aufklärung, einem Wort mit mancherlei Bedeutungen, verstehen wir als erstes eine geistige Bewegung, die sich gegen das Gottesgnadentum des Absolutismus richtete und die Menschenrechte einforderte, darunter das Recht der freien Meinungsäußerung, Freiheit von staatlicher Zensur und klerikaler Bevormundung. Aufklärung in diesem Sinne war und ist herrschaftskritisch.

Goebbels nannte sich nicht nur Reichsminister für Propaganda, sondern eignete sich für seine Amtsbezeichnung auch das Wort Aufklärung an. Herrschende versuchen immer, sich alles anzueignen, was das Volk hervorbringt, vor allem die geistigen Waffen, die es gegen die Herrschaft schmiedet; sie wollen sie gegen das Volk selber kehren. Wir können das seit einigen Jahren besonders deutlich am Beispiel des Wortes Solidarität beobachten. Wer aber mit bestehender Herrschaft nicht einverstanden ist und sich mit ihr nicht abfinden will, muss sich gegen diese Enteignung wehren, darf also Begriffe wie Aufklärung und Solidarität nicht widerstandslos weggeben.

In der heutigen Propagandasprache ist Propaganda ein böses Mittel der anderen, der Bösen. Die Propaganda, die man selber betreibt, nennt man Aufklärung, Information, Kommunikation.

Hauptleistung der Propaganda ist die Verteufelung der anderen Seite, gegen die dann, wenn sie als ganz und gar böse gefürchtet wird, jedes Mittel recht erscheint.

Die Verteufelung gelingt nicht, solange die Gegenseite zu uns sprechen kann. Wir sollen, um kriegsbereit zu werden und zu bleiben, den Feind möglichst gar nicht erst kennen lernen; denn sobald man ihm ins Gesicht sieht, seine Stimme hört, wächst die Hemmung, ihn zu töten.

Der von der US-Regierung finanzierte Sender *Voice of America* wollte eine Stellungnahme des Taliban-Führers Mullah Mohammed Omar zu der den Krieg ankündigenden Kongress-Rede des US-Präsidenten ausstrahlen. Nach Intervention des stellvertretenden US-Außenministers Richard Armitage wurde das Interview nicht gesendet. Ein Sprecher des State Department sagte, Mullah Omars Worte gehörten nicht in „unser Radio". Die *Frankfurter Rundschau* schloss daraus: „Den Gegner eines möglichen Krieges zu Wort kommen zu lassen, passt offensichtlich nicht zur Informationsstrategie der Bush-Administration." So wurden dann auch tatsächlich gleich zu Beginn des Krieges die Radiosender der Taliban zerstört – ebenso wie im Krieg gegen Jugoslawien die dortigen Sender zerbombt worden waren und – auf deutsche Veranlassung – die *EUTELSAT*-Zentrale in London die Übertragung von Fernsehbildern aus Jugoslawien unterbunden hatte. Es ging darum, die zum Feind Erklärten mundtot zu machen, jeden Austausch von Informationen und Argumenten – der stets die Alternative zum Krieg wäre – zu verhindern.

Das Auswärtige Amt versuchte 1999 (in einem Schreiben an das Kasseler Friedensforum) diesen Eingriff in die Informationsfreiheit der deutschen Bevölkerung zu rechtfertigen: Der Gewährleistung objektiver Informationsmöglichkeiten stehe „die Einstellung der Übertragung des staatlichen jugoslawischen Senders *RTS* durch *EUTELSAT* nicht entgegen", denn dieser Sender diene „ausschließlich den Propagandazwecken der jugoslawischen Regierung, nicht aber objektiver Information". Als hätten NATO und Bundesregierung in diesem Krieg immer objektiv informiert und deutsche Medien keine Propaganda verbreitet. Und als setzte objektive Information nicht gerade den ungehinderten Zugang zu den Darstellungen beider Kriegsparteien voraus.

Dies ist eine Hauptmethode heutiger Kriegführung: Man zerstört die Medien der Gegenseite, zugleich richtet man eigene Propagandasender ins Kriegsgebiet, um die Bevölkerung zu verwirren (nach eigener Darstellung: um sie aufzuklären). Diese Kriegführung aus dem Äther mit Hetz- und Lügenpropaganda hat einst schon den Krieg um Nicaragua entschieden[1] und hatte wesentlichen Einfluss auf den Krieg um Jugoslawien[2]

Der Böse (d.h. der, den die Propaganda zum Bösen zurichtet) darf nicht zu Wort kommen, mit ihm spricht man nicht. Als z. B. im Krieg gegen Jugoslawien der damalige Fraktionsvorsitzende der PDS im Bundestag, Gregor Gysi, nicht nur wie Politiker aller Bundestagsparteien albanische Flüchtlinge aus dem Kosovo in Mazedonien besuchte, sondern auch den jugoslawischen Präsidenten Slobodan Milosevic, fielen die tonangebenden Medien über ihn her, und Bundeskanzler Gerhard Schröder beschimpfte ihn im Bundestag als „fünfte Kolonne". Und als 2002 der Prozess gegen Milosevic in Den Haag begann, schalteten große Sender in den NATO-Ländern die Übertragung ab, sobald der Angeklagte sprach und Beweismittel gegen die Anklage vorlegte. Unvereinbar mit den Grundregeln fairer Urteilsbildung.

Bevor der Krieg gegen die Taliban begann, war im deutschen Fernsehen gelegentlich noch der Taliban-Botschafter in Pakistan zu sehen und mit einigen Worten zu hören. Aber die USA erwirkten seine Ausweisung aus Pakistan. Und sie zerbombten auch das Büro des arabischen Senders *Al Dschasira* in Kabul, dessen unabhängige Berichterstattung sie ärgerte.

*

Tarnung und Täuschung gehören zur Kriegspropaganda. Daraus kann sich ein Problem für die Befehlshaber ergeben – wenn sie ihrer eigenen Propaganda verfallen.

Hier setzt in Krisen- und Kriegszeiten die Aufgabe der Geheimdienste an: Sie sollen über den Gegner (seine Stärke, seine Motive, seine Absichten etc.) aufklären. „Hauptverwaltung Aufklärung" nannte sich z.B. der Auslandsgeheimdienst der DDR.

Fatal kann es werden, wenn sich in einem Geheimdienst alle erdenklichen Aufgaben vermengen wie Aufklärung, Desinformation und sogenannte Spezialaufträge, sprich Terror.

Der große US-amerikanische Auslandsgeheimdienst CIA war z.B. verantwortlich für den Tonking-Zwischenfall: Er erfand einen Angriff nordvietnamesischer Schiffe in der Bucht von Tonking. Die politische und militärische Führung der USA brauchte diesen Anlass für die geplante Bombardierung der vietnamesischen Hauptstadt Hanoi und der Hafenstadt Haiphong. Jahre später wurde im US-Kongress zugegeben, dass die Nachricht eine Lüge gewesen war. Das Geständnis wurde zu den Akten genommen. Mit Aufklärung hatte diese Geheimdienstaktion nichts gemein, im Gegenteil. Es gibt viele andere Beispiele für schmutzige, blutige, ja massenmörderische CIA-Operationen. Zugleich ist die Geschichte der CIA auch eine Geschichte von Selbsttäuschungen, nicht nur in Vietnam, auch in Iran, Somalia und anderswo.

In Deutschland werden die USA oft als Musterland einer freiheitlich-demokratischen Gesellschaft dargestellt. Eine offene Gesellschaft. Aufgeklärt, zivilisiert. In diesem Sinne interpretierte Bundeskanzler Gerhard Schröder die Anschläge auf das Welthandelszentrum in New York und das Pentagon in Washington sogleich als „Kriegserklärung gegen die zivilisierte Welt", und ähnlich wie Schröder „uneingeschränkte Solidarität" beteuerte, bekannten sich nicht wenige Deutsche spontan als Amerikaner, indem sie beispielsweise US-Flaggen aus den Fenstern hängten.

Ausgerechnet die USA und gar ein Gebäude wie das Pentagon, also das US-Kriegsministerium, zum Hort von Zivilisiertheit zu erklären, setzte eine große Verdrängungsleistung voraus. Denn zu einem solchen Bild der Führungsmacht der Freien Welt passte es z.B. nicht, dass 1973, ebenfalls an einem 11. September, nach einem in Washington ausgeklügelten Plan das chilenische Militär putschte und den Präsidentenpalast in Santiago de Chile zerbombte; dass die US-Luftwaffe angeblich zur Vergeltung für einen Anschlag auf eine Diskothek in Berlin die libyschen Städte

Tripolis und Benghasi angriff und dabei u.a. eine Nichte des Präsidenten Ghaddafi tötete; dass sie angeblich zur Vergeltung für Anschläge auf US-Botschaften in Kenia und Tansania eine pharmazeutische Fabrik im Sudan zertrümmerte, wodurch vermutlich tausende Menschen (darunter Kranke, die notwendige Medikamente nicht mehr erhielten) ihr Leben verloren; dass die CIA, wie sie später vor einem Untersuchungsausschuss des US-Kongresses zugab, mehrmals Mordanschläge auf den kubanischen Präsidenten Castro verübte, die aber sämtlich fehlschlugen (s. den Beitrag von Ilse und Horst Schäfer in diesem Buch); dass die USA in Panama den ihr genehmen Politiker Noriega als Präsidenten etablierten und ihn dann, als er sich nicht mehr gefügig zeigte, kidnappte (diese Militäraktion forderte 2000 Tote); dass sie von Honduras aus Todesschwadronen gegen eine ihnen nicht genehme Regierung in Nicaragua finanzierten, ausbildeten und ausrüsteten (der damalige US-Botschafter in Honduras, John Negroponte, Hauptverantwortlicher für den Massenmord der „Contras", ist jetzt unter Bush jr. Botschafter ausgerechnet bei den UN); dass sie, um eine relativ aufgeklärte, relativ fortschrittliche afghanische Regierung zu beseitigen, mit viel Geld und Waffen islamistische Fanatiker mobilisierten, die 1995 Kabul in Schutt und Asche legten; oder dass sie seit mehr als zehn Jahren einen mit Lügenpropaganda begonnenen Krieg gegen den Irak führen (nachdem sie ihn einstgegen den Iran aufgerüstet hatten). Im Irak geht inzwischen die Zahl der Todesopfer von Bomben, Minen oder Hunger weit über eine Million hinaus.

George W. Bush repräsentiert geradezu idealtypisch die schmutzig-imperialistische Linie der US-Politik. Sein Vater war als CIA-Chef und US-Präsident an solchen Scheußlichkeiten maßgeblich beteiligt. Die Familie Bush hat seit Jahrzehnten mit dem Öl-Business (zeitweilig in Partnerschaft mit dem Bruder Osama bin Ladens) weit mehr zu tun als mit Demokratie und Menschenrechten. George W. Bushs Bekanntheitsgrad im Präsidentschaftswahlkampf basierte auf hunderten Todesurteilen, die er als Gouverneur in Texas vollstrecken ließ. Seine Wahl zum Präsidenten mit weniger Stimmen, als sein Gegenkandidat erhielt, hinterließ viele Zweifel, vor allem wegen der Stimmenauszählung in Florida, wo sein Bruder Gouverneur ist. Dass sich ein solcher Politiker als Repräsentant des Guten in der Welt aufspielt und alle, die seine Politik nicht unterstützen, als Unterstützer des Bösen verleumdet, ist eine groteske Zumutung an Vernunft und Moral, entspricht aber dem Grundmuster aller Kriegspropaganda. Schlimm und gefährlich für die ganze Weltpolitik wird es, wenn die stärkste europäische Macht sich dieser Hybris durch „uneingeschränkte Solidarität“ kritiklos unterwirft und andere, schwächere Staaten auf das gleiche Verhalten einschwört.

Der US-amerikanische Sozialwissenschaftler Norman Birnbaum hat [3] einige jetzt hervorgetretene Mängel der US-amerikanischen Demokratie deutlich benannt: unkritische Medien, Zensur auf Veranlassung des Weißen Hauses, Kriegstreiberei vieler Kolumnisten in den tonangebenden Zeitungen der großen Medienkonzerne, keinerlei Fragen nach den Absichten des Präsidenten, keinerlei Diskussion über Alternativen, Diffamierung der Friedensbewegung, Hetze gegen jede Kritik am Präsidenten, als wäre sie subversiv oder gar landesverräterisch.

Und von solcher Meinungs- und Willensbildung, von solcher Information, von solchen Medien hängt auch unsere Meinungs- und Willensbildung in Deutschland ab. Birnbaums Warnungen fanden dennoch wenig Beachtung – ebenso wie die des katholischen Militärbischofs Mixa, eine „fast blinde Nibelungentreue“ zu den Vereinigten Staaten dürfe nicht dazu führen, alle kritischen Fragen über den Kriegseinsatz zu unterdrücken (*Frankfurter Allgemeine Zeitung* 8.11.2001). Oder des Evangelischen Landesbischofs in Sachsen, Axel Noack: „Es ist einem demokratischen Staatswesen abträglich, wenn der Öffentlichkeit unter dem Argument der militärisch gebotenen Geheimhaltung Informationen, die zum Mittragen von Entscheidungen nötig sind, immer wieder vorenthalten werden.“ (*Frankfurter Rundschau* 20.2.2002)

Nie ist lebendige Demokratie mit intensivem Austausch von Informationen und Argumenten so notwendig wie in Zeiten großer

Kriegsgefahr. Doch gerade in solchen Zeiten verstärkt sich der Druck zum Konformismus, zur Uniformierung des Denkens. Dieser Druck wirkt so regelmäßig wie zuverlässig, wenn einem Volk eingeredet wird, es sei Opfer eines von außen kommenden Überraschungsangriffs von noch nie da gewesener Brutalität. Damit ein Volk zum Angriffskrieg bereit wird, muss es glauben gemacht werden, es müsse sich verteidigen. Jeder Angriffskrieg wird daher als Verteidigungskrieg getarnt. Ein Beispiel, den angeblichen Tonking-Zwischenfall, habe ich schon genannt. Aber auch das Nazi-Regime hätte den Zweiten Weltkrieg nicht ohne solche Lügen beginnen können. Die deutschen Zeitungen waren damals voll von scheußlichen polnischen Verbrechen an Deutschen, und am 1. September 1939 verkündete Hitler vor dem Reichstag: „Seit 5.45 Uhr wird zurückgeschossen." (Nicht einmal die Uhrzeit stimmte, und der angebliche polnische Überfall auf den Sender Gleiwitz war vorgetäuscht.) Geradezu erleichtert titelte der *Berliner Kurier* aus dem Bertelsmann-Konzern nach dem Beginn der Bombardements gegen Afghanistan in fettesten Buchstaben: „Amerika schlägt zurück" – als hätte ausgerechnet Afghanistan, eins der ärmsten Länder der Welt, die USA angegriffen.

Im Grunde weiß jeder, dass die Menschen eines Volkes nicht besser sind als die Menschen anderer Völker und dass kein Staat einen anderen angreifen darf. Durch die Mär, angegriffen worden zu sein, ändert sich diese Einstellung. Die angeblichen Angreifer sind die Bösen, die wir brauchen, damit wir selber die Guten und zum Töten berechtigt sind. Je größer das den Unsrigen, also uns angetane Leid, desto härter dürfen wir zuschlagen. Und desto weniger gibt es über unsere Reaktion noch zu diskutieren.

Die Bilder der hohen Türme, die in sich zusammensinken, die Bilder der verzweifelt in den Tod springenden Menschen, diese immer wiederholten entsetzlichen Bilder wurden jeweils konfrontiert mit den Bildern jubelnder Palästinenser. Das waren zwei Welten: Trauer und Häme. Zivilisiert und barbarisch. Westlich und orientalisch. Gut und böse. Das *ARD*-Magazin *Panorama* deckte später auf, was es mit den vor Freude tanzenden Palästinensern auf sich hatte: Die Kinder und die dicke Frau hatten sich nicht über das grausige Geschehen in New York gefreut. Ihnen waren Süßigkeiten und Kuchen für fröhliches Treiben vor der Kamera versprochen worden. Dazu Clara Thümmler in *Ossietzky* 20/01: „Eine zweite Kamera hatte den Vorgang aus anderem Blickwinkel festgehalten. Da wurde dann die Inszenierung der Show ganz deutlich: Unbeteiligte Zuschauer, ein Einschreier, mehrmalige Wiederholungen, schließlich das lapidare Ende der Veranstaltung, und die dicke Frau geht gelassen davon... Von einer Entschuldigung der Sender, gerichtet am besten an das gesamte palästinensische Volk sowie an die irregeführte Weltöffentlichkeit, war bisher nichts zu hören. Auch nicht von einer Anzeige wegen Volksverhetzung."

Mit großem Aufwand wurde weltweit Trauer inszeniert und streng überwacht. Ein Unternehmer in Nordrhein-Westfalen entließ augenblicklich einen ausländischen Beschäftigten, der sich an einem von ihm angeordneten Trauerritual nicht beteiligen wollte. Ähnlich erging es dem Siegener Gesamtschullehrer Bernhard Nolz, Bundessprecher der „PädagogInnen für den Frieden" und Geschäftsführer des Siegener „Zentrums für Friedenskultur". In Abstimmung mit seiner Schulleitung hatte er auf einer Kundgebung von 3000 Siegener Schülern „Gegen Terror, Gewalt und Krieg" eine Rede gehalten, worauf die *BILD*-Zeitung mit der Überschrift reagierte: „Skandal bei Friedens-Demo: Lehrer greift Amerikaner an". Der verteidigungspolitische Sprecher der CDU im Bundestag, Paul Breuer, warf Nolz vor, „dass er eine klammheimliche Freude über das in New York Geschehene empfindet. Dieser Mann muss aus dem Staatsdienst entfernt werden." Im Fernsehen wusste es Breuer noch genauer: Nolz sei ein „Rad am Wagen des internationalen Terrorismus". Und die Siegener CDU sprach in der *Westfälischen Rundschau* von einem „Netzwerk von Gesinnungstätern", einer „unheimlichen Allianz mit den Terroristen". Nolz, gegen den prompt disziplinarrechtliche Ermittlungen eingeleitet wurden, hatte in seiner Rede zur friedlichen Konfliktlösung gemahnt, die Einschaltung der UNO gefordert und in diesem Zusammenhang den Satz gesagt, den *BILD* für antiamerikanisch erklärte: „Seit vielen Jahren beeinträchtigen die USA die Arbeit der Vereinten Nationen, das reichste Land der Welt kommt seinen finanziellen Verpflichtungen nicht nach und bezahlt seine Beiträge nicht; derselbe Staat stellt jetzt 40 Milliarden Dollar bereit, um aufzurüsten und andere Länder mit Krieg zu überziehen." Auch drei Lehrerinnen in Sachsen, die sich nicht auf die übliche primitive Weise an dem verordneten Proamerikanismus im Sinne kritikloser Zustimmung zur US-amerikanischen Regierungspolitik beteiligten, wurden disziplinarrechtlich belangt, zwei von ihnen an andere Schulen versetzt[4]. So wurde schnell klargestellt: Wer nicht für den US-amerikanischen „Krieg gegen den Terror" ist, der ist für den Terror und muss damit rechnen, als Feind bekämpft zu werden. So wird das Grundrecht auf Informations- und Meinungsfreiheit zum Opfer des „Kriegs gegen den Terror". Dieser Krieg erzwingt einen Totalkonsens, der jede Diskussion ersticken kann – nicht besser als die Zustände, über die Norman Birnbaum (s.o.) aus den USA berichtete.

*

Nach dem NATO-Krieg gegen Jugoslawien dauerte es mehr als anderthalb Jahre, bis die *ARD* in ihrem ersten Fernsehprogramm mit dem Film „Es begann mit einer Lüge" einem Millionenpublikum zeigte, dass es über Entstehung und Verlauf jenes Krieges nicht nur mit einer, sondern mit etlichen Lügen irregeführt worden war.

Dass falsche, oft sogar frei erfundene Behauptungen zur Kriegspropaganda gehören, jedenfalls zur Propaganda der Angreiferseite, ist nicht neu, insofern nicht überraschend, aber mit demokratischen Prinzipien ist es unvereinbar. Freie Meinungsbildung – nie so notwendig wie bei Entscheidungen über Krieg und Frieden – wird unmöglich, wenn die irregeführte Öffentlichkeit zwangsläufig von falschen Voraussetzungen ausgeht.

Namentlich Bundesminister Rudolf Scharping (dessen Aufgabe eigentlich die Verteidigung, nicht der laut Artikel 26 GG ausgeschlossene Angriff ist), hat damals mit unbewiesenen, unbeweisbaren Greuelgeschichten maßgeblich dazu beigetragen, die auf Völker- und Verfassungsrecht, Vernunft und Moral gegründeten Bedenken gegen die Bombardierung Jugoslawiens wegzuschwemmen. Er wurde dafür bis heute nicht zur Rechenschaft gezogen. Das Parlament fand sich damit ab – soweit die Abgeordneten überhaupt daran Anstoß nahmen, dass die Regierung nicht zutreffend informiert hatte.

Der Pressesprecher der NATO in jenem Krieg, der gern spöttelnde Geschichtsprofessor Jamie Shea, rühmte sich inzwischen sogar: „What do you want? We created stories and we made a good show." Shea hatte in den NATO-Staaten die öffentliche Wahrnehmung des Krieges sehr wirksam mit dem Wort „collateral damage" geprägt. Eine kluge Jury kürte „Kollateralschäden" später zum „Unwort des Jahres", doch bis heute hat sich in Deutschland die Vorstellung gehalten, die 78tägige Bombardierung Jugoslawiens habe nur militärischen Zielen gegolten, zivile Schäden seien allenfalls unbeabsichtigt unvermeidbar nebenbei entstanden. Dass systematisch die Industrie des Landes zerstört, vielen hunderttausenden Jugoslawen der Arbeitsplatz, Millionen Menschen die Existenzgrundlage genommen, das ganze Land um Jahrzehnte seiner wirtschaftlichen Entwicklung zurückgeworfen wurde, während das Militär größtenteils funktionsfähig blieb, ist in Deutschland noch immer weitgehend unbekannt – ebenso wie die Tatsache, dass das auch durch jahrelanges Embargo verarmte Jugoslawien nun seit Jahren zusätzlich für viele hunderttausende Flüchtlinge und Vertriebene sorgen muss. Die Medien, die fast durchweg bereitwillig die Darstellungen der NATO und der Bundesregierung übernommen hatten, unterließen es zumeist, sich zu korrigieren.

Der NATO-Krieg gegen Jugoslawien war in vieler Hinsicht die Generalprobe für den weltweiten „Krieg gegen den Terror" – auch und gerade auf dem propagandistischen Schlachtfeld: Wo es an Informationen und überzeugenden Argumenten fehlt, wird um so stärker emotionalisiert – ganz nach dem Rezept, das der stellvertretende NATO-Pressesprecher zur Zeit des Kriegs gegen Jugoslawien, der deutsche Generalmajor Walter Jertz, inzwischen in seinem Buch „Krieg der Worte, Macht der Bilder“ gab: „Personalisierung, Emotionalisierung und Dramatisierung“ seien die „Stilmittel“, die der Pressesprecher beherrschen müsse.

Während sich Europol-Chef Jürgen Storbeck und Generalbundesanwalt Kay Nehm von Meldungen distanzierten, sie hätten Spuren oder Indizien, die von den Anschlägen in New York und Washington zu Osama bin Laden führten, war gleichwohl täglich zu lesen und zu hören, dass die „Hinweise“ auf bin Ladens Schuld „sich verdichten“, wie Franziska Augstein am 20.9.01 in der Süddeutschen Zeitung feststellte. „Welcher Art diese Hinweise sein sollen, wird nicht gesagt,“ fügte sie hinzu. „Was immer dichter wird, nähert sich der Dichtung.“ Der Westen benötige aber auch derzeit gar keine Beweise gegen bin Laden. Er habe vielmehr „ein schuldiges Gesicht“ gebraucht, das seine Wirkung getan habe.

„Wir werden über bestimmte Dinge lügen. Wenn dies ein Informationskrieg ist, dann werden die bösen Jungs mit Sicherheit lügen,“ zitierte die *Washington Post* einen US-Militärsprecher. Präsident Bush selber hatte zuvor in einer Kongressrede an die Nation deutlich gemacht, welche Rolle den Medien zugedacht war: Es werde „dramatische Militärschläge geben, die man im Fernsehen sehen wird, und verdeckte Aktionen, die selbst im Erfolgsfall geheim bleiben werden“. Er stieß damit bei den US-Medien, in denen der Patriotismus überschäumte, kaum auf Widerspruch. Skeptische Äußerungen gingen in Empörung unter, zum Beispiel die des Moderators Bill Maher in der Talkshow „Politically Incorrect“ der Fernsehkette *ABC,* man könne Selbstmordattentäter (nach offizielle Darstellung hätten Islamisten aus bin Ladens Netzwerk die Flugzeuge ins WTC und ins Pentagon gesteuert) nicht unbedingt als Feiglinge bezeichnen, feige wäre es vielmehr, wenn die USA nun Zivilisten im fernen Afghanistan bombardieren würde. Zwei große Firmen zogen ihre Werbespots bei *ABC* zurück. Der Moderator entschuldigte sich prompt.

Unter ähnlichen Druck geriet *ARD*-Moderator Ulrich Wickert, der in der Zeitschrift *Max* geschrieben hatte, Bushs und bin Ladens Denkstrukturen seien „die gleichen". Politiker forderten, die *ARD* müsse den Moderator ablösen, so beispielsweise der Chef der bayerischen Staatskanzlei, Erwin Huber; er sprach von „schwerem Schaden", den Wickert der *ARD* zugefügt habe. Auch Wickert entschuldigte sich sogleich – womit der übrigen Bevölkerung deutlich die engen Grenzen gezeigt wurden.

Neben solchen Politikern wie Huber war es vor allem der Springer-Konzern, der systematisch, nicht nur im erwähnten Fall Nolz, angeblich antiamerikanische, proterroristische Meinungen verfolgte. Schon wenige Stunden nach den Anschlägen vom 11. September hatte dieser größte deutsche Pressekonzern die Unternehmensgrundsätze und damit implizit die Arbeitsverträge geändert: Die MitarbeiterInnen der *BILD*- und aller anderen Springer-Zeitungen sind nun auf „Unterstützung des transatlantischen Bündnisses und die Solidarität in der freiheitlichen Wertegemeinschaft mit den Vereinigten Staaten" verpflichtet. Die *BILD*-Zeitung zeigte tagelang die amerikanische Fahne in ihrem Logo und machte damit klar: „Wir sind alle Amerikaner" – womit der Anspruch auf journalistische Objektivität in dem aktuellen Konflikt preisgegeben wurde.

Die Hessische Landesanstalt für privaten Rundfunk verbot eine Diskussion im Offenen Kanal Offenbach am 8. Oktober, „da wir wegen der zeitlichen Nähe zu den Luftangriffen auf Afghanistan das Thema Krieg für zu emotional hielten". Die Absicht war wohl eher die Verhinderung einer rationalen Argumentation gegen die allgemeine Emotionalisierung. Saeed Habibzadeh, der Moderator des Offenen Kanals, hatte in einer früheren Sendung vor der Gefahr gewarnt, dass die gesamte militärische Macht in der Hand eines Menschen liege, nämlich des US-amerikanischen Präsidenten.

Die Informationen aus den USA über die Anschläge in New York und Washington blieben äußerst dürftig und widersprüchlich.

Umso mehr stramme Gläubigkeit wurde und wird uns abverlangt. Dass bin Laden der Schuldige an den Anschlägen ist, stand für die Medienöffentlichkeit vom ersten Tage an ebenso fest wie die Zielrichtung von Vergeltungs- bzw. Anti-Terror-Aktionen: Afghanistan, weil dieses Land bin Laden beherberge. Zweifel daran waren unzulässig – in den USA wie in Deutschland. Wenig beachtet wurde die Erinnerung daran, dass nach dem Anschlag auf ein Regierungsgebäude in Oklahoma City 1995, wo auch schon hunderte Menschen zu Tode gekommen waren, ebenfalls zunächst radikale Mohammedaner als Täter zu gelten hatten, bis sich herausstellte, dass ein nazinaher Veteran der US-Armee, Timothy McVeigh, das Gebäude in die Luft gesprengt hatte. Während die Zahl der vermuteten Toten in den Trümmern des Welthandelszentrums in knappen Meldungen immer weiter reduziert wurde und während auch nur beiläufig Erwähnung fand, dass zwar die Goldvorräte aus dem Unterbau geborgen seien, die Bergung der Leichen dagegen noch Monate dauern könne, tauchten gelegentlich Hinweise auf Merkwürdigkeiten im Zusammenhang mit den Anschlägen auf; aber offenbar wollte oder durfte kein Reporter aus den großen Medienunternehmen ihnen nachgehen. Warum denn auch, wenn doch bin Laden längst als Schuldiger feststand und die angeblichen Tatausführenden (die angeblichen Flugzeugentführer hatten ihre militärische Pilotenausbildung in den USA erhalten, und sie stammten nicht aus Afghanistan) durch die Anschläge angeblich sich selber gerichtet hatten.

Dass bin Laden die Verantwortung bestritt, interessierte nicht weiter, denn da er ja nun der Teufel in Person ist, glauben wir ihm kein Wort, das uns nicht in den Kram passt. Ähnlich ungehört blieb das geistliche Oberhaupt der in Afghanistan regierenden Taliban-Bewegung, Omar. Auf das Verlangen nach Auslieferung bin Ladens antwortete er mit der Bitte um Beweise für dessen Schuld, worauf sich die USA nicht einließen. Die Labour-Regierung in London veröffentlichte ein Papier mit angeblichen Indizien für bin Ladens Schuld, räumte darin aber selber ein, dass es für eine Anklage bei Gericht nicht ausreiche. Aber was nicht ausreicht, bin Laden einen ordentlichen Prozess zu machen, wurde in Washington, London und Berlin für ausreichend erachtet, gegen ein weites Land mit einer sehr armen, durch frühere militärische Interventionen und von außen angeheizten Bürgerkrieg extrem verelendeten Bevölkerung den Bombenkrieg zu beginnen.

Washington erreichte, dass der UN-Sicherheitsrat den USA das Recht auf Selbstverteidigung zusprach und dass die NATO den Bündnisfall beschloss – beides unter dem Vorbehalt, dass Beweise für die Beteiligung eines anderen Staates an den Anschlägen vorgelegt würden, was bisher nicht geschah. Der Verdacht liegt nahe, dass die USA nichts vorlegen können, ohne sich selber zu belasten. Wenn aber die Weltöffentlichkeit auf Beweise verzichtet, bekundet sie ihr Einverständnis mit jedweder Militäraktion.

Die *ARD*-Tagesthemen ersetzten die Beweise durch plumpe Manipulation: Von bin Ladens Satz, die USA seien nicht sicher, solange Irak und Palästina nicht sicher seien, ließ Moderatorin Anne Will die Hälfte weg, so dass nur etwas übrig blieb, das so klang, als hätte bin Laden den USA den Krieg erklärt. Diese Manipulation wurde gleich zweimal wiederholt. Anrufer, die sich bei der Redaktion beschweren wollten, wurden in einem Callcenter abgewimmelt.

*

Nach dem US-amerikanischen Golfkrieg 1990, mit dem Präsident Bush sen. begann, die „Neue Weltordnung“ zu schaffen, rühmte sich der damals höchste Offizier der Vereinigten Staaten, Norman Schwartzkopf, die Medien erfolgreich zur Irreführung benutzt zu haben. Er hatte die Journalisten in der saudiarabischen Hauptstadt Riad in einem 1000-Betten-Hotel unterbringen lassen, wo sie jeweils um 15 Uhr informiert wurden („Briefing“ nannte sich das), was sie über den Kriegsverlauf berichten sollten. Eine unmittelbare Berichterstattung etwa aus dem südirakischen Kriegsgebiet, wo viele Zehntausende geschlagener und fliehender irakischer Soldaten mit US-Waffen massakriert wurden, war unterbunden. Auch in Afghanistan sorgten US-Offiziere dafür, dass Journalisten nicht zu nahe kamen – auch nicht zum Nachrecherchieren. Unter dem makabren Titel „Freedom From the Press" (statt Freedom of the Press) berichtete am 2.3.2002 die *New York Times* über Erfahrungen eines Reporters der *Washington Post,* Doug Struck. Dieser hatte Berichten nachgehen wollen, eine angeblich gegen Terroristen gerichtete US-Rakete habe afghanische Dorfbewohner getötet. Mit vorgehaltener Waffe wurde Struck von US-Soldaten aufgehalten. Deren Kommandeur herrschte ihn nach Rücksprache mit Vorgesetzten an: „Wenn Sie weitergehen, wird auf Sie geschossen." Nachdem Struck darüber berichtet hatte, versuchte ein Pentagon-Sprecher die Veröffentlichung zu diskreditieren: Der Journalist sei nur zu seinem eigenen Schutz zurückgehalten worden – was dieser als dicke Lüge zurückwies: Hier zeige sich, wie weit das Militär gehe, „um den Krieg geheim zu halten und Reporter daran zu hindern, herauszufinden, was geschieht".

An der Informations- bzw. Desinformationspolitik der US-Regierung ist wie im Golfkrieg auch wieder die PR-Agentur Rendon Group in Washington beteiligt. Und nach einem Bericht des *Züricher Tagesanzeiger* ist eine „für Uncle Ben's Rice und für Hoover-Staubsauger" sehr erfolgreihe Werberin, Charlotte Beers, jetzt für „Public Diplomacy" zuständig. Und eine als patriotisch legitimiert geltende Filmproduktionsfirma aus Hollywood erhält, was Doug Struck nicht erhielt: Zugang zu US-Einheiten in Afghanistan und anderswo, um eine 13teilige sogenannte Reality-Serie „Profile von der Front" zu drehen – mit „promilitärischer Haltung", versteht sich; *ABC* will die Serie zu bester Sendezeit ausstrahlen. Ein 15köpfiges „Büro für Strategische Einflussnahme" (OSI) im Pentagon, das Falschmeldungen verbreiten und Medien, die nicht der Pentagon-Linie folgen, gefügig machen sollte, wurde zwar Ende Februar 2002, kurz nachdem die *New York Times* darüber berichtet hatte, offiziell aufgelöst; gleichzeitig wurde aber der aus der Iran-Contra-Affäre (illegale Finanzierung der Todesschwadronen gegen Nicaragua mit Einnahmen aus geheimen Waffengeschäften mit Iran) berüchtigte General Poindexter aus der Versenkung geholt und an die Spitze eines Informationsüberwachungsbüros (IAO) im Pentagon gestellt (s. *Neues Deutschland* 1.3.2002).

## Und was wissen wir nun über den „Krieg gegen den Terror“?

Viele Fragen sind offen. Fast alle wichtigen Fragen sind in den meisten Medien tabuisiert. Aber wenn es um Krieg geht, um einen, wie die USA ankündigen, jahrelangen Krieg, an dem sich die ganze Welt beteiligen soll, also um den Dritten Weltkrieg, kann nicht genug gefragt und nachgefragt und können die Fragen nicht skeptisch, nicht misstrauisch, nicht argwöhnisch genug formuliert werden:

Was sind die Kriegsgründe? Der Vergeltungswunsch einer gekränkten Supermacht? Aber dann müsste erst einmal geklärt sein, wer die Anschläge verübt hat, ob wirklich ein anderer Staat daran mitgewirkt hat und ob nicht, wie Boris Kargalitzky in der *jungen Welt* zu bedenken gab, logistisch nur die USA selber dazu imstande waren. Treffen Hinweise zu, dass Planungen für eine militärische Intervention der USA lange vor dem 11. September begonnen hatten? Ist in diesem Zusammenhang vielleicht Rudolf Scharpings Hinweis hilfreich, in den angrenzenden Ländern lagerten 70 Prozent der Öl- und 40 Prozent der Gasvorräte der Welt?

Wer ist der Kriegsgegner? Der Milliardär bin Laden, der ohne dubiose Geschäfte mit den USA nie geworden wäre, was er ist (aber auch darüber, was er ist, wissen wir bis heute wenig, zumal die Direktive, ihn nicht zu Wort kommen zu lassen, weitgehend befolgt wird)? Oder eine Organisation namens Al Quaeda, über die wir noch weniger erfahren? Oder die in Afghanistan regierende Taliban-Bewegung? (Über sie wissen wir, dass sie Frauen zwang, sich zu verschleiern, was uns unsympathisch, aber nach der Charta der Menschenrechte nicht verboten ist; wir wissen auch, dass sie Buddha-Figuren gesprengt hat, was ich, ohne Buddhist zu sein, abscheulich finde, aber nicht anders bewerte als das Abfackeln vieler mittelalterlicher serbisch-orthodoxer Kirchen und Klöster im inzwischen größtenteils ethnisch gesäuberten NATO-Protektorat Kosovo durch islamische Albaner. Was wir über die Taliban Schlimmes wissen, geht jedenfalls nicht

über das hinaus, was über Kräfte der afghanischen Nord-Allianz bekannt ist, die von den USA als Bodentruppen eingesetzt wurden, um die Taliban zu vernichten.) Oder der Staat Afghanistan? Und welche weiteren Staaten? (Der stellvertretende US-Verteidigungsminister Paul Wolfowitz bekundete die Absicht, Staaten zu „beenden", und es war von etwa 50 die Rede).
Oder der Terror im Allgemeinen? Dann müsste sich der Krieg - zugespitzt gesagt - auch und gerade gegen die US-amerikanische Politik, gegen ihren Geheimdienst und ihr Militär selber richten.

Was sind die Kriegsziele? Dass es das einzige Ziel wäre, bin Laden zu ergreifen (wozu überhaupt, ausser um ihn auf Dauer mundtot zu machen?), glaubt wohl niemand mehr. Ist der Krieg, wie Bush sagte, ein „Kreuzzug"? Ist es also ein Ziel, in heute islamischem Gebiet das Kreuz aufzurichten? Gehört dazu wie bei den mittelalterlichen Kreuzzügen auch die Aneignung von Schätzen, die man in diesem Gebiet vorfindet? Wie verträgt sich die antiislamistische Propaganda mit der Tatsache, dass die USA selber den Islamismus, speziell in Afghanistan, gepäppelt und bewaffnet haben? Klarheit über Kriegsgegner und Kriegsziele wäre die Voraussetzung für jede Entscheidung über Alternativen zum Krieg – aber diese Entscheidung haben die USA und die mit ihnen verbündeten Regierungen, namentlich die in Berlin, sofort durch die ständig wiederholte Beteuerung vorwegzunehmen versucht, es gebe „keine Alternative" zum Krieg.

Mit wem verbündet man sich zu diesem Krieg – abgesehen von der sogenannten Nord-Allianz? Wie wirkt es sich auf das NATO-Bündnis aus, wenn die US-Regierung die anderen Mitgliedsstaaten selektiv informiert und einbezieht? Welche Rolle erhält das türkische Militärregime, dessen Umgang mit Minderheiten ein Schulbeispiel für innerstaatlichen Terrorismus ist? Welche Rolle erhält das pakistanische Militärregime – nach innen, aber auch z.B. im Verhältnis zu Indien? Wie wirkt es sich auf Indien, China und Russland, auf deren innere Verhältnisse und weltpolitische Stellung aus, wenn die USA jetzt in mehr und mehr asiatischen Länder Militärberater (bzw. „Anti-Terror-Berater") entsenden oder dort Stützpunkte anlegen? Welche Rolle bleibt den Vereinten Nationen? Was wird aus dem Völkerrecht? Und aus den Plänen für einen Internationalen Strafgerichtshof, den die USA offenkundig nicht wünschen, weil sie befürchten, selber dort angeklagt werden zu können? Und aus den Plänen für eine weltweite Konvention gegen Terrorismus, über die man sich ebenfalls bisher nicht mit den USA verständigen konnte?

Wie verläuft der Krieg? Was wir darüber erfahren, stammt im Wesentlichen aus den Angaben der US-Regierung in Washington. Zeitweilig waren viele Journalisten aus aller Welt im Hotel Marriott im pakistanischen Islamabad einquartiert, die von dort aus außer gezielten Gerüchten wenig weiterzugeben hatten. Recherche findet kaum statt, aber alle Journalisten tun so, als wüssten sie Bescheid.

Jede Nachricht kann erlogen sein – vor allem wenn sich die Medien ausschließlich auf Angaben einer Seite verlassen. Auch mit Bildern kann man lügen, wie wir aus früheren Kriegen wissen, sogar besonders wirkungsvoll, vor allem wenn sie suggestiv wiederholt werden wie die Bilder der jubelnden Palästinenser.

Mit welchen Methoden führen die USA den Krieg? Welche Ungeheuerlichkeiten verbergen sich hinter Bushs Entscheidung für Aktionen, die auch im Nachhinein, auch im Erfolgsfall geheim bleiben sollen (s.o.)? Dass völkerrechtlich geächtete Waffen eingesetzt werden, ist bereits bekannt. Streubomben ebenso wie Flächenbombardements sind übrigens mit dem Propagandabild eines „chirurgisch sauberen Krieges“ mit „gezielten Luftschlägen“ unvereinbar.

Welche Schäden werden in diesem Krieg angerichtet? Welche Opfer fordert er (bzw. fordern die USA und die anderen angreifenden Staaten) vom afghanischen Volk? Bei dem US-amerikanischen Fernsehsender *CNN*, von dem ein Großteil des bei uns gezeigten Bildmaterials stammt, erteilte Walter Isaacson, der Chef, den Redaktionen die Order, Opfer dürften nicht in den Mittelpunkt der Berichterstattung gestellt werden; Bilder der Verwüstung in afghanischen Ortschaften müssten stets mit dem Hinweis verknüpft werden, die Taliban hätten Terroristen Unterschlupf gewährt. Mit dem Wort „Kollateralschäden", mit dem die NATO-Propaganda im Krieg gegen Jugoslawien die Weltöffentlichkeit irreführte, verschont man uns jetzt. Punktgenau, wie die NATO-Bomber in Jugoslawien Chemie-Anlagen, Lebensmittel-Fabriken, Kraftwerke und viele andere zivile Einrichtungen zerstört und das Land um Jahrzehnte zurückentwickelt hatten, wurde inzwischen in Kabul u.a. das Zentrallager des Internationalen Komitees vom Roten Kreuz durch mehrere Bomben getroffen. Das extensive Programm der Welthungerhilfe in Afghanistan wurde durch den Krieg weitgehend unterbunden, aber uns wurden Bilder von – in geringer Zahl abgeworfenen – US-Lebensmittelpäckchen gezeigt, als wäre der Krieg eine humanitäre Maßnahme.

Wie hoch sind die Kriegskosten? Wie viel will allein die Bundesrepublik Deutschland dafür aufwenden? Welche anderen Aufgaben will die Bundesregierung dafür vernachlässigen?
Fragen über Fragen.

Schon jetzt zeichnet sich ab: Öffentlichkeit und Demokratie und damit wesentliche Bürgerfreiheiten werden zu Kriegsopfern im eigenen Land derer, die sich am Krieg beteiligen. Aufklärung ist nicht von Behörden zu erwarten, sie muss von unten her geleistet werden. Aufklärung beginnt allemal damit, Fragen zu stellen, Widersprüche zu benennen, in die sich die Propaganda der Herrschenden verheddert, sich für die andere Seite zu interessieren, sich nicht einschüchtern zu lassen, sich nicht hysterisieren zu lassen. Die Hysterisierung ist längst im Gange und führte u.a., bereits zu einer Vielzahl von Anti-Terror-Gesetzen, die plötzlich in aller Eile geschaffen werden mußten, obwohl Kanzler Schröder noch am 11. 10. 2001 versichert hatte: „Der Standard der inneren Sicherheit in Deutschland genügt höchsten internationalen Ansprüchen." Mit diesen Gesetzen wurden auch Kompetenzen der

Geheimdienste erweitert, obwohl deren Wirksamkeit gegen Terrorismus mehr als fragwürdig ist; zusätzliche Ermächtigungen der Geheimdienste beschädigen allemal das Öffentlichkeitsprinzip der Demokratie. Hochgefährlich für jeden Anspruch auf Demokratie sind Pläne, das Parlament an der Entscheidung über den Krieg nicht mehr zu beteiligen oder die getroffene Entscheidung (wegen „Gefahr im Verzuge" oder aus ähnlichen jederzeit verwendbaren Gründen) nur nachträglich abnicken zu lassen. Die meisten Abgeordneten scheinen sich an diesen Umgang der Regierung mit ihnen schon zu gewöhnen.

Wie versucht wird, Diskussionen über den Krieg abzuwürgen, bekam sogar die IG Metall zu spüren. „Davon habt Ihr keine Ahnung!" empörte sich der Kanzler über Warnungen der Gewerkschaft, und SPD-Bundesgeschäftsführer Franz Müntefering erläuterte, es gebe „gewisse Regeln", nach denen sich soetwas verbiete. Die „Enttabuisierung des Militärischen", auf die Schröder stolz ist, führt zur Tabuierung des Zivilen, wozu Diskussion und Kritik gehören. Der imperialistische Krieg zerstört die zivilgesellschafliche Substanz, auf die sich die „westliche Wertegemeinschaft" so gern beruft und mit der sie ihre Überlegenheits-, ihre Herrschaftsansprüche begründet.

Ohne Aufklärung, den, wie Immanuel Kant sagte, „Ausgang aus der selbstverschuldeten Unmündigkeit", also ohne eigene aktive Auseinandersetzung mit herrschender Propaganda und den dahinterstehenden Interessen sind Freiheit und Demokratie nicht zu erreichen, sind Terror und Krieg - dieser staatlich organisierte schrecklichste Terror - nicht zu überwinden. Und selbstverständlich darf aufklärerisches Engagement nicht ungeklärt lassen, was am 11. September tatsächlich geschehen ist.
Hilfreich dürfte die alte Frage sein: Cui bono?
Das Verbrechen muss aufgeklärt werden.

1 - s. Wilhelm Kempf: „Medienkrieg oder Der Fall Nicaragua“, Berlin/Hamburg 1990

2 - s. Eckart Spoo in: „Die Wahrheit über den NATO-Krieg gegen Jugoslawien“, hg. von W. Richter/E.Schmähling/E.Spoo, Schkeuditz 2000.

3 - Norman Birnbaum in den *Blättern für deutsche und internationale Politik* 11/2001

4 - s. Horst Bethge: „Geistige Uniformierung“ in *Ossietzky* 20/2001

# OFFENE FRAGEN ZU FINANZIELLEN TRANSAKTIONEN

*Rainer Rupp*

Am 16.12.2001 berichtete die britische Nachrichtenagentur *Reuters* [1] schier Unglaubliches über Finanztransaktionen im WTC, die noch unmittelbar vor dem Einschlag der Flugzeuge und während der Brände liefen. Im Zentrum der Recherche steht die deutsche Hightech-Firma Convar aus Pirmasens. Diese wurde von etlichen großen Finanzunternehmen mit Büros im ehemaligen WTC beauftragt, die am 11.09.01 beschädigten und bei den anschließenden Aufräumarbeiten gefundenen Computerfestplatten zu rekonstruieren und wieder lesbar zu machen. Dank eines weltweit einmaligen Laserverfahrens ist das in vielen Fällen wenigstens teilweise gelungen.

Nun kommt die Überraschung: Vertreter von Convar äußerten gegenüber *Reuters*, dass aus den geretteten Datensätzen hervorgehe, dass auf Grund ihrer Erkenntnisse am 11.09.2001 über WTC-Computer illegale Transaktionen im Wert von über 100 Mio. Dollar abgewickelt wurden - und zwar zeitlich unmittelbar vor dem Einschlag der beiden Boeings sowie in den Minuten danach bis zum Einsturz der Türme, was auf Vorab-Insiderwissen hindeutet. Im WTC waren viele in der WELT führende Finanzunternehmen untergebracht.

Kurz vor dem 11. September spekulierten Anleger in den USA aber auch im großen Stil auf den Kurssturz von Aktien der betroffenen Fluggesellschaften und Finanzunternehmen mit Sitz im World Trade Center – „Geschäfte, die ohne Vorwissen wenig Sinn ergaben" schrieb u.a. auch das deutsche Nachrichtenmagazin *DER SPIEGEL* [2] . Dabei handelte es sich um sogenannte Put-Optionen, die ihren Anlegern quasi über Nacht Gewinne in Höhe von Hunderten von Millionen Dollar gebracht haben. Put-Optionen sind potentiell hochprofitable Spekulationen auf fallende Aktienkurse von bestimmten Unternehmen. Die Tatsache, dass in den Tagen unmittelbar vor den WTC-Anschlägen das Volumen der Put-Optionen auf die von den WTC-Anschlägen unmittelbar betroffenen Aktienwerte (z.B. die Aktien der Fluggesellschaft United Airlines (UAL), eine der beiden Fluggesellschaften, deren Maschinen für den Anschlag entführt wurden) um ein Vielfaches höher war, als an allen anderen Tagen, lässt Vorabwissen über die bevorstehenden Anschläge vermuten. Dieser Verdacht wird noch dadurch verstärkt, dass es sich hauptsächlich um Put-Optionen mit ganz kurzen Laufzeiten handelte, wodurch sich zwar einerseits das Risiko der Optionen enorm erhöht, aber andererseits der Kaufpreis der Option billiger und der Prozentualgewinn noch größer wird.

Die amerikanische Börsenaufsichtsbehörde hat, unmittelbar nachdem dieser Sachverhalt bekannt geworden war, eine rücksichtslose Aufklärung der Vorgänge angekündigt. Voller Zuversicht, auf diesem Weg eine Spur zu den Verwaltern der Kriegskasse von Osama bin Laden zu finden, versprach der Chef der US-Börsenaufsichtsbehörde (SEC) Harvey Pitt Ende September 2001 bei einer Anhörung im US-Kongress, seine Behörde werde „die Käufer finden, wo immer sie sind". Rein technisch hätte es auch möglich sein müssen, die Spuren zurück zu verfolgen, wenn schon nicht über die Auftragseingänge zum Kauf der Put-Option, so doch über die Mitnahme der Gewinne aus dem Verkauf der Optionen. Aber bereits wenige Monate nach entsprechend großspurigen Ankündigungen über die Aufklärung der Vorgänge und die Enttarnung der Hintermänner ist es um die Angelegenheit still geworden.

Das bestärkt Spekulationen, dass die Börsenaufsicht bei ihren Recherchen in ein Wespennest gestochen hat und auf jene seit langem bestehenden aber wenig publizierten, hoch brisanten Verflechtungen gestoßen sei, die zwischen der exklusiven New Yorker Hochfinanz und ihren politischen Freunde einerseits und der internationalen Schattenwelt aus Drogenkartellen, Geheimdiensten und korrupten Regierungsvertretern andererseits bestehen. Inzwischen ist bekannt, dass rund die Hälfte der UAL-Put-Optionen über die New Yorker Investmentbank Alex Brown Bankers Trust geordert wurde, eine US-Tochter der Deutschen Bank. Auf Nachfragen des *SPIEGEL* bezüglich des dortigen Auftraggebers habe der Sprecher der Bank mit Verweis auf das Kundengeheimnis jegliche Auskunft abgelehnt. Dazu merkte das Hamburger

Nachrichtenmagazin an: „Pikant an der Bankers-Trust-Connection ist der Umstand, dass gegen frühere Mitarbeiter der Bank seit langem wegen Verstrickung in Geldwäsche-Delikte ermittelt wird, während gleichzeitig der frühere Chef des Private Banking bei Alex Brown, Alvin Krongrad, heute dem Geheimdienst CIA als Direktor dient.“ [3]

Überlegungen sogenannter Verschwörungstheoretiker, CIA-Mitarbeiter hätten womöglich Informationen über bevorstehende Anschläge gehabt und versucht, damit Geld zu machen, weist *DER SPIEGEL* jedoch zurück. Er sucht lieber die Spur im Bereich der kriminellen Geldwaschanlagen. Die beteiligten Geldhäuser seien „vermutlich nicht in der Lage, die wahre Identität“ der Gewinner des Deals mit dem Terror auszumachen, weil diese im weltweiten Netz der Offshore-Zentren von Cayman Island bis Liechtenstein und den dort registrierten Briefkastenfirmen erfolgreich ihre Spur verwischen konnten. Auch diese Variante setzt ein Vorabwissen über die bevorstehenden Anschläge voraus. Aber in Washington hat man offensichtlich das Interesse an der Aufklärung dieser Hintergründe verloren.

1 - „German Firm Probes Final World Trade Center Deals“, *Reuters*, By Erik Kirschbaum , PIRMASENS, Germany Sunday December 16 9:23 PM ET)

2 - „Die Börsen-Spur, Wer machte den Super-Deal mit dem Terror?“, Von Harald Schumann, *SPIEGEL ONLINE* - 21. Januar 2002,
URL: http://www.spiegel.de/wirtschaft/0,1518,177957,00.html

3 - *DER SPIEGEL*; ebenda

# BANKEN - BÖRSEN - GEHEIMDIENSTE - TERROR

## DIE MONETÄREN NETZWERKE DES TERRORS

*Klaus Eichner*

Was ist der Einbruch in eine Bank gegen die Gründung einer Bank? B. Brecht

*Zu den rätselhaftesten Fragen um den 11. September gehören die Millionengewinne, die Unbekannte bei Börsenspekulationen mit den Aktien genau der Firmen, die vom Anschlag auf das WTC betroffen waren, gemacht haben. Klaus Eichner analysiert die verbrecherischen Börsenspekulationen und Finanzströme um den 11. September und informiert über eine neue Gattung von Sicherheitsbehörden, die Finanzgeheimdienste. Er wirft die Frage auf, warum diese speziellen Dienste mit ihrem großen technischen Möglichkeiten bisher keinen der Hintermänner dieses Skandals auffinden konnten.*

**Klaus Eichner** wurde 1939 geboren,
1957 bis 1990 Mitarbeiter im MfS, erst in der Spionageabwehr und dann in der Aufklärung (Hauptverwaltung A); 1974 Analytiker in der Abteilung Gegenspionage der HVA mit Spezialisierung auf die amerikanischen Geheimdienste; 1987 Leiter des Bereiches Auswertung/ Analyse der Abteilung Gegenspionage.
1992 Initiator zur Bildung eines „Insiderkomitees zur Förderung der kritischen Aufarbeitung der Geschichte des MfS“ und seitdem einer der Sprecher des Komitees, trat u.a. als Gutachter beim Europäischen Tribunal über den NATO-Krieg gegen Jugoslawien auf („Die Rolle der Geheimdienste bei der Vorbereitung und Durchführung des Krieges“, „Operation ‚Hufeisen' - Kriegslüge oder Kriegsgrund ?“); 1997 erschien „Headquarters Germany“ über die Tätigkeit der amerikanischen Geheimdienste in Deutschland (1945-1990) sowie zu den Maßnahmen der Spionageabwehr und der Gegenspionage der DDR zur Aufklärung und Paralysierung der Aktivitäten der USA-Geheimdienste.

Wenn mancher die Netzwerke des Terrors in den Höhlen des Hindukusch, in Wüstenforts arabischer Staaten oder in Studentenbuden in Hamburg sucht - dann sollte er umdenken lernen. Die effektivsten Netzwerke des Terrors findet man in den Großbanken der Welt, an den internationalen Börsen und in den Hauptquartieren zahlreicher Geheimdienste. Dort stößt der wirklich Suchende auf „... die ungeheuerlichen Verflechtungen von kriminellen Strukturen, Diktaturen und westlichen Demokratien bzw. deren führende Repräsentanten..." [1]

Am 11. September 2001 (!) hielt der stellvertretende Bundesanwalt des Staates New York, John Moscow, einen Vortrag auf einer internationalen Jahrestagung über Wirtschaftsverbrechen in Cambridge.
Moscow leitete in New York die Untersuchungen über die Praktiken der Bank of Credit and Commerce International (BCCI), über die noch zu berichten sein wird.
In Cambridge wurde von den Rednern die Rolle von Anwälten der großen Banken massiv attackiert, die unter Ausnutzung ihrer beruflichen Rechte die Aufdeckung von schweren Wirtschaftsverbrechen der Großbanken verhindern. Die Cambridge-Konferenz plädierte für eine weltweite Kampagne gegen Geldwäsche. Im Zusammenhang mit den Anschlägen vom 11. September dürfte dieser Appell auch die Totenglocke für den bisherigen Widerstand der Bush-Administration gegen wirksame internationale Maßnahmen auf diesem Gebiet gewesen sein, kommentieren Spezialisten aus Kreisen von Finanz-Geheimdiensten diese Entwicklung. [2]

## EIN EXKLUSIVER KLUB [3]

Finanz-Geheimdienste existieren seit Anfang der 90er Jahre ganz real in Form eines weltumspannenden Netzwerkes, obwohl kaum jemand in der Öffentlichkeit davon Kenntnis erhält.
Zu diesem exklusiven Klub von hochrangigen Finanzgeheimdiensten können laut internen Definitionen nur Einrichtungen gehören, die „autonom" sind. Autonomie bedeutet in diesem Sinne z.B., dass die entsprechende Institution das Recht haben muss,

Untersuchungen einzuleiten, Daten von anderen nationalen Einrichtungen (also auch allen nationalen Geheimdiensten) direkt abzufordern und – als das wichtigste von allem – berechtigt sein muss, Vereinbarungen mit anderen „autonomen" ausländischen Finanzgeheimdiensten abzuschließen, die den Informationsaustausch und die operative Zusammenarbeit bei allen Untersuchungen von gemeinsamen Interessen reibungslos gewährleisten.
Nach diesem strengen Reglement können bisher nur einige wenige bedeutsame Dienste in den Rang solcher Klubmitglieder erhoben werden.
Dazu zählen z.B.: Das **Financial Crimes Enforcement Center (FinCEN)** der USA, gebildet am 25. April 1990 und unterstellt dem Schatzministerium der USA; das **Traitement du Renseignement et Action contre les Circuits Financiers Clandestine (TRAFCIN)** in Frankreich; das **National Criminal Intelligence Network (NCIN)** des Vereinigten Königreiches und das **AUSTRAC** in Australien.
All diese Spezialdienste unterhalten engste Arbeitsbeziehungen mit INTERPOL. Bereits im Oktober 1990 unterzeichnete das FinCEN der USA ein Arbeitsabkommen mit INTERPOL. Die Zusammenarbeit wurde einige Zeit später auch personell abgesichert. Die bisherige stellvertretende Direktorin des FinCEN, Shelley Altenstadter, wurde am 13. September 1993 Leiterin des Nationalen Zentralbüros von INTERPOL in den USA. Vor ihrem Einsatz beim FinCEN hatte sie 17 Jahre Berufserfahrungen beim Zolldienst der Vereinigten Staaten gesammelt und u.a. von Rom aus die Aktivitäten der amerikanischen Zollbehörde in über 40 Ländern koordiniert.
Die deutschen Behörden haben es noch nicht geschafft, die Qualifikation für diesen Klub zu erreichen, da stört vornehmlich noch die föderale Struktur von Aufklärungsorganen im Finanzbereich, obwohl deren Ergebnisse bereits im Bundeskriminalamt koordiniert werden, und dort Verbindungsbeamte als Ansprechpartner des internationalen Netzwerkes tätig sind.
Auch Italien hat verschiedene Einrichtungen der Finanzkontrolle, aber eine nationale Organisation mit dem entsprechenden Status als „autonome" Institution fehlt dort noch.

Der Bundesrat der Schweiz legte im Januar 1994 einen Gesetzentwurf vor, in dem die Bildung einer Aufklärungseinheit der Polizei mit 25 Mitarbeitern zur Zentralisierung der Aufklärung über Organisierte Kriminalität, Drogenhandel und Geldwäsche festgelegt wurde.
Im Mutterland des Bankgeheimnisses gibt es auch schon ein Gesetz, das es den Banken ermöglicht – wenn auch nicht zwingend vorschreibt – über verdächtige Finanztransaktionen die Behörden zu informieren.

Für Insider, die die heftigen Auseinandersetzungen zwischen den USA und Frankreich mit gegenseitigen Vorwürfen über Wirtschaftsspionage in den 90er Jahren kennen, wird die enge Kooperation zwischen dem FinCEN und dem französischen TRAFCIN doch etwas überraschend sein. Das erste internationale Abkommen des Netzwerkes der Finanzgeheimdienste wurde bereits am 19. Februar 1992 zwischen FinCEN und TRAFCIN abgeschlossen und erhielt auf beiden Seiten einen ministeriellen Segen.
Während das FinCEN der USA zu diesem Zeitpunkt noch auf die Datensammlung fixiert war, hatte das TRAFCIN bereits Befugnisse zu direkten Eingriffen. Nach französischem Recht muss jede Finanzinstitution einen offiziellen TRAFCIN - Korrespondenten benennen, der berechtigt und verpflichtet ist, alle Informationen an TRAFCIN zu übergeben und Aufträge von TRAFCIN in seiner Institution zu realisieren.
Mit diesem Vertrag von 1992 hatte der exklusive internationale Klub der Finanzgeheimdienste Gestalt angenommen, die Kriterien über den Status als „autonomer Dienst" wurden in jenen Verhandlungen erarbeitet.
Die Zusammenarbeit mit den entsprechenden Einrichtungen in Großbritannien und Australien beruht nicht zuletzt auf den langjährigen Erfahrungen und Traditionen der vertraglichen Arbeitsbeziehungen im Rahmen der Fernmelde/elektronischen Aufklärung (UKUSA-Vertrag von 1947) und seiner Fortsetzung im weltumspannenden Aufklärungssystem ECHELON.

Diese Geheimdienste im Finanzbereich haben damit schon seit

Jahren die notwendigen Datenbanken und den Datenverbund, um Kontenbewegungen im internationalen Maßstab zu analysieren, zu dokumentieren und auch Instrumente, um Verdachtsmomente zu überprüfen.
Das FinCEN arbeitete bereits 1993/94 mit ca. 200 Mitarbeitern, die meisten mit Erfahrungen in Geheimdienstarbeit, im Zoll oder der Drogenfahndung. Das Budget des Jahres 1994 betrug 20 Millionen Dollar.
In den Speichern und Datenbanken des FinCEN z.B. werden alle Kontenbewegungen über 10.000 Dollar registriert und bewertet. Dafür wurde 1993 mit einem Aufwand von 12,5 Millionen Dollar ein Computersystem (Deposit Tracking System – DTS) installiert, mit dem die damals existierenden 388 Millionen Bankkonten in den USA unter Kontrolle gehalten werden konnten.

Nach dem 11. September 2001 haben Sicherheitsexperten vieler Länder als einen der effektivsten Wege der Aufklärung und Bekämpfung des Terrorismus das Erkennen und das „Austrocknen" der Finanzquellen und Finanzströme internationaler terroristischer Organisationen bezeichnet.
Was haben denn die Experten in den letzten 10 Jahren, bei ihren nur in Andeutungen erkennbaren riesigen nachrichtendienstlichen Möglichkeiten in internationalen Netzwerken, auf diesem Gebiet getan? Gab es da keine verwertbaren Informationen, haben die ständigen Analysen nicht zu Erkenntnissen über Ursprünge und Wege dieser Aktivitäten geführt?
Das sind einige der vielen Fragen, die auch heute noch im Raum stehen bleiben.

Offensichtlich war dieser Klub aber doch nicht effektiv genug. Am 5. Oktober 2001 verkündete die Bush-Administration, dass im Rahmen der Operation „Green Quest" eine spezielle Gruppe von Finanzexperten der Sicherheitsbehörden gebildet wird, um zu untersuchen, wie und wohin die Terroristen ihre Finanzen bewegen.
Diese Gruppe „Financial Action Task Force – FATF" hat bereits Vorschläge und einen Aktionsplan zur Bekämpfung der Finanzie-

rung des Terrors erarbeitet. Vollmundig verkündete Präsidentin Claire Lo bereits Anfang November 2001: „Heute hat die FATF neue internationale Standards zur Bekämpfung der Finanzierung des Terrorismus verabschiedet, die wir an alle Länder der Erde übergeben werden, damit sie dort ebenfalls Anwendung finden.“ [4]
Aber vielleicht haben die Terroristen die Geheimdienste auch nur geleimt, indem sie zum althergebrachten Geldverleiher gegangen sind?
Dieser Gedanke ist gar nicht so abwegig. Udo Ulfkotte beschreibt in seinem Buch „Propheten des Terrors“ das System HAWALA - Überweisung ohne Kontoauszug: [5]
Hawala heißt Vertrauen. Ich kann einem Händler eine beliebige Summe Geld anvertrauen, erhalte einen Zettel mit einer Ziffern- oder Buchstabenfolge. Die Kodierung wird an einen anderen Händler rund um den Globus übermittelt, dort kann mein Partner mit Bezug auf diese Kodierung das Geld entgegennehmen. Da gibt es keinen Kontoauszug, keine Bankgebühren etc.
Hawala ist nach Einschätzung der OECD eines der größten Geldwäscheunternehmen und bestens zur Finanzierung terroristischer Netzwerke außerhalb aller staatlichen und bürokratischen Strukturen geeignet.
In allen muslimischen Staaten arbeiten islamische Banken mit dem Hawala-System zusammen. Weltweit sollen so rund 200 Milliarden Dollar jährlich transferiert werden.
Und kein exklusiver Klub von Geheimdiensten kann ihnen mit den modernsten Hochleistungscomputern auf die Sprünge kommen!

Selbstverständlich können Datenbanken über Kontenbewegungen nicht alleinige Quelle von Erkenntnissen über den internationalen Terrorismus sein.
Besser ist es, man hat auch wirkliche Quellen, menschliche Quellen, mit exzellenten Zugangsmöglichkeiten zu den Führungskreisen internationaler Terrororganisationen.
Da kein Geheimdienst früher gut funktionierende Kontakte und dienstbereite Quellen aus seinem Einfluss entlässt, schauen wir einmal etwas zurück zu einer

Gemeint ist die „Bank for Credit and Commerce International - BCCI“, von Kennern auch: Bank for Crook and Criminal International (etwa: Bank für internationale Betrügereien und Verbrechen) genannt.
Dieses Verbrechenssyndikat wurde 1972 gemeinsam mit dem Chef des saudi-arabischen Geheimdienstes von einem pakistanischen Banker gegründet und hatte seinen offiziellen Hauptsitz in Luxemburg. Die BCCI agierte in mehr als siebzig Ländern der Erde.
Ihre Funktionen in internationalen Netzwerken der Verbrechen waren erst 1990 durch Untersuchungen der Bank of England öffentlich geworden. Die Filialen der Bank wurden am 5. Juni 1991 weltweit geschlossen.
Immerhin musste sich auch ein Untersuchungsausschuss des US-Senats mit der BCCI befassen und er stellte 1992 in einem Untersuchungsbericht fest:
„Die BCCI unterstützt Personen bei der Steuerhinterziehung, dem illegalen Transfer von Geld, Hawala-Transfers, ist ein sicherer Hafen für Gelder aus dem Drogen und Waffenhandel und eine Bank für die wichtigsten Nachrichtendienste der Welt.“ [6]
In einem Untersuchungsbericht vom 12. Dezember 1992 konstatierten die US-Senatoren John Kerry und Hank Brown: [7]
„Die BCCI war ein durch und durch korruptes und kriminelles Unternehmen. Deshalb benutzte die CIA die Bank für ihre weltweiten Geheimoperationen.“

Sehen wir uns einige dieser weltweiten Operationen der CIA einmal an.
Über Konten und Verbindungsleute der BCCI liefen die Operationen der sogenannten Iran-Contra-Affäre unter Leitung des Mitarbeiters des Nationalen Sicherheitsrates der USA, Oberstleutnant Oliver North. Ein Bestandteil dieser illegalen Operation war die Lieferung von Waffen – mit israelischer Unterstützung - an den Iran (damals wie heute aus US-amerikanischer Sicht einer der „Schurkenstaaten“, jetzt Bestandteil der „Achse des Bösen“) und die Übergabe der Gewinne aus diesem „Geschäft“ an die

„Contras“ in Nikaragua, obwohl der US-Kongress der Regierung eine weitere Unterstützung der „Contras“ untersagt hatte. Im Vorfeld einer Anhörung des damaligen stellvertretenden CIA-Direktors Robert Gates, später stellvertretender Sicherheitsberater von Präsident George Bush sen., vor dem Kongress zur Prüfung einer Berufung von Robert Gates als Direktor der CIA wurde bekannt, dass Gates Untersuchungen verhindert haben soll, mit denen die amerikanische Zollbehörde die Aktivitäten der BCCI überprüfen wollte. [8]

Ebenso realisierten die CIA und der Geheimdienst Pakistans Inter Services Intelligence - ISI die Unterstützung der Mudschaheddin in Afghanistan mit Waffen, Geld und Ausrüstungen über Verbindungsleute und Konten der BCCI.

Dass daneben noch Kontakte zur palästinensischen Abu-Nidal-Gruppe, zum Präsidenten Panamas, Noriega, (zu einem Zeitpunkt, da er schon unter Kontrolle der US-amerikanischen Drogenfahndung stand) und anderen zentralen Figuren der internationalen Drogen-, Waffenhändler- und Terroristenszene mit einer Vielzahl verschiedenster Operationen bestanden, braucht wohl kaum noch erwähnt werden.

Im Schwerpunkt war die BCCI mit Geldtransaktionen von 3.000 Drogen- und Waffenhändlern, Terroristen und Geldwäschern - und den hinter ihnen stehenden Geheimdiensten, besonders der USA, Saudi-Arabiens und Pakistans – beschäftigt, so die Zusammenfassung des Autors Andreas von Bülow. [9]

Überhaupt scheint die Rolle der weitverzweigten saudi-arabischen Königsfamilie und des Geheimdienstes Saudi-Arabiens im Zusammenhang mit dem internationalen Terrorismus in der öffentlichen Diskussion etwas unterbelichtet.
Der bekannte amerikanische Kolumnist Seymour M. Hersh beschrieb bereits im Oktober 2001 Aktivitäten der US-Geheimdienste zur Aufklärung und Kontrolle von Kontakten und Aktivitäten der Saudis. Nach seinen Feststellungen hat die National Security

Agency – NSA seit mindestens 1994 umfassend die Gespräche von Mitgliedern der saudischen Königsfamilie aufgezeichnet und ausgewertet. Daraus war ersichtlich, dass seit 1996 das saudi-arabische Königshaus größere Summen zur Unterstützung von Osama bin Ladens al Qaida und anderen extremistischen Gruppen in Afghanistan, Libanon, Jemen, in Zentralasien und in der Region des Persischen Golfs bereitgestellt hatte. CIA und FBI waren auch sichtlich verärgert, dass Saudi-Arabien sich lange geweigert hatte, Angaben über die 19 angeblichen Terroristen, die meisten von ihnen saudi-arabischer Herkunft, aus den Speichern des saudi-arabischen Geheimdienstes bereitzustellen. Hersh deutet einige Hintergründe an:

*„Wenn die Saudis mit Presseberichten konfrontiert wurden, die aussagten, dass einige der substantiellen Spenden, die die Königsfamilie regelmäßig an islamische Wohltätigkeitsorganisationen übergeben hat, letztlich zur al Qaida und anderen terroristischen Gruppen flossen, bestritten sie jede Kenntnisse über solche Transfers. Jedoch die aufgefangenen Informationen haben nicht wenige in der Geheimdienstgemeinschaft der USA zu anderen Schlussfolgerungen geführt.*

*Die Bush-Administration hat jedoch entschieden, die saudische Führung nicht mit Vorwürfen über ihre finanzielle Unterstützung von Terrororganisationen und ihre Verweigerung der Unterstützung bei der Untersuchung über die Terroristen zu konfrontieren.“* [10]

Das politische Magazin *Newsweek* in den USA bewertete in einer geschichtlichen Bilanz der Entwicklung im Nahen Osten und auf der arabischen Halbinsel vom 15. Oktober 2001 die Rolle Saudi-Arabiens mit folgenden Sätzen:

*„Das Regime der Saudis hat ein gefährliches Spiel getrieben. Es lenkt die Aufmerksamkeit von seiner eigenen schäbigen Bilanz ab, indem es religiöse Schulen und Zentren finanziert, die eine rigide, puritanische Spielart des Islam, den Wahhabismus, verbreiten. In den letzten dreißig Jahren haben von den Saudis finanzierte Schulen Zehntausende halbgebildeter, fanatischer Muslime produziert, die die moderne Welt und die Nicht-Muslime mit großem Misstrauen betrachten.“*

Das *Wall Street Journal* fasste in einem redaktionellen Leit-

kommentar vom 30. Oktober 2001 die Schlussfolgerungen zusammen:
Die USA-Unterstützung für das Königshaus der Saudis habe diese nicht davon abgehalten, *„diejenigen zu unterstützen, die Krieg gegen das Heimatland der USA führen. ...Heute ist die vorherrschende Tatsache der amerikanisch-saudischen Beziehungen, dass dieser ‚Freund' eine Hauptquelle für die Finanzierung von al Qaida ist.“* [11]

Auch der BND-Präsident August Hanning äußerte sich vorsichtig taktierend in einem *SPIEGEL*-Gespräch über die Rolle Saudi-Arabiens:
*„SPIEGEL: Müsste nicht bei der Debatte über Schurkenstaaten im Zusammenhang mit den Terroranschlägen des 11. September ein anderes Land eine viel wichtigere Rolle spielen – nämlich Saudi-Arabien, einst Hauptfinanzier von Taliban wie al Qaida?*
*Hanning: Wir sind noch dabei, die Strukturen aufzuklären und müssen uns wegbewegen von dem traditionellen Bild einer staatlichen Unterstützung des Terrorismus. Wir sehen Finanzströme, die über religiöse und wohltätige Stiftungen direkt in terroristische Strukturen liefen...*
*SPIEGEL: ... und die doch kaum dem bis letzten August amtierenden Saudi-Geheimdienstchef Prinz Turki verborgen geblieben sein dürften. Turki kannte bin Laden und die Top-Leute der Taliban gut.*
*Hanning: Ich wäre sehr vorsichtig mit allen Behauptungen, die darauf hindeuten, dass die saudische Regierung und das Königshaus direkt involviert waren. Und was die Rolle von Prinz Turki betrifft: Natürlich haben viele gewusst, was in Afghanistan geschieht. ...“* [12]

Der (freiwillige oder erzwungene?) Rücktritt von Prinz Turki al Faisal als Chef des saudischen Nachrichtendienstes General Intelligence Department löste eine Vielzahl von Vermutungen und Spekulationen aus.
Immerhin war Turki über Jahre hinweg am engsten in die Beziehungen zwischen Saudi Arabien und fundamentalistischen isla-

mischen Bewegungen eingebunden bzw. hat sie an führender Stelle mitgestaltet.
Turki war der offiziell Verantwortliche in der saudischen Regierung zur Kontrolle der Finanzierung der afghanischen Guerillas gegen die sowjetische Besetzung von 1979 bis 1989.

Im Juni 1998, zwei Monate vor den Anschlägen auf die USA-Botschaften in Ostafrika, verhandelte Prinz Turki mit dem Taliban-Führer Mullah Mohammed Omar über die Auslieferung von Osama bin Laden an Saudi Arabien. Bin Laden wurde der regierungsfeindlichen Agitation und der Opposition gegen die Anwesenheit von USA-Truppen in Saudi Arabien beschuldigt.
Nach den Raketenangriffen der USA auf den Sudan und Afghanistan als Reaktion auf die Bombenanschläge auf die USA-Botschaften in Nairobi und Daressalam im September 1998 lehnte Mullah Omar weitere Verhandlungen ab.

Turki trat am 31. August 2001 von seinem Posten zurück. Es wird in Insiderkreisen vermutet, dass die USA unzufrieden waren über seine Kontakte mit den Taliban und seine erfolglosen Versuche, bin Laden an Saudi Arabien ausliefern zu lassen.
Über die möglichen Hintergründe berichtete *East-West-Records (EWR)* vom 15. Oktober 2001:
*„Leitende Mitarbeiter der amerikanischen Geheimdienste bestätigten EWR die Beziehungen zwischen Prinz Turki al Faisal und Osama bin Laden und dass ein kürzliches Treffen zwischen ihnen vermutlich zum Rücktritt von Prinz Turki als Chef des saudischen Nachrichtendienstes geführt habe.*
*Unter der Bedingung absoluter Anonymität bestätigte ein leitender Mitarbeiter eines amerikanischen Geheimdienstes, dass Prinz Turki al Faisal sich wenige Tage vor den Bombenanschlägen vom 11. September auf das WTC mit Osama bin Laden in Afghanistan getroffen habe. Anders als frühere Treffen „war das unangebracht“ erklärte der Beamte.*
*Prinz Turki al Faisal war lange Zeit ein Unterstützer und Verbündeter von bin Laden seit der sowjetischen Invasion in Afghanistan und hatte häufige Treffen mit bin Laden im Verlauf der*

*Jahre, aber nach der letzten Begegnung wandte sich Prinz Turki öffentlich gegen bin Laden.*
*‚Es gibt mehrere Szenarien, die wir untersuchen', erklärte ein leitender Regierungsbeamter der USA, ‚aber alle sind irgendwie mit Palastintrigen verbunden.'*
*Geheimdienstmitarbeiter spekulieren darüber, dass Prinz Turki regelmäßig Geheimdienstinformationen an bin Laden weitergeleitet habe und versuchte, seine Spuren zu verwischen.*
*Eine andere Möglichkeit, die offiziell untersucht wird, besteht darin, dass Turki im Verlauf der Informationsübermittlung an bin Laden Hinweise über die geplanten Angriffe erhalten habe und versucht habe, diesen von dem Vorhaben abzubringen. Sein Versagen bei der Verhinderung der Anschläge und sein Versäumnis, darüber trotz seiner frühzeitigen Kenntnisse die USA zu unterrichten, mit denen ein Vertrag über den nachrichtendienstlichen Informationsaustausch besteht, dürften seine Ablösung als Geheimdienstchef ausgelöst haben."* [13]

Die zurückhaltende Reaktion des saudischen Geheimdienstes bei der Unterstützung von FBI und CIA in der Aufklärung von Hintergründen bei den Teilnehmern saudischer Nationalität an den Terroranschlägen wirft zumindest Fragen auf über das Wissen oder möglicherweise den Anteil des saudischen Geheimdienstes an diesen Anschlägen, bis hin zu der Frage, ob die Piloten der Terrorflugzeuge womöglich im Auftrag oder mit Unterstützung des saudischen Geheimdienstes von US-Fluglehrern ausgebildet wurden.

Nicht zuletzt aus dieser Sicht und zur Aufhellung der offensichtlichen Zurückhaltung der Führungskreise der USA und ihrer Geheimdienste sowie des BND bei der Bewertung der Rolle Saudi-Arabiens sollten uns einige der personellen Verflechtungen der BCCI interessieren.
20% der Anteile an der BCCI wurden vom saudischen Banker Khalid bin Mahfouz gehalten. Mahfouz ist der Leihbankier der saudischen Königsfamilie und repräsentiert nach dem Herrscherhaus die reichste Familie in Saudi-Arabien. Er soll auch das Fi-

nanzimperium von Osama bin Laden verwalten – warum auch nicht, ist er doch mit einer Schwester von Osama bin Laden verheiratet. Man wird doch seinem Schwager noch ein wenig zu Gefallen sein dürfen! [14]
Spätestens über diese Linie kommen wir von Khalid bin Mahfouz aber auch sehr direkt zu den Spuren der texanischen Ölmultis und über sie zu den Spitzen der US-Administration. Diese sind z.B. in dem saudischen Investmentunternehmen „Carlyle-Group" als Teilhaber präsent. Da finden wir George W. Bush sen. und jun., James A. Baker III, ehemaliger Außenminister unter Bush Vater, Frank C. Carlucci, einstmals stellvertretender CIA-Direktor und später Verteidigungsminister unter Ronald Reagan, aber auch den saudischen Prinzen Al Walid Ben Talat, Neffe von König Fadh.

Mahfouz war 1987 mit 11,5 Prozent an der „Harken Energy Corporation" beteiligt. Ein Blick in die Firmengeschichte der „Harken-Energy Co." gibt uns weitere interessante Einblicke.
1978 gründete der heutige Präsident der USA die Ölfirma Arbusto Energy in Austin/Texas. Ein Gesellschafter der Firma war der enge Freund der Familie Bush und Mitarbeiter der CIA, James Buff, mit guten Beziehungen zur Königsfamilie in Saudi-Arabien – und tätig als Verbindungsmann zur BCCI. In die Arbusto Energy investierten aber auch Khalid bin Mahfouz und Salim bin Laden, der Bruder von Osama bin Laden. Das ist nicht ganz verwunderlich, denn der Vater bin Laden war bereits in den 60er Jahren in das texanische Ölgeschäft eingestiegen, 1973 übersiedelte sein Sohn Salim nach Texas (und gründete dort u.a. die Fluggesellschaft bin Laden Aviation in Austin/Texas!).
1982 wurde Arbusto Energy in Bush Exploitation Oil umbenannt und einige Zeit später mit anderen Firmen zur Harken Energy Co. fusioniert. Wesentliche Teile des Kapitals der Firma kamen von Firmen, die ihre Konten bei der BCCI unterhielten. [15]

Die französischen Autoren Jean Charles Brisard und Guillaume Dasquie, denen gute Kontakte zu Geheimdienstkreisen nachgesagt werden (Brisard fertigte vor einiger Zeit eine Studie über

das Finanzimperium bin Laden's für den französischen Abwehrdienst „Direction de la Surveillance du Territoire – DST" und Dasquie ist Herausgeber von *Intelligence online*), erläutern in ihrem kürzlich erschienen Buch „Ben Laden – La Verite Interdite" („Bin Laden – die verbotene Wahrheit") einige weitere Hintergründe. Der frühere Direktor der Antiterroreinheit des New Yorker Büros des FBI, John P. O'Neill, berichtete den Autoren, dass die Vereinigten Staaten es ablehnten, Saudi-Arabien bezüglich bin Laden zu konfrontieren, da die großen Ölbosse die auswärtige Politik der USA beherrschen. O'Neill war aus dem FBI ausgeschieden, da er immer stärkere Zweifel an der Art und Weise der Ermittlungen über den ersten Anschlag auf das World Trade Center 1993 und auf die USA-Botschaften in Kenia und Tansania hegte. John P. O'Neill führte auch die Ermittlungen über den Anschlag auf den amerikanischen Zerstörer „USS Cole" im Jemen. Die Botschafterin der USA im Jemen, Barbara Bodine, verweigerte ihm die erneute Einreise mit der Begründung, er und sein Team hätten zu wenig Sensibilität zu den Befindlichkeiten und der Kultur des jemenitischen Volkes gezeigt und damit die Beziehungen der beiden Staaten belastet.
Nach seinem Ausscheiden aus dem FBI war O'Neill als Sicherheitschef des World Trade Centers tätig und starb bei dem Anschlag vom 11. September.
Gegenüber den Autoren hatte er sich bitter darüber beklagt, dass das FBI in seinen Untersuchungen zum internationalen Terrorismus immer wieder vom Außenministerium der USA behindert wurde. Die Regierung der Vereinigten Staaten hatte dem FBI einige Jahre lang verboten, Untersuchungen zur Rolle von bin Laden anzustellen.
Die Autoren zitieren O'Neill mit den Worten: „Alle Antworten, die gebraucht werden, um die Organisation von Osama bin Laden zu zerschlagen, können in Saudi Arabien gefunden werden." [16]

## DEAL MIT DEM TERROR?

Bereits wenige Tage nach den Terroranschlägen vom 11. September lagen bei der zentralen Aufsichtsbehörde der USA für Börsen-

geschäfte, der Securities and Exchange Commission (SEC), mehrere Anzeigen über verdächtige Börsengeschäfte vor.
In diesen Fällen handelte es sich um sogenannte Put-Optionen. Mit den Put-Optionen spekuliert der Anleger auf einen zu erwartenden Fall des Kurses bestimmter Aktien. Durch die Puts erwirbt er das Recht, die Aktien für einen Festpreis zu einem späteren Termin zu verkaufen. Fällt der tatsächliche Kurs der Aktie unter den vereinbarten Festpreis, steigt der Kurs der Put-Option. Der Vorteil des Kaufs von Put-Optionen ist, dass sie nur einen vergleichsweise geringen Kapitaleinsatz erfordern, aber im Fall der richtig „erkannten“ Kursentwicklung enorme Gewinne abwerfen.

Am 6. und 7. September verzeichneten die Händler an der Chicagoer Börse den Kauf von 4744 Put-Optionen für Aktien der United Airlines (UAL), einer der beiden Fluggesellschaften, deren Maschinen für den Anschlag entführt wurden. Der Umsatz betrug ein Vielfaches der an anderen Tagen gehandelten Menge dieses Kontrakts.
Nach den Anschlägen fiel der Wert der UAL-Aktien um 42 Prozent, das erbrachte für die Inhaber der Put-Optionen einen Gewinn von rund 5 Millionen Dollar.
Auch für Anteile von American Airlines, der anderen betroffenen Fluggesellschaft, kauften Unbekannte noch am 10. September 4516 Put-Scheine. Der Aktienwert fiel um 39 Prozent, die Put-Optionen warfen rund 4 Millionen Dollar Gewinn ab.
Für einen bevorstehenden Absturz der Aktienwerte gerade dieser Fluggesellschaften gab es zu diesem Zeitpunkt an den Börsen keine Hinweise. Für keine andere Fluggesellschaft wurden solche sprunghaften Entwicklungen im Aktienhandel festgestellt.

Nicht minder rasant waren die Spekulationen gegen die Aktienwerte der Investment-Bank Morgan Stanley Dean Witter & Co., die auf 22 Etagen große Abteilungen im World Trade Center unterhielt, sowie den Konkurrenten Merrill Lynch, der in einem der Nachbargebäude der Twin Towers untergebracht war. Für beide Papiere schnellten die Verkäufe von ebensolchen Put-Optionen kurz vor dem 11. September um bis zu 2000 Prozent in die Höhe,

der Gewinn dürfte rund 7,5 Millionen Dollar bei beiden Transaktionen betragen haben.
Während für die Morgan-Bank vor dem 6. September ein täglicher Durchschnitt von 27 Put-Optionen charakteristisch war, wurden danach 2.157 Optionen erworben. Bei Merrill Lynch betrug das Verhältnis durchschnittliche 252 Optionen pro Tag gegen 12.215 Optionen nach dem 6. September.
Für diese Aktienwerte waren keinerlei negative Unternehmenszahlen oder Prognosen auf dem Markt.

Don Radlauer, Börsenspezialist und Autor einer Studie [17] über diese Vorgänge für das israelische „Institute of Counter Terrorism" nennt folgende Kriterien für kriminelle „Insidergeschäfte" dieser Art:

- Das Timing ist ein wenig zu gut
- Die Transaktion ist zu genau gezielt
- Die Transaktion ist zu umfangreich
- Der Handel weicht deutlich ab vom normalen Level der Geschäfte mit diesen Aktien
- Die Transaktion ist selbst für Börsianer zu spekulativ.

Nach seinen Berechnungen dürfte die Gesamtsumme der Gewinne bei mindestens 16 Millionen Dollar gelegen haben.
Ähnliche Feststellungen traf auch Jon Najarian, Mitinhaber der Firma PTI Securities, die selbst täglich im Optionshandel tätig ist: „Das widersprach ganz außerordentlich den üblichen Handelsvolumina."

Es gibt noch einen zusätzlichen Aspekt, der den Verdacht auf gezielte Insideraktionen unterstützt. Einer der ominösen Kunden an der Chicagoer Börse löste Kontrakte im Wert von 2,5 Millionen Dollar nicht ein, die Optionen verfielen.
Vermutlich hatten die Planer und Akteure nicht damit gerechnet, dass nach den Anschlägen die Börse für vier Tage geschlossen und der Handel für einen Teil der Kontrakte ausgesetzt wurde. Aber vier Tage nach dem Anschlag könnte die Einlösung der Optionen, selbst bei Einsatz von Strohmännern, evtl. schon zu gefährlich sein und zu viele nachprüfbare Spuren hinterlassen.

Don Radlauer kommt zu folgender Schlussfolgerung:
*„Die Schwierigkeiten werden natürlich darin bestehen, die Transaktionen bis zu ihren wirklichen Quellen zu verfolgen. Der Handel wurde mit Gewissheit unter falschen Identitäten getätigt, dazu noch versteckt hinter ineinander verschachtelten Firmenkonstruktionen und generell ganz gezielt getarnt. Wenn in der Tat die Angriffe des „Schwarzen Donnerstags" – und die dazugehörigen Absicherungsmaßnahmen – unter der Führung von Osama bin Laden erfolgten, dann haben wir es hier mit einem Experten in der Tarnung von Eigentumsanteilen an Unternehmen und in der Durchführung von verdeckten Aktionen zu tun. Das bedeutet nicht, dass es unmöglich ist, die Hintergründe dieser Transaktionen aufzuklären, aber es wird vermutlich weder schnell noch leicht sein."* [18]

Natürlich haben selbst die Mitglieder des exklusiven Klubs der Finanzgeheimdienste große Probleme, sich im Dschungel des weltweiten Netzes der Offshore-Zentren von Cayman Island bis Liechtenstein und den dort registrierten Briefkastenfirmen zurechtzufinden. Wenn jedoch die beteiligten Dealer so erfolgreich ihre Spuren verwischen konnten, dann hätten die beteiligten Banker und Börsianer aber zumindest gegen eine Grundregel der Geldwäsche-Bekämpfung verstoßen: „Know your customer" - handele nur mit Kunden, die du kennst.

Aber doch muss noch einmal gefragt werden: Rechtfertigen diese anerkanntermaßen beträchtlichen Schwierigkeiten bei einem Apparat mit den nur angedeuteten enormen nachrichtendienstlichen Möglichkeiten solche ergebnislosen Ermittlungen wie im Falle der Börsen-Transaktionen?
Während Justizminister Ashcroft und das FBI sonst viele Fahndungsdetails – ob wahr oder unwahr – über die Ermittlungen bezüglich der Terroranschläge in die Öffentlichkeit brachten, gibt es sowohl vom FBI als auch von den Fahndern der die Ermittlungen führenden zentralen Aufsichtsbehörde, der Securities and Exchange Commission (SEC), keine Äußerungen über den Stand der Ermittlungen, aber nun auch seit Monaten keinerlei Erfolgs-

meldungen. Gerade diese brauchten die Geheimdienste der USA dringend, um vom Vorwurf der Unfähigkeit oder des Verschleppens der Ermittlungen abzulenken. SEC-Chef Pitt hatte ja bereits im September 2001 versprochen, dass die SEC alle Informationen bekommen wird.

Mit großer Wahrscheinlichkeit liegen diese Defizite jedoch nicht nur in der fehlenden Qualität der Fahndungsmaßnahmen. Es wird als Tatsache angesehen, dass einflussreiche Firmen der US-Finanzindustrie recht tief in den Umgang mit Kapital aus zweifelhaften Quellen verstrickt sind. So wurde bekannt, dass rund die Hälfte der UAL-Optionen über die Investmentbank Alex Brown Bankers Trust geordert wurde, der US-Tochter der Deutschen Bank. Der amerikanischen Öffentlichkeit ist bekannt, dass gegen frühere Mitarbeiter von Brown Bankers Trust seit langem wegen Verstrickung in Geldwäsche-Delikte ermittelt wird.
Nach Auffassung von Börsenfachmann Don Radlauer gebe es für das Schweigen der SEC über die ursprünglich so heiße Spur zu den Hintermännern des Terrors eine einfache Erklärung: „Sie können nichts sagen, ohne die Reputation der involvierten Banken zu beschädigen.“

Vollends schließt sich der Kreis durch den Fakt, dass der frühere Chef des Bereiches Privatkundenbetreuung im Brown Bankers Trust, Alvin (Buzzy) Krongard, heute dem Geheimdienst CIA als Exekutiv-Direktor dient. Eine solche Funktion ist kein Sessel für ein Altenteil, Krongrad fungiert de facto als Operativ-Chef der CIA, der für alle nachrichtendienstlichen Operationen verantwortlich zeichnet. In diese Funktion wird man auch nicht berufen, wenn man keine nachrichtendienstlichen Erfahrungen hat und sich nicht schon zuvor Verdienste in diesem Geschäft erworben hat. [19]

1 - Vgl. Jürgen Roth: „Netzwerke des Terrors“, Europa-Verlag, Nov. 2001, S. 201

2 - Vgl. Intelligence Newsletter Nr. 390/2001 vom 24.Sept. 2001, S. 39: „USA/Great Britain: Targeting Dirty-Money Lawyers

3 - die Ausführungen zu diesem Abschnitt beruhen u. auf Publikationen der in Paris erscheinenden Zeitung „Intelligence Newsletter“, z.B. in der Ausgabe Nr. 236 vom 10. März 1994

4 - Vgl. *Associated Press* vom 25. Oktober 2001 und „Agence Europe“ vom 5. November 2001 (www.agenceeurope.com)

5 - Vgl. Udo Ulfkotte: „Propheten des Terrors - Das geheime Netzwerk der Islamisten“; Wilhelm Goldmann Verlag München, Dezember 2001; S. 153ff.

6 - Vgl. „Minutes of Evidence Taken before House of Commons Treasury and Civil Service Committee; Banking Supervision and BCCI, 5. Februar 1992; zitiert bei Jürgen Roth: „Netzwerke des Terrors“, Europa-Verlag, 2001, S. 189

7 - Vgl. „The BCCI-AffAIR: A Report to the Committee on Foreign Relations United States Senate"; zitiert bei Jürgen Roth: „Netzwerke des Terrors“, Europa-Verlag, 2001, S. 190

8 - Vgl. dazu: *Süddeutsche Zeitung* vom 20./21.07.1991: „Erste Risse in der Mauer des Schweigens“ unter Berufung auf Meldungen der britischen Zeitung Financial Times und der US-Fernsehgesellschaft *ABC*.

9 - Vgl. Andreas von Bülow: „Im Namen des Staates“, Piper, 1998, S. 258

10 - Vgl. „The New Yorker" vom 22. Oktober 2001: „Kings Ransom" von Seymour M. Hersh

11 - zitiert in *Neues Deutschland* vom 23./24.02.2002, S. 25: „Vierter Weltkrieg gegen den Islam?“

12 - Vgl. Der *SPIEGEL* Nr. 8/2002, S. 171ff. „Ganz neue Bedrohungsszenarien“

13 - Vgl. *East-West-Records* 15.10.2001:
BREAKING NEWS-*EWR* EXCLUSIVE

14 - Anmerkung: Eine ausführliche Darstellung der internationalen Verquickungen der Banken- und Firmenimperien des Mahfouz-Clans, der bin Laden Familie und anderer saudi-arabischen Führungskreise ist zu finden in: Boston Herald vom 14. Oktober 2001: Saudi elite linked to bin Laden financial empire; Special Report/by Jonathan Wells, Jack Meyers and Maggie Mulvihill

15 - Vgl. u.a. „RotFuchs", November 2001, S. 15, nach einem Artikel im Gießener Echo“ vom Oktober 2001

16 - zitiert nach „Intelligence Newsletter“ Nr. 393, S. 1, vom 19.11.2001

17 - Vgl. Don Radlauer: „Black Tuesday: The World’s Largest Insider Trading Scam?; www.ict.org.il

18 - Ebd.

19 - Anmerkung: Dem Abschnitt Deal mit dem Terror? liegt u.a. eine ausführliche Darstellung von Harald Schumann im *SPIEGEL ONLINE* vom 21. Januar 2002 zugrunde (www.spiegel.de/wirtschaft/0,1518,)

# MORD-REPORT

## STAATSTERRORISMUS MADE IN USA
## US-SENAT DOKUMENTIERTE VERDECKTE OPERATIONEN DER CIA

*Ilse und Horst Schäfer*

*Schon am Anfang der Debatte um die Hintergründe des 11. September spielt es eine große Rolle: das weitverbreitete Misstrauen gegen die amerikanische CIA, überall auf der Welt. Ilse und Horst Schäfer untersuchen einen Teil der Geschichte dieses Dienstes, die eine lange Kette von Verbrechen darstellt. Sie stützen sich dabei auf die Untersuchungen eines Sonderausschusses des US-amerikanischen Kongresses, den „Mordreport".*


**Ilse und Horst Schäfer,** Diplom-Journalisten

- Ilse 1933 in Fürstenberg/Havel, Horst 1930 in Detmold/Lippe NRW
- Beide Abitur 1952, Studium der Publizistik in Leipzig (Ilse 1952-56, Horst 1952-1955)
- journalistische Tätigkeit im In- und Ausland (Wort- und Bildberichterstattung für Nachrichtenagenturen, Zeitungen, Rundfunk, Fernsehen) von 1956 bzw. 1955 bis Ende 1991 (17 Jahre in München, mehr als 10 Jahre in den USA, ca. 4 Jahre in Berlin, 4 1/2 Jahre in Bonn)
- Zahlreiche Reportagen über die USA und westeuropäische Länder
- von 1975 bis 1981 als Korrespondenten akkreditiert im Weißen Haus und im US-Senat in Washington, von 1983 bis 1987 an der UNO in New York sowie bei der kanadischen Regierung in Ottawa.
- 1975 u.a. Berichterstattung über die Ermittlungen des Geheimdienstausschusses des US-Senats (Church-Ausschuß)

# EINLEITUNG

US-Senator Frank Church gab seiner mit Spannung erwarteten Rede über die Tätigkeit der CIA den Titel „Sumpf der amerikanischen Außenpolitik“. Mehrere Monate hatte unter seiner Leitung ein Senatsausschuss beider Parteien – der regierenden Republikaner und der oppositionellen Demokraten – die Interventions- und Einmischungspolitik des Geheimdienstes insbesondere im Ausland untersucht. Als Resümee nannte Church seinen sichtlich betroffenen Zuhörern im Sheraton-Hotel in Washington einige Beispiele aus dem gerade veröffentlichten 350 Seiten langen Ausschussbericht über CIA-Mordkomplotte gegen ausländische Politiker* und ergänzte sie um weitere völkerrechtswidrige Aktionen, die in den Untersuchungen keine Rolle gespielt hatten. Hier ein wörtlicher Auszug aus seinem Redemanuskript:

*„Wir beseitigten die Regierung von Guatemala, als uns ihre linke Richtung mißfiel; wir versuchten, einen Bürgerkrieg gegen Sukarno in Indonesien anzuzetteln; wir intervenierten, um den Schah wieder auf den Thron in Iran zu bringen, nachdem (der gewählte Ministerpräsident) Mossadegh die Monopolherrschaft von British Petroleum über das iranische Erdöl gebrochen hat; wir versuchten, mit einem gescheiterten Landeunternehmen einer Exilarmee in der Schweinebucht eine Konterrevolution in Kuba zu starten; wir führten sogar einen geheimen Krieg in Laos und bezahlten Angehörige des Meo-Stammes und thailändische Söldner dafür, dass sie dort für uns kämpften.*

*Alle diese Einsätze wurden ohne Wissen und Einverständnis des Kongresses begonnen. Kein Land war zu klein, kein ausländischer Staatsmann zu unbedeutend, um unserer Aufmerksamkeit zu entgehen.*

*Wir schickten tödliches Gift mit der Absicht in den Kongo, Lumumba mit einer lebensgefährlichen Krankheit zu infizieren; wir bewaffneten Dissidenten in der Dominikanischen Republik, obwohl wir ihre Absicht kannten, Trujillo umzubringen; wir waren*

*Teil eines militärischen Staatsstreichs in Südvietnam, mit dem dieselbe Regierung gestürzt wurde, die wir versprochen hatten zu verteidigen; und als sich Ministerpräsident Diem widersetzte, wurden er und sein Bruder von eben den Generalen ermordet, denen wir Geld und Unterstützung gaben; jahrelang versuchten wir, Fidel Castro und andere kubanische Staatsmänner zu ermorden. Die verschiedenen Anschläge verteilten sich über drei (US)-Regierungen und schlossen eine ausgedehnte Zusammenarbeit zwischen CIA und Mafia ein.“*

Zusammenfassend charakterisierte der Senator die US-Politik der politischen Morde (Assassination) mit den Worten: „Assassination ist nichts Geringeres als ein Akt des Krieges...“. CIA-Chef William Colby dagegen meinte beschwichtigend auf derselben Veranstaltung, die Enthüllungen über den Mordterror der CIA seien „Angelegenheiten der Vergangenheit, Dinge, die ein neuer Geheimdienst ausgerottet und korrigiert hat“. Colby versprach eine „neue Rolle für Geheimdienste, die moderne amerikanische Regeln und Werte widerspiegelt“.

Es ist 26 Jahre her, dass diese Reden gehalten wurden: am 4. Dezember 1975. Der Untersuchungsausschuss des US-Senats unter Leitung von Church (Demokraten) und John Tower (Republikaner) war gerade zu dem Ergebnis gekommen, dass die CIA mindestens seit 1961 die Fähigkeit entwickelt hatte, ausländische Führer umzubringen. Sie sei in zahlreiche Morde, Mordversuche und andere terroristische Aktionen verwickelt gewesen. Prominente Mitglieder des elfköpfigen Gremiums waren Walter Mondale, u.a. Vizepräsident der USA und unterlegener Präsidentschaftsbewerber der Demokraten gegen Reagan, sowie Barry Goldwater, unterlegener Präsidentschaftsbewerber der Republikaner gegen Lyndon B. Johnson. Als Ergebnis des sensationellen Senatsberichts erließ Präsident Gerald Ford Anfang 1976 ein Verbot politischer Morde durch die CIA und andere US-Geheimdienste im Ausland. Angeblich ist das von allen Präsidenten eingehalten worden - bis zum 11. September 2001...

Wenige Tage nach den Terroranschlägen in New York und Washington – gerade war die Versicherung der „uneingeschränkten Solidarität" des deutschen Kanzlers Schröder in Washington eingetroffen – machte laut *Washington Post* vom 17. September 2001 die Regierung der USA durch Außenminister Colin Powell deutlich, dass sie diese Anschläge nutzen will, um auch offiziell wieder zu der vor 26 Jahren verurteilten Politik zurückzukehren. Das Verbot politischer Morde durch die CIA solle aufgehoben, der geheimdienstliche Mord also wieder Regierungspolitik werden.

Fünf Wochen später, am 21. Oktober, konnte das Hauptstadtblatt dann unter Berufung auf höchste Regierungskreise bestätigen, dass Präsident Bush im September die CIA angewiesen hatte, „tödliche Operationen" zu unternehmen. Solche verdeckten Aktionen der CIA spielten bei der Offensive des Präsidenten gegen den Terrorismus „eine Schlüsselrolle". Autor des Artikels war Bob Woodward, der Mitte der 70er Jahre zusammen mit seinem Kollegen Carl Bernstein den Watergate-Skandal enthüllt hatte. 1987 veröffentlichte er das Buch „Reagan und die geheimen Kriege der CIA 1981 bis 1987".

Würde Senator Church noch leben – er starb 1984 – und seine eingangs zitierte Rede von 1975 jetzt aktualisieren wollen, könnte er die Liste von Morden und „geheimen Kriegen", in die CIA und US-Regierung verwickelt waren, um ein Mehrfaches verlängern. „Der lange Schatten der CIA", wie *Die Woche* am 28. September 2001 titelte, ist weltumspannend. Hier nur zwei Anmerkungen - zu Afghanistan und Chile: Dass die Mudschaheddin ein Produkt der CIA sind, von den USA rekrutiert und ausgebildet, mit mehr als drei Milliarden Dollar finanziert und mit den besten Waffen bis hin zu Stinger-Raketen ausgerüstet wurden, ist bekannt. Die USA legitimierten den Aufbau der Terrortruppe mit der sowjetischen Aggression in Afghanistan. Der Sicherheitsberater des damaligen US-Präsidenten Jimmy Carter, Zbigniew Brzezinski, hat 1998 gegenüber der angesehenen französischen Wochenzeitung *Le Nouvel Observateur* bestätigt, was der ehemalige CIA-Direktor Robert Gates schon in seinen Memoiren ausplauderte: Die USA hatten bereits sechs Monate vor dem Einmarsch sowjetischer Truppen mit den Mudschaheddin zusammengearbeitet, um die Lage zu destabilisieren und die Sowjetunion zu provozieren.

Im letzten Teil des Mord-Reports gehen wir ausführlich auf den Mordanschlag gegen General Schneider 1970 in Chile ein, wie er vom Senatsausschuß 1975 dokumentiert wurde. Mit ihm hatten die USA den Auftakt zum Sturz der Regierung Allende gegeben. Schon damals tauchte immer wieder der Name des damaligen Sicherheitsberaters von Präsident Richard Nixon und späteren Außenministers Henry Kissinger auf. Inzwischen liegen Dokumente vor, die genau diese maßgebliche Beteiligung Kissingers am Schneider-Mord und am Sturz der Regierung Allende beweisen. Und deshalb hat auch Schneiders Familie – genau am 11. September 2001, der ja auch der 28. Jahrestag des CIA-initiierten und -finanzierten Militärputsches in Chile war – gegen den bekannten US-Politiker Strafantrag vor einem Washingtoner Gericht gestellt.

## Drogenbarone und andere Kriminelle

Der Ausschuss befasste sich 1975 auch mit der Praxis, die Rolle der US-Regierungen und insbesondere der Präsidenten bei den Mordkomplotten durch „glaubhafte Dementis" (plausible denial) zu verschleiern und ihnen die Möglichkeit zu geben, immer sagen zu können: „Davon haben wir nichts gewußt". Das Ergebnis war allerdings, dass der Dreck immer an den mit der Planung und Durchführung der Morde beauftragten CIA-Mitarbeitern hängenblieb. Sowohl zur Motivation für künftige CIA-Attentäter als auch zu ihrem Schutz wollen Präsident Bush und die CIA-Führung nun die Verantwortung für alle Killer-Aufträge übernehmen. Das bedeute allerdings nicht, so ein Geheimdienstinformant am 28. Oktober 2001 in der *Washington Post,* dass solche CIA-Operationen öffentlich angekündigt würden. Doch der schriftliche Verantwortungsstrang innerhalb der USA-Regierung für solche Mordaufträge müsse jetzt unzweifelhaft bei der „politischen Führung" beginnen.

John C. Gannon, bis Juni 2001 Vizedirektor der CIA, präzisierte diese Meinung im selben Artikel: „Ich möchte, dass die Anleitung durch den Präsidenten so klar wie nur möglich ist, eingeschlossen die Namen der (Ziel)-Personen", sagte Gannon. „Man muß die politische Ebene hinter sich haben, damit der Geheimdienstoffizier nicht in der Luft hängenbleibt." Weiter schreibt das Blatt: „Informierte Kreise weisen auch auf die Möglichkeit hin, dass ausländische Agenten gezielt Morde im Namen der CIA ausführen." Ein Informant habe von Jordanern, Ägyptern und Sudanesen gesprochen, „die bereit sind, das für uns zu tun". Einen Tag später, am 29. Oktober, ergänzte die *Los Angeles Times,* in Geheimdienstkreisen sei davon die Rede, für die schmutzige CIA-Arbeit Banditen, afghanische Drogenbarone und andere Kriminelle zu benutzen. Die Ermordung der Finanziers der Terrororganisation al Qaida, so schlägt der CIA-Mann vor, könne durch ausländische Straßenkriminelle geschehen. Nach solchen Aktionen „springt man nicht in schwarze Hubschrauber, auf denen ‚U.S. Army' steht."

Auch über international geächtete Terrormethoden wie Folter wird in Geheimdienstkreisen diskutiert, berichteten die US-Medien. So erklärte - wieder laut *Los Angeles Times* vom 29. Oktober - ein ehemaliger CIA-Mitarbeiter mit 30jähriger Berufserfahrung, nach dem 11. September habe er von vielen Leuten gehört: „Wir brauchen jemanden in der Agency, der Fingernägel ausreißen kann..." dass diese Tendenz bis in höchste Kreise der USA erkennbar ist, erfuhr die Zeitung, als sie den Vorsitzenden des Senats-Geheimdienstausschusses, Bob Graham (Demokraten), zu möglicher CIA-Folter befragte. „Ich persönlich würde den USA raten, hinsichtlich der Menschenrechte von Gefangenen keinen Doppelstandard zu praktizieren", verkündete er, um dann der CIA zu empfehlen: „Anstatt, dass wir uns selbst die Informationen (bei Verhören, d.Verf.) beschaffen, haben einige vorgeschlagen, dass wir das solchen Staaten erlauben, die aggressivere Fähigkeiten dazu haben. Das wäre eine Möglichkeit."

## Bush will Präsidenten-Papiere blockieren

Der Bericht des Senatsausschusses von 1975 ist nicht nur ein entlarvendes, sondern auch ein äußerst seltenes Dokument über Regierungsterror und Staatsterrorismus, denn weitere Untersuchungen des USA-Kongresses über eventuelle CIA-Morde oder die wirklichen politischen oder ökonomischen Hintergründe von Kriegshandlungen der USA wird es sobald sicher nicht geben. Schon hat George W. Bush einen Präsidentenerlass (executive order) unterschrieben, so berichtete das renommierte *Harper's Magazine* am 6. November 2001, „der es ihm ermöglichen wird, die Veröffentlichung von 68 000 Seiten von Reagans Präsidenten-Papieren zu blockieren und die Kontrolle seiner eigenen Dokumente zu sichern, die 12 Jahre nach Ende seiner Amtszeit freigegeben werden sollten. Es gibt Spekulationen, dass der Präsident damit vermeiden will, seinen Vater (Präsident von 1989 - 1993, d. Verf.) und andere führende Politiker der Reagan-Regierung, die auch in der gegenwärtigen Regierung arbeiten, in eine peinliche Lage zu bringen." Unter anderem war Vizepräsident Richard Cheney damals Verteidigungsminister (1989 - 93), Verteidigungsminister Donald Rumsfeld hatte denselben Posten von 1975 - 77 und Außenminister Colin Powell, Sicherheitsberater der Präsidenten Reagan und Bush sen., war als Generalstabschef der USA und damit höchster militärischer Beamter des Pentagon einer der Hauptverantwortlichen für den völkerrechtswidrigen Golfkrieg.

Derzeit sind deutsche Bundesregierung und große Teile des Parlament auf dem besten Wege, sich von den USA unter dem Vorwand der Terrorismusbekämpfung in einen weltweiten Krieg ziehen zu lassen, dessen Dauer und Ausgang höchst ungewiss sind. Cheney, das wohl einflussreichste Mitglied der US-Regierung, hatte laut *Washington Post* vom 19. Oktober vor Journalisten im Weißen Haus offen erklärt: „ Das hier ist anders als der Golfkrieg, und zwar in dem Sinne, dass es niemals zu Ende geht - zumindest nicht, solange wir leben."

Angesichts der uns gegenwärtig mit allen Mitteln der Propaganda offerierten angeblichen Kriegsziele und der „unwiderlegbaren Beweise" für die Schuld dieser oder jener Personen und Gruppen an Terrorakten können Dokumente wie der Senatsbericht von 1975 über die verdeckten Kriege und Mordpraktiken der CIA, auf den wir im Folgenden ausführlich eingehen, sicherlich hilfreich sein.

## DER MORD-REPORT VON 1975

Am Mittwoch, dem 19. November 1975, meldete die US- Nachrichtenagentur *Associated Press (AP)* unter der Überschrift „Mordreport" aus Washington:

„Das Weiße Haus und die CIA unternahmen elfstündige Anstrengungen, die für Donnerstag angekündigte Veröffentlichung des Reports des Senats-Geheimdienstausschusses über politische Morde zu blockieren oder zu verschieben." Laut *AP* forderte CIA-Direktor Colby vom Senat, alle Abschnitte des Reports bis auf die Schlussfolgerungen abzulehnen, zumindest jedoch alle Namen zu streichen. Mitarbeiter des Weißen Hauses versuchten, Abgeordnete der Republikaner ebenfalls in diesem Sinne zu beeinflussen. Colby warnte, der Senatsausschuss gefährde mit der Veröffentlichung die Sicherheit der CIA-Agenten.

Senator Frank Church bestätigte die Angriffe gegen die Herausgabe des Mordreports, der dennoch am folgenden Tage vom Senat der Öffentlichkeit übergeben wurde. Der Senatsausschuss hatte etwa 4 Monate gebraucht, ihn zusammenzustellen. Mehr als 8.000 Seiten umfaßten die Aussagen der 75 Zeugen - darunter Minister, CIA-Direktoren, Präsidentenberater, Mafiagangster - , die in 60 zumeist nichtöffentlichen Sitzungen vernommen wurden. Berge von Dokumenten wurden gesichtet.

„Die Beweise lassen keinen Zweifel", so leitet der Senatsausschuß seinen Report ein, „dass die Vereinigten Staaten in mehrere

Mord-Komplotte verwickelt waren." Der Report nennt dann folgende Namen: Fidel Castro, Raul Castro, Che Guevara, Patrice Lumumba, Rafael Trujillo, Ngo Dinh Diem und den chilenischen General René Schneider. Die Vorbereitungen für politische Morde wurden in der Amtszeit von vier USA-Präsidenten verübt: Dwight D. Eisenhower (1952-1961), John F. Kennedy (1961-1963), Lyndon B. Johnson (1963-1968) und Richard M. Nixon (1968-1974).

## Fähigkeit zu moralischer Führung beeinträchtigt

Was hat nun dazu geführt, dass im USA-Kongress die Tätigkeit der CIA zum ersten und bisher letzten Mal relativ genau unter die Lupe genommen wurde? Sicherlich kann man die Untersuchungen nur vor dem Hintergrund der Niederlage der US-Aggressoren in Vietnam, der Watergate-Affäre und der Rolle der USA beim Sturz der Regierung Allende in Chile sehen. Es scheint der Versuch einer gewissen „Selbstreinigung" gewesen zu sein, der Versuch, die westliche Führungsmacht moralisch aufzurüsten, die CIA wieder effektiv zu machen und von dem Vorwurf zu befreien, eine „Mörder GmbH" zu sein. Der ehemalige US-Verteidigungsminister Clark Clifford erklärte vor dem Senatskomitee: „Unser Ansehen ist geschädigt und unsere Fähigkeit der ethischen und moralischen Führung in der Welt beeinträchtigt". Senator Claiborne Pell beklagte, dass die Buchstaben **CIA** den Eindruck vermittelten, sie stünden für **C**onspiracy (Verschwörung), **I**ntrigue (Intrige) und **A**ssassination (politischer Mord).

Natürlich gab es im Senat Streit darüber, wie man die Wirkungsmöglichkeiten der CIA im Interesse der US-Außenpolitik verbessern kann. Senator Barry Goldwater war zum Beispiel gegen eine Untersuchung der CIA-Morde und hätte die Veröffentlichung am liebsten verhindert. Er verteidigte - in einem Anhang zum Ausschussbericht - das Mordkomplott gegen Fidel Castro mit der Feststellung: „Castros Beseitigung schien in jenen Tagen notwendig, wenn nicht lebenswichtig, und wurde von nahezu allen Verantwortlichen in Washington unterstützt." Goldwater führte Pressefotografen sogar mit gewissem Stolz eine von der CIA konstruierte Mordwaffe vor, die - elektrisch gezündet - einen winzigen todbringenden Giftpfeil mit einem Aktionsradius von 100 Metern verschießen konnte und die die CIA-interne Bezeichnung trug „Nichtwahrnehmbarer Mikrogiftübertrager". James Bond nicht im Kino, sondern im wirklichen Leben...

Gleich der Prolog zum Senatsreport rechtfertigt das Vorgehen der USA und ihrer Dienste mit dem Hinweis, es müßte „im Zusammenhang mit der Politik und den Aktionen der Vereinigten Staaten gesehen werden, die darauf gerichtet waren, die Drohung eines sich ausbreitenden Kommunismus zu bekämpfen". Diese antikommunistische Grundkonzeption war auch Hauptbestandteil der Direktive NSC 5412/2 des Nationalen Sicherheitsrates (National Security Council) der USA, die von 1955 bis 1970 galt und in der die Richtlinien für die CIA-Tätigkeit festgelegt waren. Unter der Überschrift „Verdeckte Operationen als ein Mittel zur Verwirklichung der Außenpolitik" heißt es dazu im Senatsbericht: „Diese Direktive gab der CIA den Auftrag, den ‚internationalen Kommunismus' in der Welt in einer Weise zu bekämpfen, zu reduzieren und zu diskreditieren, die mit der Außen- und Militärpolitik der Vereinigten Staaten übereinstimmt. Sie wies die CIA außerdem an, geheime Operationen zu unternehmen, um dieses Ziel zu erreichen und definierte geheime Operationen als jede Art verdeckter Aktivitäten, die sich auf Propaganda, wirtschaftliche Kriegführung, politische Aktionen (einschließlich Sabotage, Zerstörung und Unterstützung für Widerstandsbewegungen) und alle Aktivitäten bezogen, die mit der Direktive vereinbar sind." Offenbar war gegen den Kommunismus jede Art Staatsterrorismus erlaubt. Es scheint, als hätten die USA diese Politik nur in einem Wort geändert: Statt „Kommunismus" steht heute „Terrorismus".

Einiges von dem, was hier berichtet wird, mag manchem wie aus einem schlechten Krimi vorkommen. Doch auch die primitivsten oder unglaublichsten CIA-Pläne verfolgten die Absicht, führende

Politiker, die den USA im Wege standen, zu beseitigen. Nur zwei der Staatsmänner, auf die sich die Mord-Bemühungen der CIA konzentrierten, überlebten: Fidel und Raul Castro. Alle Fakten, über die hier berichtet wird, stammen aus dem veröffentlichten Bericht des USA-Senats. Im Übrigen: Niemand wurde jemals für die im Senatsbericht geschilderten Verbrechen zur Verantwortung gezogen. Ob der Senat die ganze Wahrheit aufdeckte? Senator Church sprach von der „Spitze eines Eisbergs". Senator Walter Mondale meinte, die Verantwortlichen für die Mordplanungen zu finden, gleiche dem Bemühen, „Pudding an die Wand zu nageln".

## I. CIA-MORDPLÄNE GEGEN CASTRO

Gifttabletten, verseuchte Federhalter, Spezialgewehre, tödliche bakteriologische Puder und „andere Dinge, die jede Vorstellungskraft übersteigen", so kennzeichnet der Senatsausschuß in seinem 120 Seiten langen Kapitel über Kuba die wesentlichen Mordmittel im CIA-Komplott gegen Ministerpräsident Fidel Castro. Zusammenfassend heißt es dort: „Wir haben konkrete Beweise für mindestens acht Anschläge gefunden, in die die CIA verwickelt war und die darauf zielten, Fidel Castro zwischen 1960 und 1965 zu ermorden." (Fidel Castro hatte dem US-Senat im August 1975 eine Liste mit 24 aufgedeckten CIA-Mordanschlägen zugestellt!)
Ein knappes Jahr nach dem Sturz des US-hörigen kubanischen Diktators Batista hatte der Leiter der Abteilung „Westliche Hemisphäre" (Lateinamerika) der CIA, J. R. King laut Senatsbericht in einem Memorandum - am 11. Dezember 1959 - an CIA-Direktor Allen Dulles warnend darauf verwiesen, eine weitere Duldung der Regierung in Kuba werde „ähnliche Aktionen gegen US-Besitzungen in anderen lateinamerikanischen Ländern herausfordern."

King schlug vier Aktionen vor, darunter: „Gründliche Überlegung auf Beseitigung von Castro verwenden. Keiner von denen in der Nähe Fidels, so sein Bruder Raul oder sein Gefährte Che

Guevara, hat die gleiche faszinierende Anziehungskraft bei den Massen." Eine handgeschriebene Notiz zeige, so der Senatsausschuß, „dass Allen Dulles den Empfehlungen zustimmte". Der CIA-Direktor berichtete am 13. Januar 1960 vor der sogenannten „Special Group" - die als „Unterausschuss des Nationalen Sicherheitsrates für die Planung geheimer Operationen" charakterisiert wird und dann „Komitee 40" hieß - über ein „Geheimprogramm zum Sturz Castros".

Dulles und J. R. King nahmen am 14. März an einer Sitzung der „Special Group" im Weißen Haus teil. Der „Allgemeine Plan geheimer Aktionen gegen Kuba" war das Ergebnis dieser Tagungen von Nationalem Sicherheitsrat und „Special Group", heißt es in dem Senatsbericht. Wie Gordon Gray, Sicherheitsbeauftragter Präsident Eisenhowers von 1958 bis 1961, vor dem Senatsausschuss aussagte, habe der Plan zum Sturz Castros vier Gebiete umfaßt: „Sabotage, wirtschaftliche Sanktionen, Propaganda und Ausbildung einer kubanischen Exil-Truppe für eine mögliche Invasion."

Unter dem Titel „Pläne zur Zerstörung des öffentlichen Ansehens von Castro" schildert der Senatsreport die Anfangsetappe der Aktionen gegen den kubanischen Staatsmann: „Die Bestrebungen gegen Castro begannen nicht mit Mordversuchen. Von März bis einschließlich August 1960, während des letzten Jahres der Eisenhower-Regierung, fasste die CIA Pläne ins Auge, die große Anziehungskraft Castros durch Sabotage seiner Reden zu untergraben. Einem 1967er Bericht des Generalinspekteurs der CIA zufolge erinnerte sich ein Beamter in der „Abteilung Technische Dienste" (TSD - Technical Services Division), dass ein Projekt diskutiert wurde, in Castros Rundfunkstudio eine Chemikalie zu versprühen, die ähnliche Auswirkungen wie das Rauschgift LSD hervorruft. Doch das Projekt wurde abgelehnt, weil die Chemikalie unzuverlässig war."

Der Senatsbericht fährt fort: „In derselben Periode imprägnierte TSD eine Kiste Zigarren mit einer Chemikalie, die vorübergehende Orientierungsschwierigkeiten hervorruft, in der Hoffnung, Castro bewegen zu können, eine dieser Zigarren vor einer Rede zu rauchen. Ein Plan sah vor, Castros Image als „der Bärtige" durch das Einsprühen seiner Schuhe mit Thallium-Salzen zu zerstören, einem starken Enthaarungsmittel, das Bartausfall hervorrufen würde. Das Enthaarungsmittel sollte während einer Reise außerhalb Kubas zum Einsatz kommen.

Einer Aktennotiz der „Einsatz-Abteilung" zufolge wurde einem Beamten am 16. August 1960 eine Kiste von Fidel Castros „Lieblings-Zigarren" mit der Anweisung übergeben, sie mit „tödlichem Gift" zu behandeln. Im Senatsbericht heißt es dazu weiter: „Die Zigarren wurden mit einem so starken Botulinus-Toxin verseucht, dass jemand, der eine in den Mund nimmt, sterben würde. Der Beamte berichtete, dass die Zigarren am 7. Oktober 1960 fertig waren. Notizen der TSD zeigen, dass sie am 13. Februar 1961 an eine nichtbezeichnete Person ausgehändigt wurden. Die Akte gibt keinen Aufschluß darüber, ob ein Versuch gemacht wurde, die Zigarren an Castro zu übermitteln."

## CIA und Mafia

Die Zusammenarbeit der CIA mit den organisierten Gangstern der USA im Mordkomplott gegen die kubanischen Führer nahm in den Untersuchungen des Senatsausschusses und nimmt auch im Bericht einen breiten Raum ein. Die erste Phase begann im August 1960. Der Leiter des CIA-Sicherheitsbüros, Colonel Cheffield Edwards, erinnerte sich bei seiner Vernehmung am 30. Mai 1975 vor dem Senatsausschuss, dass er vom Chef des Direktorats für Planung, Richard Bissell, gefragt wurde, ob er nicht jemanden wisse, „der Castro umbringen könne". Bissell bestätigte diese Aussage vor dem Ausschuss.
Auf Anweisung von Edwards wurde der ehemalige Agent des FBI (Bundeskriminalamt) Robert A. Maheu beauftragt, Leute aus der Unterwelt zu gewinnen, die „hart genug" seien, Castro „auszumerzen, zu ermorden". Als Kopfpreis für Castro durfte Maheu 150 000 CIA-Dollar aussetzen. Maheu wird im Senatsbericht als

ein Mann geschildert, der für die CIA bereits verschiedene „delikate“ Geheimoperationen übernommen habe, in denen „kein Geheimdienstangehöriger oder Regierungsmitarbeiter gefaßt werden durfte“. Dem Senatsausschuß teilte Maheu mit, ihm sei von der CIA gesagt worden, die Ermordung Castros sei nur „die erste Phase eines größeren Projektes, der Invasion Kubas“.

Im vornehmen Restaurant „Brown Derby“ in Beverly Hills bei Hollywood nahm Maheu Anfang September 1960 ersten Kontakt mit dem Mafia-Gangster John Roselli auf. Ihm erzählte er, „hohe Regierungsbeamte“ brauchten seine Mitarbeit, um Castro loszuwerden. Ende September trafen die beiden in Miami mit einem namentlich nicht genannten führenden CIA-Vertreter zusammen. Roselli erhielt den Auftrag, Exilkubaner für das Mordunternehmen anzuwerben.

Anfang Oktober führte Roselli der CIA noch zwei Spießgesellen aus der Mafia zu, die beide auf der FBI-Liste der zehn am meisten gesuchten Verbrecher in den USA standen: Momo Salvatore Giancana (Deckname Sam Gold) und „Joe“ Santos Trafficante. Trafficante, ehemaliger Cosa-Nostra-Anführer auf Kuba und später Mafia-Chef im US-Bundesstaat Florida, sollte in dem Mordkomplott die Kurierdienste nach Kuba übernehmen und dort die nötigen Vereinbarungen treffen. Giancanas Aufgabe war es unter anderem, jemanden in Castros Umgebung zu finden, „der den Mord ausführen könnte“. (Giancana wurde am 20. Juni 1975 unter ungeklärten Umständen in seinem Haus in Chicago ermordet, wenige Tage, bevor er vor dem Senatsausschuss über seine CIA-Verbindungen und den Mordauftrag aussagen sollte.)

## Gift für Castro – an Affen getestet

Die CIA hatte inzwischen den Rat von Mafia-Gangster Giancana befolgt und sich an die Produktion von Gift-Tabletten gemacht. Im Bericht des Senatsausschusses wird das so geschildert:
„Dem Bericht des Generalinspekteurs (der CIA) zufolge hatte der Leiter der Versorgungsabteilung festgestellt, dass die Agentur

(CIA) zuerst einen ‚Mord im Gangster-Stil‘ (Gangland Style Killing) ins Auge gefaßt hatte, bei dem Castro niedergeschossen würde. Giancana soll die Idee abgelehnt haben, weil es schwierig werde, jemanden für ein so gefährliches Unternehmen anzuwerben und schlug stattdessen den Gebrauch von Gift vor... Edwards wies den ersten Schub Tabletten, die vom TSD präpariert waren, zurück, weil sie sich nicht in Wasser auflösen ließen. Ein zweiter Schub mit Botulinus-Toxin hielt, was man sich von ihm versprach, als er an Affen ausprobiert wurde. Der Direktor der Versorgungsabteilung empfing die Tabletten wahrscheinlich im Februar 1961 vom TSD mit der Versicherung, dass sie giftig seien, und gab sie an Roselli weiter. Die Akten beweisen klar, dass die Tabletten einige Zeit vor der Schweinebucht-Invasion Mitte April 1961 an einen Kubaner für den Transport auf die Insel übergeben wurden.“ Lakonisch stellt der Untersuchungsbericht des Senatsausschusses dann fest: „Das Attentat schlug fehl.“

Im Frühjahr 1961 erhielt der Chef des CIA-Stabes für auswärtige Spionage-Operationen, William Harvey, von der mit dem Verlauf der Operation offenbar unzufriedenen CIA-Führung den Auftrag, eine Abteilung aufzubauen, die Aktionen bis hin zu politischen Morden jederzeit und auf Bestellung durchführen könne. Im Senatsbericht wird diese „Executive Action“ mit der Tarnbezeichnung „Zr/Rifle“ (Gewehr) als „Institutionalisierung des Meuchelmords“ bezeichnet. Laut Harvey handelte es sich um ein „Forschungsprojekt zur Entwicklung von Mitteln für den Sturz ausländischer politischer Führer, eingeschlossen die Fähigkeit, politische Morde durchzuführen“. Ein Killer mit dem Decknamen Qj/Win wurde angeheuert und Harvey für das Projekt unterstellt. Der ehemalige CIA-Direktor Helms beschrieb die Fähigkeit von Qj/Win laut Senatsbericht mit den Worten:

„Wenn man jemanden brauchte, um einen Mord zu begehen - ich schätze, da war ein Mann, der vorbereitet zu sein schien, ihn durchzuführen.“

## Unternehmen „Mongoose“

Als Auswirkung der fehlgeschlagenen Invasion in der Schweinebucht im Frühjahr 1961 startete die Kennedy-Regierung im November die „Operation Mongoose“ (Mungo) zur endgültigen Beseitigung der Regierung Castro. Eine „Erweiterte Special Group“ (SGA) des NSC wurde zur Durchführung des Unternehmens gebildet: Ihr gehörten Präsidentenberater Bundy, die Generale Lemnitzer und Taylor, Justizminister Robert Kennedy sowie Außenminister Rusk und Verteidigungsminister McNamara an. Leiter der gesamten Operation wurde General Edward Lansdale. Lansdale war so berüchtigt, dass er Graham Greene für seinen Roman „Der stille Amerikaner“ und den Schriftstellern Lederer und Burdick für das Buch „Der häßliche Amerikaner“ als Vorlage diente.

Harvey war verantwortlich für diese „Task-Force W.“, wie die CIA-Abteilung für die Verwirklichung der Mongoose-Pläne genannt wurde. Die „Task-Force W.“ beschäftigte etwa 400 Agenten. Zu den Aufträgen von General Lansdale an die am Unternehmen „Mongoose“ beteiligten Regierungsstellen, gehörten Sabotageaktionen und Überfälle sowie der Plan, die kubanischen Zuckerarbeiter durch Versprühen von Giftstoffen vorübergehend „unfähig“ zu machen.

Im Senatsbericht wird die Wirkung des „Mongoose“-Unternehmens so beschrieben: „Obwohl das Sammeln von Geheimdienstnachrichten bis August 1962 das Hauptziel war, wurden auch Sabotageakte und paramilitärische Aktionen durchgeführt, einschließlich einer umfassenden Sabotageaktion gegen eine große kubanische Kupfermine. Lansdale sagte aus, dass die Sabotageakte das Sprengen von Brücken zum Unterbrechen der Verkehrsverbindungen und das Sprengen gewisser Produktionsanlagen einschlossen.“ Ein CIA-Memorandum stellte fest, dass es eines der Ziele des Projektes war, „innere Uneinigkeit und Widerstand zu schaffen, die zu einer eventuellen US-Intervention führen“.

Am 20. August 1962 teilte der Vorsitzende der SGA, General Maxwell Taylor, Präsident Kennedy mit, das Gremium „sehe kein Anzeichen, dass die Regierung Castro durch innere Mittel und ohne eine direkte militärische Intervention der Vereinigten Staaten gestürzt werden könne“. Obwohl die USA Ende 1962 nach der karibischen Krise um die Stationierung sowjetischer Mittelstrecken-Raketen ihren Umsturzplan „Mongoose“ und damit ihre offene Aggression gegen Kuba aufgeben mußten, wurden die Mordvorbereitungen der CIA gegen Ministerpräsident Castro sogar noch verstärkt.

## Mordwerkzeug Taucheranzug und Kugelschreiber

Anfang 1963 beschloss die CIA zwei weitere Mordpläne gegen Castro. Beide Male wollte sie die Tatsache nutzen, dass Fidel Castro ein begeisterter Sporttaucher ist. Idee Nummer Eins war, eine auffällige exotische Muschel mit Sprengstoff zu füllen und an einem Platz im Meer zu deponieren, wo Castro zu tauchen pflegte. Das Projekt wurde „erforscht“, aber dann - wie Ex-CIA-Direktor Richard Helms aussagte - als „unpraktisch“ verworfen.

Der zweite Plan bestand nach Aussage von Colby darin, US-Unterhändler James Donovan, der mit der Regierung Castro wegen der Entlassung von Gefangenen der Schweinebucht-Invasion verhandelte, einen vergifteten Taucheranzug für Castro mitzugeben. In aller Eile - Helms nannte den Plan „überstürzt“ - kaufte die technische Abteilung der CIA Tauchkleidung und bestäubte die Innenflächen mit Bakterien, die eine unheilbare Hautkrankheit hervorrufen. Die Atemfilter wurden mit Tuberkulose-Bazillen verseucht. Doch Donovan, der von den CIA-Plänen nichts wusste, hatte bereits selbst einen Taucheranzug besorgt und versucht, ihn Castro zukommen zu lassen. Weiter heißt es im Bericht: „Am 19. Juni 1963... bestätigte Präsident Kennedy ein Sabotage-Programm... Am 3. Oktober genehmigte die Special Group neun Operationen in Kuba, einige davon schlossen Sabotage ein. Am 24. Oktober wurden 13 Sabotageunternehmen größeren Ausmaßes für die Zeit von November 1963 bis Januar 1964 gebilligt, darunter gegen ein Elektrizitätswerk, eine Ölraffinerie und eine Zuckerfabrik.“

Der letzte Mordversuch an Castro, über den der Senatsausschuss berichtet, sollte von einem in Kuba lebenden Spitzenagenten durchgeführt werden, den die CIA bereits Anfang 1961 gewonnen hatte und der die Tarnbezeichnung „Am/Lash“ erhielt. Zur gleichen Zeit, so heißt es im Senatsreport, „förderte die CIA auch eine separate Operation, das kubanische Militär zu durchsetzen, es entweder zur Desertion... oder vielleicht sogar zur Formierung einer Gruppe zu ermutigen, die in der Lage wäre, die damalige Regierung in Kuba zu ersetzen“. Beide Aktionen wurden vom „Stab für Sonderaufgaben“ (SAS) der CIA (die bisherige Task Force W.) gesteuert. Der Stab sorgte auch dafür, dass für Am/Lash auf Kuba ein Waffenlager eingerichtet wurde, zu dem auch ein Spezialgewehr mit hoher Durchschlagskraft und Zielfernrohr gehörte.

Als weitere Mordwaffe entwickelte die CIA-Forschungsabteilung für Am/Lash einen Kugelschreiber mit einer Injektionsnadel. „Die Nadel war so dünn, dass das Opfer ihr Eindringen nicht bemerken würde“, schildert der Senats-Report das unscheinbare Mordinstrument. Helms bestätigte die Herstellung des todbringenden Kugelschreibers. Am 22. November 1963 traf sich Desmond Fitzgerald, der Leiter des CIA-Stabes, erneut mit Am/ Lash. Er übergab ihm den Kugelschreiber, empfahl, das tödliche Gift Blackleaf 40 zu benutzen, und informierte ihn über das Waffenlager in Kuba. Als der hohe CIA-Beamte und Am/Lash das Hotel verließen, erfuhren sie, dass während ihrer Zusammenkunft USA-Präsident John F. Kennedy in Dallas ermordet worden war. Aus CIA-Telegrammen geht hervor, dass der amerikanische Geheimdienst seine Kontakte mit dem potentiellen Castro-Mörder Am/Lash und dessen Komplizen bis Juni 1965 noch intensivierte und dann plötzlich - „aus Sicherheitsgründen“ - abbrach.

Patrice Lumumba, Ministerpräsident der erst seit vier Wochen unabhängigen Republik Kongo, verließ am 27. Juli 1960 Washington mit einer Zusage des damaligen Außenministers Christian Herter über USA-Hilfe für den jungen afrikanischen Staat. Doch gleichzeitig wurde in der US-Regierung über Lumumbas Beseitigung nachgedacht. „Der Eindruck, der hier zurückblieb, war sehr schlecht“, erinnerte sich der stellvertretende US-Außenminister Douglas Dillon, der an den Besprechungen mit Lumumba teilgenommen hatte, während der Befragung durch den Senatsausschuss. „Das war eine Persönlichkeit, mit der wir uns nicht einigen konnten.“ Schon wenige Tage später, so Dillon weiter, habe er zusammen mit höchsten Beauftragten von Außenministerium, Pentagon, Vereinigten Stabschefs und CIA an einer Beratung im Pentagon teilgenommen. Dort sei erstmals „die Frage der Ermordung von Lumumba aufgeworfen worden“. Der Senatsausschuß stellte fest, es gebe „massive Beweise für den Plan, Lumumba zu ermorden. Lumumba wurde wegen seiner magnetischen Ausstrahlung auf die Öffentlichkeit und wegen seiner Anlehnung an die Sowjetunion von den verantwortlichen Politikern der USA mit Unruhe beobachtet“.

Am 18. August 1960 verstärkte der damalige CIA-Chefagent im Kongo, Victor Hedgman, diese Besorgnis seiner Regierung noch beträchtlich, als er in einem Telegramm „Leopoldville an Direktor“ seinen Chef in Washington drängte: „Möglicherweise nur noch wenig Zeit für Aktionen, um neues Kuba zu verhindern.“ Am selben Tag, so bezeugte Robert Johnson, Mitglied des Nationalen Sicherheitsrates (NSC), vor dem Senatsausschuss, habe er gehört, wie Präsident Eisenhower auf einer Sitzung des NSC den dringlichen Wunsch äußerte, Lumumba zu beseitigen. Johnson erinnerte sich, dass der Präsident, während er diese Erklärung abgab, „den CIA-Direktor ansah“. Der damalige CIA-Direktor Allen Dulles hatte bereits auf den zwei vorhergehenden Beratungen des NSC die Situation in den düstersten Farben gemalt und geäußert: „In Gestalt von Lumumba sind wir mit einer Person konfrontiert, die ein Castro ist oder noch schlimmer.“

Nach einer Sitzung der CIA-Führung mit dem Beauftragen von Präsident Eisenhower für nationale Sicherheit, Gordon Gray, erhielt CIA-Stationschef Hedgman in Leopoldville ein ganz besonders geheimes Telegramm mit der seltenen Adresszeile „Dulles an Station-Officer". Über dessen Bedeutung bemerkte der Senatsbericht: „Unter der persönlichen Signatur des CIA-Direktors herausgegebene Telegramme sind verhältnismäßig selten im CIA-Nachrichtenwesen und lenken die Aufmerksamkeit auf die besondere Bedeutung und Delikatesse der diskutierten Angelegenheit." Dulles kabelte seinem Mann in Leopoldville: „Eindeutige Schlussfolgerung hier auf höchster Ebene, dass unvermeidbares Resultat, wenn Lumumba Amt behält, günstigenfalls Chaos und schlimmstenfalls Wegbereitung für kommunistische Machtübernahme im Kongo mit furchtbaren Konsequenzen für Ansehen der UNO und Interessen der freien Welt im allgemeinen. Folgerichtig beschliessen wir, dass seine Beseitigung dringendes und erstrangiges Anliegen sein und unter den gegenwärtigen Bedingungen hohe Priorität unter unseren geheimen Operationen haben muss,."

Von jetzt an liefen die verdeckten Operationen gegen „Big Brother" (Großer Bruder) - das CIA-Codewort für den Ministerpräsidenten - sowohl im CIA-Hauptquartier Langley als auch in dessen Außenposten Leopoldville auf vollen Touren, auch, nachdem Kongos Präsident Kasavubu am 5. September 1960 seinen Ministerpräsidenten Lumumba trotz dessen großen Rückhalts im kongolesischen Parlament entließ und Lumumba sich nach dem Staatsstreich von Oberst Mobutu am 14. September unter den Schutz der UNO-Truppen stellte. Einen Tag nach Oberst Mobutus Putsch teilte der CIA-Stationschef seinem Hauptquartier in Langley mit, er nehme als Berater an kongolesischen Versuchen teil, Lumumba zu „eliminieren", weil er fürchte, dass dessen Stellung sich unter UNO-Schutz wieder festigen könne. „Einzige Lösung", heißt es lakonisch am 15. September 1960, „ihn schnellstens von der Bildfläche verschwinden lassen."

## Biologische Gifte aus der CIA-Küche

Richard Bissell, CIA-Direktor für Planung, beauftragte den Chef der Afrika-Abteilung der CIA, Bronson Tweedy, sowie seinen Spezialisten für wissenschaftliche Fragen, Dr. Joseph Scheider, mit den Vorbereitungen für die Bluttat. Spezialist Scheider, der einen Doktorgrad der Biochemie besitzt, wies seinen Chef Bissell umgehend darauf hin, dass die CIA Zugang zu tödlichen biologischen Giften habe, die für solche Zwecke hervorragend geeignet seien. Der CIA-Wissenschaftler bezeugte am 7. Oktober 1975 vor dem Senatsausschuss, sein Vorgesetzter habe ihm mitgeteilt, er habe „Anweisung von höchster Autorität, diese Art Operation durchzuführen".

Der Senatsausschuss stellte fest: „Scheider sah eine Liste von biologischen Giften durch, die in den Einrichtungen der chemischen Abteilung der US-Armee in Fort Detrick/Maryland vorhanden und die geeignet waren, Krankheiten hervorzurufen, die die Person entweder töten oder so schwerwiegend beeinträchtigen, dass sie unfähig zu jeder Aktion ist. Scheider wählte ein Material unter den auf der Liste aufgeführten aus, das eine Seuche hervorrufen sollte, die in jener Gegend Afrikas zu Hause war und die tödlich sein konnte." Er bereitete weiterhin ein Päckchen mit Zusatzgeräten vor wie Nadeln für Injektionsspritzen, Gummihandschuhen und Gesichtsmasken, „die nötig waren für den Umgang mit diesem ziemlich gefährlichen Stoff". So ausgerüstet und mit Instruktionen für die CIA-Außenstelle Leopoldville versehen machte sich Scheider unter dem Decknamen „Joseph Braun" auf den Weg.

## „USA-Rolle völlig verbergen"

Washington sandte am 19. September 1960 - kurz nachdem sich Lumumba unter den Schutz der UNO-Truppen gestellt hatte - folgendes verschlüsseltes Telegramm an Leopoldville: „Joe kommt etwa 27. Sept. an... wird sich als 'Joe aus Paris' vorstellen... Dringend, dass so schnell wie möglich Kontakt hergestellt wird..." Das Kabel trug den Codenamen *Prop,* der außerordentliche Geheimhaltung im CIA-Kommunikationssystem anzeigte und die Zirkulation solcher Materialien auf CIA-Direktor Dulles, seinen Stellvertreter Bissell, Afrika-Chef Tweedy und dessen Stellvertreter beschränkte. Drei Tage später wies ein weiteres Prop-Telegramm an: „Falls Unterstützung für Prop-Objekt nötig, Agent aus drittem Land für Operation benutzen, um USA-Rolle völlig zu verbergen."

Am 24. September schließlich kabelte Allen Dulles erneut und verlangte dringlich: „Gebt alle Unterstützung bei Ausschaltung Lumumbas von jeder Möglichkeit, Regierungsposition wiederaufzunehmen oder, falls er in Leopoldville scheitert, sich in Stanleyville oder sonstwo festzusetzen." CIA-Stationsagent Hedgman sagte bei seiner Vernehmung durch das Senatskomitee, er habe Gummihandschuhe, Maske, Injektionsspritze und die todbringende biologische Kultur von Dr. Scheider erhalten. Als die Durchführung der Operation Mord fehlschlug, weil der V-Mann keinen Zugang zu Lumumba erhielt, die CIA-Führung aber auf die Beseitigung Lumumbas drängte, forderte Hedgman zusätzliche Kräfte an. Am 15.Oktober 1960, nachdem der CIA-Chef dem überarbeiteten Stab in Leopoldville personelle Verstärkung zugesagt hatte, trafen hier zwei hochinteressante Kabel ein. Das eine war über den CIA-Standardkanal gelaufen, was bedeutete, dass es auch einigen Mitarbeitern der CIA-Station und dem US-Botschafter zur Einsicht zur Verfügung stand. Das zweite lief über den supergeheimen Prop-Kanal und war für Hedgmans *eyes only.*

Das erste Kabel erwog ziemlich offen die Möglichkeit der Versorgung USA-geneigter kongolesischer Politiker mit Geld und militärischer Hilfe, wies jedoch dann demonstrativ an: „Einzige direkte Aktion, hinter der wir jetzt stehen können, ist Unterstützung für Immobilisierung oder Verhaftung von Lumumba, so wünschenswert entschiedeneres Handeln auch sein mag. Jeder unternommene Einsatz sollte ausschließlich kongolesisch sein." Das zweite Kabel, dem übergeordnete Autorität eingeräumt wurde, machte klar, dass das CIA-Hauptquartier für den Fall des Scheiterns der „kongolesischen Lösung" an ihrem direkten Mordauftrag festhält. Die Spuren nach Washington sollten nur verwischt werden. CIA-Stationschef Hedgman forderte jedenfalls seine Chefs am 17. Oktober 1960 auf, der angekündigten Verstärkung für Leopoldville „eine hochwirksame Waffe ausländischen Fabrikats mit Teleskop und Schalldämpfer“ im diplomatischen Gepäck mitzugeben, und fügte sibyllinisch hinzu: „Jagd hier gut, wenn Lichtverhältnisse stimmen. Werde...Waffe im Büro behalten, bis Jagdsaison eröffnet.“

## Bankräuber mit Gesichtsplastik

Michael Mulroney, stellvertretender Chef der CIA-Abteilung Geheime Operationen, wurde im Oktober 1960 beauftragt, dem überlasteten CIA-Stationschef Hedgman bei der Ermordung von Patrice Lumumba behilflich zu sein. Vor dem Ausschuß erklärte er, er sei bereit gewesen, Lumumbas „Aktivitäten und Operationen zu neutralisieren und zu versuchen, ihn aus der UNO-Schutzhaft herauszuholen, um ihn den kongolesischen Behörden zu übergeben“. Wenn er dann getötet würde, so sei in Betracht gezogen worden, „dann würde ein Kongolese von Kongolesen für ein kongolesisches Verbrechen verurteilt werden“.

Diese Mission Mulroneys, Lumumba aus UNO-Gewahrsam zu locken und seinen Todfeinden zuzuspielen, war - wie prominente Zeugen vor dem Senatsausschuß erklärten - Bestandteil der amerikanischen Außenpolitik. Douglas Dillon, der damalige stellvertretende USA-Außenminister, bestätigte vor dem Ausschuss, dass der CIA-Plan „mit der Politik der Vereinigten Staaten zu Lumumba übereinstimmte“. Um seinen Entführungsplan verwirklichen zu können, forderte Mulroney im CIA-Hauptquartier die sofortige Entsendung von Sonderagent *Qj/Win* an, ein - so der Senatsausschusses - „Ausländer mit kriminellem Hintergrund, der in Europa für die CIA-Tätigkeit rekrutiert worden war“. *(siehe auch Kuba-Teil, d. Verf.).*

Ein weiterer CIA-Helfer bei diesem Komplott erscheint im Senatsbericht unter dem CIA-Code Wi/Rogue. Der „Glücksritter und ehemalige Bankräuber" war von seinem Arbeitgeber vor dem Einsatz im Kongo schnell noch mit Gesichtsplastik und Toupet versehen worden, „damit Reisende aus Europa ihn nicht erkennen". Zwischen diesen beiden unentbehrlichen CIA-Killern, die voneinander nichts wußten, jedoch im gleichen Hotel untergebracht waren, kam es dann wirklich zu einem jener unglaublichen Vorfälle, von denen so viele Agentenwitze leben: CIA-Agent Wi/Rogue versuchte - wie Stationschef Hedgman aufgebracht an Washington kabelte - den CIA-Agenten Qj/Win gegen 300 Dollar im Monat für sein „Hinrichtungskommando" anzuheuern. Kurze Zeit, nachdem Lumumba am 27. November 1960 die Schutzhaft der UNO-Truppen verlassen hatte, wies das CIA-Hauptquartier an: „Qj/Win nach Stanleyville... sind vorbereitet auf direkte Aktion von Qj/Win. Bitte Sicherheitsfaktoren beachten. Wie eng könnten USA mit dieser Aktion zusammengebracht werden?" Und Qj/Wins oberster Chef William Harvey vermerkte schließlich in einem Hinweis für die Finanzabteilung der CIA, die dessen Einsatz honorierte: „Qj/Win war auf dieser Reise mit einer spezifischen, hoch sensitiven Operation betraut, die ausgeführt worden ist."

Eine Mitteilung am Tag nach Lumumbas Ausbruch veranlasste den Ausschuss zu der Frage, „ob die CIA an der Gefangennahme Lumumbas durch kongolesische Truppen Anteil hatte". Das Telegramm vom 28. November 1960 lautete: „Station arbeitet mit kongolesischer Regierung zusammen, damit Straßen gesperrt werden und alarmierte Truppen mögliche Fluchtrouten blockieren." Am 17. Januar wurde Patrice Lumumba ermordet. Kurz darauf übermittelte der CIA-Chef in Elisabethville, dem Sitz der Separatistenregierung Tschombe, ein Telegramm nach Washington, das das Senatskomitee als „ungewöhnlich" bezeichnete. Darin hieß es lapidar: „Danke für Patrice."

## III. TRUJILLO UND DIEM - LÄSTIGE BUSENFREUNDE

Die Rolle der CIA bei der Ermordung der beiden reaktionären Staatschefs Rafael Trujillo und Ngo Dinh Diem konnte vom Untersuchungsausschuss des USA-Senats nur zum Teil geklärt werden. Sowohl der brutale Diktator der Dominikanischen Republik als auch der Präsident des damaligen Marionetten-Regimes der USA in Saigon - so geht aus dem Report hervor - wurden zuerst von den USA hochgepäppelt und gehätschelt, dann jedoch - ähnlich wie später Saddam Hussein und Osama bin Laden, Pinochet in Chile oder Noriega in Panama - in zunehmendem Maße lästig und unbequem.
Trujillo kam 1930 mit Hilfe der USA an die Macht. „Für den größten Teil seiner Amtsdauer unterstützte ihn die Regierung der USA, und er war in den meisten karibischen und lateinamerikanischen Staaten als ein Schützling der Vereinigten Staaten angesehen", beschreibt der Senatsbericht die Situation. „Trujillos Herrschaft, die immer grausam und diktatorisch war, wurde während der fünfziger Jahre noch tyrannischer. Die Furcht, dass dieses Terrorregime zu einer Revolution nach dem Beispiel Castros führen würde, veranlasste Bevollmächtigte der Vereinigten Staaten, verschiedene Pläne in Betracht zu ziehen, seine Abdankung oder seinen Sturz zu beschleunigen."

Anfang 1960 beschloß die Eisenhower-Regierung, dominikanischen Dissidenten geheime Hilfe zu gewähren, geht aus dem Protokoll der „Special Group" vom 10. Februar 1960 hervor. Im April bestätigte Präsident Eisenhower eine Eventualplanung für die Dominikanische Republik, die - wie sich der damalige Außenminister Herter erinnerte - vorsah: „Die Vereinigten Staaten würden sofort politische Aktionen unternehmen, Trujillo aus der Dominikanischen Republik wegzuschaffen, sobald ein geeignetes Nachfolgeregime veranlaßt werden kann, die Macht zu übernehmen - mit der Zusage auf politische, ökonomische und, wenn nötig, militärische Unterstützung der Vereinigten Staaten. „US-Botschafter Joseph Farland nahm Kontakt mit einer Gruppe von

Trujillo-Gegnern auf, die als USA-freundlich bekannt waren, und bestimmte einen hohen Beamten seiner Botschaft als Verbindungsmann zwischen Dissidenten und CIA. Etwa 300 Gewehre und Pistolen mit Munition sollten geliefert werden. Eine Sendung Maschinengewehre lag in der Botschaft für die Trujillo-Gegner bereit.

## Auch Kennedy war informiert

„Ende Mai 1961 waren hohe amerikanische Regierungsvertreter - darunter Präsident Kennedy - eindeutig darüber informiert, dass die Dissidenten die Ermordung Trujillos vorhatten“, heißt es im Senatsbericht. Doch nach der fehlgeschlagenen US-Invasion in der Schweinebucht in Kuba kamen den USA Bedenken über ihre ziemlich offene Beteiligung an der Vorbereitung des Mordkomplotts. In erster Linie wollten sie sicher sein, dass der Nachfolger Trujillos auch wirklich eine US-freundliche Politik macht. Und sie befürchteten, dass ein Bekanntwerden ihrer Rolle bei den Mordvorbereitungen die Anti-USA-Stimmung in Lateinamerika verstärken würde. „Präsident Kennedy billigte am 16. Mai 1961 Empfehlungen des Nationalen Sicherheitsrates, dass die Vereinigten Staaten den Sturz Trujillos nicht initiieren, bis klar wird, was für eine Regierung dem Diktator nachfolgen wird“, schildert der Senatsbericht.

Am 30. Mai 1961 wurde Rafael Trujillo ermordet. Der Mord lief genau nach dem Plan ab, den die Dissidenten mit der CIA besprochen hatten, und wurde von der Gruppe durchgeführt, welche die Waffen von den USA erhalten hatte. Einen Tag vor dem Mord hatte Präsident Kennedy an den Vertreter der USA in der Dominikanischen Republik telegrafiert, dass die Vereinigten Staaten „einen politischen Mord nicht gutheißen können“. Gleichzeitig hieß es jedoch in dem Telegramm, falls die Putschisten Erfolg hätten und eine provisorische Regierung bildeten, würden sie von den USA anerkannt und unterstützt. Als mögliche Erklärung für das Telegramm heißt es im Senatsreport, dass es „in letzter Minute deshalb verfaßt wurde, um den Vorwurf zu vermeiden, dass die Vereinigten Staaten an der Verantwortung für den Mord beteiligt sind." Jedenfalls wurde die CIA-Station in der Dominikanischen Republik unmittelbar nach der Ermordung aufgefordert, alle Unterlagen über Kontakte zu den Putschisten zu zerstören - ausgenommen das Telegramm Kennedys vom 29. Mai.

## Zum Staatsstreich gegen Diem ermuntert

Der Präsident des südvietnamesischen Marionettenregimes Ngo Dinh Diem und sein Bruder Ngo Dinh Nhu wurden während eines Putsches vietnamesischer Generale am 2. November 1963 ermordet. Der Ausschuss kam zu der Ansicht, „dass die Regierung der Vereinigten Staaten zu dem Staatsstreich ermuntert, doch einen politischen Mord weder gewünscht hat noch in ihn verwickelt war". US-Botschafter Henry Cabbot Lodge war vom Saigoner CIA-Chef gedrängt worden, dass „wir uns nicht unwiderruflich gegen ein Mordkomplott stellen". Doch Washington konnte sich in diesem Fall nicht zu einer offenen Unterstützung eines Meuchelmordes gegen einen Bundesgenossen durchringen. Außerdem schien man sicher zu sein, dass mit den USA sympathisierende südvietnamesische Generale das Problem im Sinne der Vereinigten Staaten lösen würden.

Die USA waren insbesondere darum über Diem ungehalten, weil der katholische Diktator mit brutalem Terror gegen die Buddhisten vorging. Washington befürchtete, dass die von den USA ausgehaltene Regierung, die ohnehin schon durch den bewaffneten Kampf der Nationalen Befreiungsfront in Schwierigkeiten geraten war, durch eine Volkserhebung hinweg gefegt werden könnte, und wollte einen Regierungswechsel.

## IV. SCHNEIDER-MORD IN CHILE

## Nixon: Allende für USA nicht akzeptabel

Die Runde, die am 15. September 1970 - etwa fünf Wochen vor der Wahl Salvador Allendes zum Präsidenten Chiles - im Weißen

Haus in Washington zusammensaß, war exklusiv. USA-Präsident Nixon hatte außer seinem Nationalen Sicherheitsberater Kissinger nur noch Justizminister John Mitchell und CIA-Direktor Helms ins Oval Office beordert. Die Stichworte, die der CIA-Chef während der außergewöhnlichen Beratung in sein Notizbuch schrieb und die der Bericht des Senatsausschusses zitiert, sind eine kurze und brutale Anleitung für Terrorismus. „Vielleicht nur Chance von 1:10", hatte Helms die Wünsche Nixons festgehalten, „doch Chile retten! - Ausgaben lohnen sich - keine Rücksicht auf Risiko - keine Beteiligung der Botschaft - 10 Millionen Dollar zur Verfügung, wenn nötig mehr - Vollzeit-Job für die besten Männer, die wir haben - Ablaufplan - die Wirtschaft aufschreien lassen - in 48 Stunden Aktionsplan vorlegen." Bei seiner Vernehmung am 15. Juli 1975 gab Helms zu: „Das war ein Befehl, der so ziemlich alles einschloss... Wenn ich jemals einen Marschallstab im Tornister aus dem Oval Office getragen habe, dann war es an jenem Tag."

Einen Tag später trommelte Helms den Planungsstab zusammen. Im Protokoll heißt es dazu: „Der Direktor teilt der Gruppe die Entscheidung Präsident Nixons mit, dass ein Allende-Regime für die Vereinigten Staaten nicht akzeptabel sei. Der Präsident verlange von der CIA, die Amtseinsetzung Allendes zu verhindern oder aber, ihn wieder zu stürzen. Der Präsident stelle für diesen Zweck 10 Millionen Dollar zur Verfügung." In zwei aufeinander folgenden Telegrammen vom 21. September 1970 an den CIA-Chef in Santiago gab die Geheimdienstzentrale dann das Startzeichen, die Anordnungen Nixons in die Tat umzusetzen. „Zweck der Aktion, Allende an der Machtübernahme zu hindern", hieß es. „Parlamentarische Kniffe scheiden aus. Militärische Lösung ist das Ziel." Für die Bestechung von chilenischen Abgeordneten sowie für propagandistische und wirtschaftliche Störmaßnahmen wurden 250 000 Dollar bereitgestellt.

In einem Bericht an Kissinger wies der US-Botschafter in Chile, Korry, am 21. September 1970 daraufhin, dass alle von den USA betriebenen Putschpläne so lange scheitern würden, wie der für seine Verfassungstreue bekannte Armee-Chef, General René Schneider, amtiere. Seine „Neutralisierung oder wenn nötig Absetzung“ seien unumgängliche Voraussetzungen für einen erfolgreichen Militärputsch. In den letzten Wochen vor dem 24. Oktober 1970, dem Tag der Ernennung des Präsidenten durch das Parlament, versuchte die CIA alles, um die Präsidentschaft Allendes zu verhindern und teilte einer „Task Force“ unter Leitung des stellvertretenden CIA-Direktors Karamessines „die erfahrensten und am besten ausgebildeten operativen Agenten“ zu.

## CIA an Santiago: Putschklima schaffen

Ein Auftrag aus Langley, der jedes Lehrbuch über Staatsterrorismus zieren würde, stellte der CIA in Santiago im Oktober folgende Aufgabe:
„ A) Informationen sammeln über Offiziere, die Neigung zu Putsch erkennen lassen; B) Putschklima schaffen durch Propaganda, Desinformation, Terroraktionen, die geeignet sind, die Linken zu provozieren und so einen Vorwand für einen Staatsstreich schaffen; C) putsch-geneigte Offiziere informieren, dass die USA-Regierung ihnen volle Unterstützung bei Putsch zusichert bis an die Grenze einer direkten militärischen Intervention der USA!“

Mit Billigung des Pentagon wurde der Militärattaché der US-Botschaft in Santiago mit den Komplottvorbereitungen einschließlich der geplanten Entführung General Schneiders betraut. Er wandte sich an Offiziere der Militärakademie in Santiago und besprach die Pläne zur Ausschaltung von Schneider mit den Generalen Viaux und Valenzuela. Als Beweis, wie lohnend die ganze Sache sei, gab die CIA-Station General Viaux 20.000 Dollar und eine Lebensversicherung in Höhe von 250.000 Dollar. Trotz fieberhafter Bemühungen der CIA blieben die Aussichten auf Erfolg zunächst trübe. Ihre Kontakte waren - so der Senatsbericht - „Generale ohne eine Armee“. Ein letzter Versuch der Verschwörer, General Schneider zu Anti-Allende-Aktionen zu überreden, war - wie die CIA-Station an ihre Zentrale berichtete - „ein komplettes Fiasko". Dem mußten auch die Putschplaner in Washington Rechnung tragen. Auf einer Beratung am 15. Oktober 1970 im Weißen Haus kamen Kissinger, Haig und CIA-Planungschef Karamessines überein, sich auf keinen Fall auf einen „Mini-Putsch" einzulassen, der mit Sicherheit von der verfassungstreuen Armeeführung niedergeschlagen werden würde.

Am 19. Oktober trafen die Waffen auf diplomatischem Wege aus Washington ein. Der US-Militärattaché übergab sie am 22. Oktober nachts um 2 Uhr an die Verschwörer. Kurz nach 8 Uhr überfielen die Putschisten das Auto des Generals und verwundeten ihn schwer. CIA-Direktor Helms kommentierte laut Senatsbericht: „Es besteht Übereinstimmung, dass ein maximales Ergebnis erreicht wurde und dass von nun an die Chilenen selbst einen erfolgreichen Putsch managen können. Die Chilenen wurden bis zu einem Punkt geführt, wo eine militärische Lösung zumindest offen für sie ist." Einen Tag, nachdem das chilenische Parlament am 24. Oktober 1970 Allende als neuen Präsidenten Chiles bestätigte, starb General Schneider an seinen schweren Verletzungen. Der CIA-Plan, so der US-Senatsausschuss, ging nahtlos „in eine Langzeitstrategie für eine Änderung der Regierung in Chile" über. ++ *(Gekürzter und von den Autoren überarbeiteter Auszug aus „Mord-Report" - Sonderdruck der Zweiwochenschrift Ossietzky 12/2001)*

* „Alleged Assassination Plots Involving Foreign Leaders", Senate Select Committee to Study Governmental Operations With Respect To Intelligence Activities, U.S. Government Printing Office, Washington 1975

# DAS DRÖHNEN DER FEHLINFORMATIONEN

*Der US-amerikanische Publizist und Verleger John R. MacArthur in zwei Interviews mit Max Böhnel, das eine Mitte Oktober 2001 und das andere Ende Januar 2003.*

**John MacArthur** ist Autor des Buches »Second Front« (Schlacht der Lügen) über Medienzensur während des Golfkrieges gegen den Irak. Er ist Herausgeber der seit 151 Jahren bestehenden Intellektuellenzeitschrift »Harper's Magazine« mit einer Auflage von 220.000 Exemplaren.

**Max Böhnel**

freier Journalist in New York
geboren 1963, verheiratet, 1 Kind
studierte am Westberliner Otto-Suhr-Institut Politische Wissenschaften
lebte und arbeitete von 1993 bis 1997 in Jerusalem
seit 1998 Wohnsitz New York
Mitarbeiter bei „European Media", New York, einem Pressebüro für deutschsprachige Radio- und Printmedien

## MITTE OKTOBER 2001

***Max Böhnel: Weshalb betreiben die meisten bekannten US-Fernsehjournalisten offene Werbung für den Krieg?***

Als Erklärung in Kurzform lässt sich ein berühmter Aphorismus zitieren: Die Freiheit der Presse ist denen garantiert, die ihre Eigentümer sind. Man sollte deshalb nicht die einzelnen Reporter für die Kriegshetze verantwortlich machen, es gibt wenigstens noch Ausnahmen. Dem Nachrichtenkonsumenten bleibt eigentlich nur noch das Ausschalten. Ein Beispiel: Kurz nach Kriegsbeginn war ich in Bill O' Reillys Talkshow in *Fox TV* eingeladen. O'Reilly, das muss man dazusagen, steht weit rechts und betreibt grundsätzlich nur Journalismus mit Schaum vorm Mund. Ich schlug vor, statt der Fahne die Unabhängigkeitserklärung aufzuhängen, denn dafür kämpfen wir ja offiziell. O' Reilly überging meinen Kommentar einfach und zog weiter über die Linken her. Am nächsten Tag bekam ich mehr als 100 Hate-E-Mails. Schade, dass ich nicht im WTC gewesen sei, als die Flugzeuge kamen, und so weiter, hieß es.

***MB: Der Afghanistan-Krieg weise Parallelen zum Golfkrieg vor 11 Jahren auf, heißt es in manchen Kommentaren. Stimmen Sie dem zu?***

Es wäre besser, den Afghanistan-Krieg trotz der geographischen Nähe zu Irak nicht mit dem Golfkrieg zu vergleichen, obwohl teilweise dieselben Typen im Weißen Haus hocken und von dort aus Bilder von sauberen Bombenteppichen, und chirurgischen Eingriffen um die Welt schicken. Ich würde den Krieg auch nicht mit Panama, Grenada oder Vietnam vergleichen, sondern mit unserer »humanitären Mission« in Somalia. In Afghanistan operieren irreguläre Truppen auf der Basis von Stämmen, die bestens in der Lage sind, einen mit US-Spezialeinheiten vollgestopften Helikopter abzuschießen. Wir haben den »Freiheitskämpfern«, die jetzt »Terroristen« heißen, schließlich die Raketen geliefert. Ich erinnere an die Rangers, die 1993 in Mogadischu beim Einsatz abgeschossen worden sind. Und ich erinnere an das Foto von dem toten Ranger, der von triumphierenden Somalis durch den Dreck geschleift wurde. Ein Bild von einem toten US-Soldaten, und die US-Außenpolitik lag in Trümmern! Verstehen Sie jetzt, weshalb Weißes Haus und Pentagon auf strengster Pressezensur bestehen? Ich glaube, dass es hässliche Konfrontationen geben könnte zwischen US-amerikanischen Reportern, falls welche tapfer genug sind, nach Afghanistan zu gehen, und der US-Armee, wenn sich beide begegnen.

***MB: Was halten Sie von der Berichterstattung von National Public Radio (NPR), das immerhin den Anspruch auf Objektivität erhebt ?***

Ich versuche, *NPR* so wenig wie möglich zu hören. Es ist wie mit der *New York Times.* Wenn man sich das angewöhnt, gewöhnt man sich an das Dröhnen der Fehlinformationen. Bei *NPR* herrscht so eine ausdruckslos-höfliche Leere. Wenn man nach Bushs Kriegsrede *NPR* einschaltete, klangen die Journalisten-Kommentare wie sowjetischer Agitprop vor 30 und 40 Jahren. Als der Moderator am Schluss fragte, ob es denn an Bushs Rede irgendetwas zu kritisieren gebe, meinte einer der »Kritiker« nein, Bush habe genau das gesagt, was habe gesagt werden müssen. Und die anderen schwiegen.

***MB: Woher beziehen Sie ihre Informationen?***

Von *BBC*, aus der französischen *Le Monde* oder von den britischen Zeitungen *The Guardian* und *The Independent.* Deren Auslandsberichterstattung ist ausführlicher und die Reporter sind besser informiert als die amerikanischen. Die US-Medien sind vermutlich die am meisten auf sich selbst bezogenen der Welt. Immer, wenn es im Medienbereich Fusionen gibt, dann werden als erste Maßnahme die Auslands-Nachrichtenabteilungen ausgetrocknet. »Erklärt« wird das von den Besitzern damit, dass die Amerikaner am Ausland angeblich kein Interesse hätten.

***MB: Sehen Sie in der Medienpolitik einen Unterschied zwischen Bush Vater und Bush Sohn?***

In beiden Kriegen handelt es sich um eine kontrollierte Versuchsanordnung, die wesentlichen Faktoren sind dieselben: ein Krieg, den die USA außerhalb ihres Territoriums führen, das Starren der politischen Elite auf die Umfrageergebnisse und damit einhergehend der Versuch, jegliche Berichterstattung über den Krieg unter Kontrolle zu halten. Eine Ausnahme gibt es in der Versuchsanordnung aber doch: die noch schlafferen und unterwürfigen Journalisten. Bush Senior manipulierte besser, weil die Nachrichtenmedien damals noch ein bisschen kritisch waren. Bush Junior hat es viel einfacher.

***MB: Waren die Medien bereits während des Golfkrieges so unkritisch?***

Es ist mir ein völliges Rätsel, weshalb man heutzutage noch ein Magazin wie *Newsweek* lesen, darin arbeiten oder dieses Unternehmen für Journalismus halten kann. Im Herbst 1990, als die US-Militärmaschine ihre Apparate und Soldaten an den Golf verlegte, meinte *Newsweek* zum Beispiel, Präsident Bush habe Schwierigkeiten, der Bevölkerung die Angriffsgründe für den Irak zu vermitteln. *Newsweek* beschloss also, »dem Präsidenten seine Seiten zu öffnen«. So, als hätte der Chef der größten PR-Agentur der Welt, des Weißen Hauses, in den USA ein Vermittlungsproblem. Heraus kam ein »Essay« von Bush, unterlegt war es mit Fotos von ihm, wie er schwitzend über dem Manuskript sitzt. Es wurde wirklich der Eindruck erweckt, als schreibe der US-Präsident selbst. Geschrieben war das Essay übrigens von Richard Haass vom Nationalen Sicherheitsrat, der auch heute in der Bush-Cheney-Clique wieder mitmischt. Ich betone, es war nicht das Weiße Haus, das dem Magazin die Story aufgedrängt hat, es war das Magazin, das die Story unbedingt so haben wollte. Ich habe für mein Golfkriegs-Buch mit Dutzenden von Reportern gesprochen, und viele sagten, sie hätten es als ihre wichtigste Aufgabe angesehen, die Message des Präsidenten unters Volk zu bringen. Ich dachte damals, schlimmer könne es nicht werden.

***MB: Welche Rolle spielen Geheimdienstinformationen als Quellen in der Berichterstattung und für die Politik?***

Als Antwort nur ein Beispiel: Als Vorwand, US-Truppen nach Saudi-Arabien zu schicken, dienten damals Geheimdienst-»Informationen«, dass irakische Truppen innerhalb des bereits besetzten Kuweit massiv an der Grenze zu Saudi-Arabien aufmarschiert seien, um in das Land einzumarschieren. Diese »Informationen« wurden lanciert, bevor der US-Kongress die Genehmigung für die Entsendung von US-Truppen nach Saudi-Arabien erteilte. Satellitenfotos einer neuen privaten russischen Firma, die zu unterschiedlichen Zeitpunkten gemacht worden waren, zeigten nichts dergleichen. Mehr als zehn große Nachrichtenorganisationen von *ABC* über die *Chicago Tribune* bis zur *Los Angeles Times* kannten die Bilder, ließen sie von Satellitenexperten verifizieren, weigerten sich aber, sie zu veröffentlichen. Das zeigt, dass das Politik- und Mediensystem in den USA kollaboriert. Man ist bereit, Falschinformationen von Geheimdiensten einfach stehen zu lassen und zu verbreiten. Von Kontrolle konnte keine Rede sein.

***MB: Was halten Sie von der Berichterstattung über das World Trade Center und die Anthrax-Fälle?***

Die News-Medien waren zwar ziemlich gut am Tag der Anschläge und in den ersten beiden Tagen danach. Aber bei der grundlegenden Polizei-Berichterstattung, beim investigativen Journalismus, haben sie völlig versagt. Das Verhalten meiner Kollegen ist in der Beziehung wirklich peinlich. Dies hat damit zu tun, wie Journalisten heute ihren Beruf sehen. Viele identifizieren sich nicht mehr mit den Opfern, nicht mit ihren Lesern. So haben wir es in den USA mit Journalisten zu tun, die entweder darüber jammern, dass Polizei und Geheimdienste ihnen zu wenig Informationen liefern, oder sie warten auf die Public-Relations-Leute, die ihnen ihre Sichtweise nahe legen.

***MB: Halten Sie die Behauptung, die Anthrax-Fälle könnten bewusst zur Kriegstreiberei lanciert worden sein, für stichhaltig?***

Wir wissen nicht, ob Agents provocateurs dahinter stecken. Aber ich sage Ihnen: Diese Leute sind zu Vielem in der Lage. Ich erinnere wieder an den Golfkrieg. Da wurden die Brutkästen erfunden, aus denen die Irakis angeblich kuwaitische Babys warfen. Das ist nie passiert. Aber alle glaubten es, von den Nachrichtenagenturen über den UN-Sicherheitsrat bis zu Amnesty International. Diese Leute gehen sehr, sehr weit, um ihre »Message« in die Öffentlichkeit zu bringen. Verglichen mit dem Bemühen der Friedensbewegung, im Mainstream gehört zu werden, ist das wie ein Berg gegenüber einem Sandkorn. Im Übrigen muss ich sagen, dass mich die mediale Infantilisierung mehr beunruhigt als jede Milzbrand-Gefahr.

---

## FÜNFZEHN MONATE SPÄTER AM 22.1.2003

***In der europäischen Presse heißt es als Erklärung für die amerikanische Kriegstreiberei oft, eine kleine Clique von „Hardlinern" habe die US-Regierung okkupiert, und vernünftigere Kräfte wie die CIA seien aus gutem Grund gegen einen Krieg. Wie sehen Sie das?***

Eine solche Sichtweise ist absurd. Die CIA macht, was ihr von der Regierung aufgetragen wird. Sie hat kein politisches Mandat. Wenn die CIA den Wind aus einer Richtung wehen sieht, dann tut sie alles, um die Informationen zu liefern, die genau die gewünschte Sichtweise stützt. Das hat die CIA immer getan. In Vietnam gingen die CIA-Chefs mit den Kriegspolitikern durch dick und dünn. Zurzeit gibt es angeblich eine Meinungsverschiedenheit zwischen CIA und Pentagon über die Legitimität des „Iraqi National Congress". Die CIA wolle sich vom INC distanzieren, das Pentagon nicht, heißt es. Aber statt einer Meinungsverschiedenheit handelt es sich um Bürokratengerangel. Das hat nichts mit einem Ringen um gute oder schlechte Politik zu tun.

Niemand will letztendlich regierungsintern für einen Fehler verantwortlich gemacht werden können, darum geht es. Die Herren fürchten keinesfalls den Krieg selbst. Denn sie gehen, meiner Ansicht nach richtigerweise, davon aus, dass Saddam Hussein schnell fallen, und dass es in der ersten Kriegswoche relativ wenige Tote geben wird. Sie fürchten vielmehr das Danach: einen Schiiten-Aufstand, einen Bürgerkrieg, Angriffe auf amerikanische Militäreinrichtungen wie im Libanon Anfang der 80er Jahre. Niemand in der Regierungsbürokratie will die Prügel für eine fehlgeschlagene Politik einstecken müssen, und sie fühlen allesamt schon mal vor, woher der Wind weht.

***Vor kurzem schwappten Berichte in die Medien, dass das Pentagon amerikanischen Journalisten nun doch erlauben will, mit aufs Schlachtfeld im Irak zu gehen. Ist das das Ende der Militärzensur?***

Hut ab vor der Presseabteilung des Pentagon! Die Burschen sind wirklich brillant, ich sage das mit dem Zusatz „leider". Die amerikanischen Medien - und ein Teil der ausländischen Presse, die der Einfachheit halber von ihr abkupfert, haben sich täuschen lassen. Die Journalisten denken wirklich, dass sie Kriegsberichterstattung machen werden. Sie durften sogar durch Trainingslager gehen, in denen Kampfeinsätze geübt werden. Der kurzfristige Effekt war, dass über die PR-Politik des Pentagon positiv berichtet wurde. Der aufstrebende Journalist sagt jetzt mit Gänsehaut: schau mich an, ich spiele Soldat, ich werde Kriegskorrespondent. Niemand schießt auf mich, es ist sicher, man schützt mich. In Wirklichkeit aber werden die Militärs Reporter mit allen Mitteln davon abzuhalten versuchen, Zeugen einer echten Schlacht zu werden. Kein Journalist wird einen amerikanischen Soldaten im Kampfeinsatz interviewen können, ohne dass ein Aufpasser dabei ist. Unabhängige Berichterstattung? Dass ich nicht lache. Der Grund, weshalb das Pentagon diese Schiene fährt, ist, dass dies in der Vergangenheit so gut funktioniert hat. Indem man die Reporter faktisch ausschaltet, bleibt das Pentagon der Hauptlieferant von Nachrichten. Es kontrolliert, welche Nachrichten zu welchem Zeitpunkt herausgegeben werden. Gute Frontnachrichten wird man von einem General hören, schlechte wahrscheinlich überhaupt nicht.

***Aber die Pressemeute will gefüttert werden, sonst wird sie unruhig...***

Richtig, aber das Szenario, das ich eben ausbreitete, würde zumindest den Eindruck einer Zusammenarbeit erwecken. Pentagonchef Rumsfeld gibt sich seit seinem Amtsantritt als Verteidigunsminister gegenüber der Presse nichts als feindselig. Er macht sich sich offen über sie lustig - und die Journalisten lachen dazu, weil sie das irgendwie für verwegen, lustig und vielleicht sogar sexy halten. 90 Prozent der westlichen Presseleute, die sich in Bagdad aufhalten werden, wünschen sich die exakt selbe Atmosphäre wie in Washington. Wenn es eine Irak-Invasion gibt, dann wird man die schnelle Verwandlung irgendeines Ortes in der irakischen Hauptstadt in einen Briefing Room erleben, in dem sich die meisten Reporter mit Presserklärungen des Pentagon füttern lassen. Genau darin wird die so genannte Kriegsberichterstattung bestehen, die zuhause über die Bildschirme flimmern und auf den Titelseiten zu lesen sein wird.

***Aber da gibt es immer noch den arabischen Fernsehsender AL DSCHASIRA, der während des Afghanistan-Feldzugs unabhängige Berichte zu produzieren imstande war...***

*Al Dschasira wird* mit Sicherheit Berichte zu produzieren versuchen und die entsprechenden Bilder an *CNN* verkaufen. Aber im Afghanistankrieg haben die USA das Hauptquartier von *Al Dschasira* dann einfach weggebombt. Und damit war Schluss. Dasselbe wird vermutlich auch in Bagdad passieren. Ich vermute, dass wir ein paar Tage lang *Al Dschasira*-Bilder auf *CNN* sehen werden, und dann nur noch Offizielles aus dem Briefing Room in Bagdad.

***Die sogenante Heimatfront in den USA ist wider Erwarten relativ friedfertig geblieben. Ein Beispiel: die Produktion massenhafter Kriegsfilme, die Sie vor einem Jahr prophezeiht haben, ist ausgeblieben. Wie erklären Sie das ?***

Das ist richtig. Die groß angekündigte 13-teilige TV-Serie, die von dem „Pearl-Harbour"-Regisseur Jerry Bruckheimer produziert werden sollte, ist nie herausgekommen. Es hätte ein Doku-Drama in Koproduktion zwischen *ABC* und Pentagon über die Kämpfe in Afghanistan werden sollen. Und Bruckheimer soll - im Gegensatz zu den Journalisten - Zugang zu den Schlachtfeldern bekommen haben. Ich vermute, dass das Weiße Haus die Produktionsfirmen in Hollywood dazu aufgefordert hat, zumindest vor dem Irakkrieg allzu reißerische, antiarabische Bilder nicht in die Kinos zu bringen, weil dies die Saudis beleidigen könnte. Amerikanischer Journalismus und Hollywood folgen dem Pentagon und dem Weisen Haus treudoof nach, mit gewissem Abstand natürlich. Die enge Connection zwischen Saudiarabien und den USA ist übrigens hoch explosiv, nicht nur wegen der Herkunft der Flugzeugattentäter...

***Und die wäre...***

Es ist immer wieder lachhaft, wenn über die Macht der Israellobby in Washington geplappert wird. Denn die weitaus mächtigere Lobby ist die Saudiarabiens. Das Land hat erst vor kurzem wieder einen Rekord gebrochen. Für Lobbyarbeit innerhalb der letzten sechs Monate hat es in den USA 14,6 Millionen Dollar ausgegeben. Nur für die Eigenwerbung! Das bricht den Rekord, den Kuwait 1991 aufgestellt hatte.

***Zurück zum Mediengeschäft. Nicht zu verstehen ist, weshalb junge amerikanische Journalisten auf der Suche nach der Story ihres Lebens und in Aussicht einer hoch dotierten Karriere kein Risiko eingehen, sich nicht aus dem Zangengriff der Militärs befreien und nicht eigene Wege gehen, etwa, um amerikanische Kriegsverbrechen im Irak aufzudecken...***

Der Grund ist, dass man mit so etwas heutzutage im amerikanischen Journalismus keine Karriere mehr machen kann. Der brave Kriegskorrespondent brachte früher die guten oder schlechten Nachrichten von der Front mit nach Hause und erwarb sich so einen guten Ruf. In Vietnam haben sich dadurch Scharen von jungen Reportern, Fotografen, Fernseh- und Printleuten ihre spätere Karriere zusammengeschmiedet. Heute kommt aber der weiter, der die offiziellen „leaks" am schnellsten und effizientesten schluckt, Informationen also, die „durchsickern". Dann wird der entsprechende Journalist nämlich von oben mit noch mehr „leaks" gefüttert und belohnt. Auf diese Weise arbeitet er sich langsam nach oben. Wenn man über etwas Gegensätzliches zur Regierungslinie oder zu dem, was die anderen Massenmedien berichten, schreibt, filmt oder fotografiert, dann gilt man als Quertreiber. Die Karriereleiter wäre damit zuende. Die gesamte amerikanische Medienlandschaft ist von liberal nach rechts gerückt. Journalisten sind freundlicher zu den Behörden. Sie zeigen mehr Bereitschaft, sich mit läppischen Auskünften zufrieden zu geben. Es gibt mehr Glamour, weniger Eigentümer und weniger Vielfalt. Einzelne Medienkonzerne kontrollieren mehr Marktanteile, einschließlich der Aktien. Und die Vorstände denken konservativ-vorsichtig, im Hinterkopf immer die Aktionäre. In den USA funktioniert das nicht mehr so, wie es in Deutschland unter dem *Spiegel*-Herausgeber Augstein funktionierte. Der machte, was er wollte, egal, ob ihn das Geld kostete oder nicht.

***War nicht Ted Turner, der CNN-Eigentümer, so einer wie Augstein?***

Turner hat sicherlich ein großes Ego. Damals sagte er: ich behalte meine Reporter in Bagdad, mir gehört schließlich *CNN*, ich mache, was mir gefällt. Eine recht sympathische Haltung, wenn man sich das graue Gegenstück ansieht, den vorsichtigen Bürokraten, der Schiss davor hat, dass jemand wütend auf ihn wird und dass die Aktionäre giftige Briefe schreiben. Er will keine hohen Wellen schlagen. Darin besteht übrigens ein großer Unterschied zwischen dem letzten Golfkrieg und dem zu befürchtenden. Ted Turner besitzt nicht mehr *CNN*, er ist aus dem Spiel.

***Bedeutet die wirtschaftliche und ideologische Monopolisierung der amerikanischen Mainstream-Medien nicht gleichzeitig einen Aufschwung für eine Zeitschrift wie die, die Sie herausgeben?***

Die Vorsicht und der Konservatismus der Mainstream-Medien hat – ja – dem *Harper's Magazine* wirtschaftlich gut getan. Übrigens ebenso der nichtamerikanischen englischsprachigen Presse, die über das Internet zu erhalten ist. *Harper's Magazine* war nie links, eher liberal und literarisch. Es wird inzwischen von Linken gelesen, die einfach nur etwas Intellektuelles und Oppositionelles lesen wollen. Wir sind, und das ist ja nicht schwer, klar gegen die Bush-Regierung, klar gegen die Kriegspolitik. Wir schreiben gegen den neuen Imperialismus, den die USA in Szene zu setzen versuchen, gegen den Unilateralismus und die Arroganz amerikanischer Macht, überhaupt gegen das propagandistische Wesen des politischen Diskurses. Wenn ich auf Veranstaltungen in den USA von Zuhörern gefragt werde, was man denn so lesen könnte, dann sage ich, die britischen Zeitungen *Guardian* und *Independent* sowie die französische *Le Monde.*

***Und wenn Sie NEW YORK TIMES und WASHINGTON POST vergleichen ?***

Wenn man Nachrichten bekommen will, dann muss man sich heute als Amerikaner in Übersee auf die Suche begeben. *New York Times, Washington Post, Los Angeles Times* und amerikanisches Fernsehen liefern das nicht. Die *Washington Post* ist, das muss ich dazusagen, weitaus besser als die *New York Times,* auf jeden Fall, was Stories über Interna der Bush-Regierung angeht. Das Editorial der *Washington Post* ist zwar verheerend, aber so manche Berichte können sich sehen lassen.

# SCHOCKIERENDE ERMITTLUNGSERGEBNISSE – DIE VERANTWORTLICHEN WERDEN BEFÖRDERT

*Rainer Rupp*

*Rund 16 Monate sind seit den Ereignissen des 11. 9. 2001 vergangen. Im Laufe des Jahres 2002 wurden in den USA verschiedene Untersuchungskommissionen eingerichtet, die u. a. die Rolle und das Vorwissen der verschiedenen US-Geheimdienste, der Intelligence Community, klären sollte. Rupp fasst diese Ergebnisse zusammen und kommt dabei zu erstaunlichen Erkenntnissen: Unter normalen Umständen hätte es zu gewaltigen innenpolitischen Eruptionen kommen müssen, manche sprachen sogar von einem neuen Watergate.*
*Doch nichts passiert.*
*Eher werden trotz erwiesener Unfähigkeit leitende Mitarbeiter noch belohnt und befördert und die Etats für die betreffenden Dienste sogar noch erhöht. So klagen sogar schon eigene Mitarbeiter des FBI gegen das Justizministerium der USA.*
*Und noch ein Aspekt erscheint bemerkenswert: Der drohende Irak-Krieg, dessen Vorbereitung bereits unmittelbar nach dem 11. September 2001 begonnen wurde, ist für die Bush-Administration ein willkommener Anlass vom fast Totalversagen der Geheimdienste abzulenken und das amerikanische Volk auf einen neuen Krieg einzuschwören, um „Blut für Öl“, wie unlängst eine deutsche Zeitschrift titelte.*

In den USA ist die Mauer des Schweigens erst fast ein halbes Jahr nach den Anschlägen erstmalig durchlöchert worden, und zwar durch Robert G. Wright Jr., ein erfahrener FBI-Ermittler aus der Anti-Terrorabteilung des FBI-Regionalbüro in Chicago und durch die Zeugenaussagen führender Mitarbeiter aus den Regionalbüros des FBI in Phoenix und Minneapolis. Dabei handelt es sich um die Fortentwicklung von Ereignissen, über die bereits in der ersten Auflage des *Schweigekartells* ausführlich berichtet wurde. Denn die auf die Terrorismusbekämpfung spezialisierten Agenten dieser regionalen FBI-Büros hatten bereits vor dem 11. September 2001 hinreichende Beweise über möglicherweise unmittelbar bevorstehende Terroranschläge gesammelt, und das FBI-Hauptquartier in Washington alarmiert. „Eine regelrechte Blaupause für den 11. September" wäre aus den Untersuchungsergebnissen, der überall in den Regionalbüros der USA tätigen FBI-Agenten im Anti-Terroreinsatz erkennbar gewesen, berichtete Ende August 2002 die *New York Times* unter Berufung auf das Ergebnis eines Untersuchungsberichtes des Justizausschusses des US-Senats.[1] Aber „Dummheit und Unfähigkeit" der FBI-Chefs und ihrer geschulten Juristen in der Washingtoner Zentrale hätten – so der Justizausschuss des Senats – die Arbeit der FBI-Agenten vor Ort blockiert und diese davon abgehalten, rechtzeitig ausreichende Hinweise zur Verhinderung der Katastrophe zu finden.

Die regionalen FBI-Ermittler waren damals überzeugt, einer terroristischen Verschwörung von zumeist jungen, islamistischen arabischen Männern auf der Spur zu sein, die sich in amerikanischen Flugschulen darauf vorbereiteten, Passagierflugzeuge in fliegende Bomben umzufunktionieren, um sich damit in Hochhäuser zu stürzen, womöglich in New York. Im FBI-Hauptquartier waren diese Alarmwarnungen jedoch „aus unerklärlichen Gründen" – so später die FBI-Führung – unbeachtet geblieben, bzw. wegen einer unglücklichen Verbindung von juristischer Unwissenheit und fachlicher Inkompetenz nicht ernst genug genommen worden. Die mutige FBI-Agentin Coleen Rowly, welche die Ermittlungen in Minneapolis leitete, bezeugte jedoch später vor dem Senat der Vereinigten Staaten, dass sie bei ihren Vorgesetzten in Washington mit ihren Warnungen auf eisige Ablehnung gestoßen sei.

Nach vielen Monaten interner Ermittlungen versuchte das FBI-Hauptquartier die „Pannen" mit einer angeblichen juristischen Inkompetenz seiner Spitzenleute in Washington zu erklären. Die „Pannen" seien dadurch verursacht worden, dass keiner der Verantwortlichen in der FBI-Zentrale genau gewusst habe, unter welchen Bedingungen ein Antrag auf eine Hausdurchsuchung eines des Terrorismus verdächtigen Ausländers von einem Richter genehmigt würde. Da die Verantwortlichen angeblich geglaubt hätten, sie hätten mit einem solchen Antrag (Durchsuchung des persönlichen Eigentums der Verdächtigen) vor Gericht ohnehin keinen Erfolg gehabt, hätten sie ihre Untergebenen in der Provinz angewiesen, in der Sache die Ermittlungen einzustellen. Allerdings handelt es sich hier um juristische Grundkenntnisse, die jeder Polizist, geschweige denn FBI-Agent in seinem ersten Lehrjahr erwirbt. Dennoch, wenn dem Leser dies seltsam erscheint, dann wird er erst recht ins Grübeln kommen, wenn er erfährt, dass der Hauptverantwortliche für die „Pannen" in der FBI-Zentrale nicht etwa gefeuert oder strafversetzt sondern für seine angebliche Inkompetenz inzwischen befördert worden ist.

Nach den Anschlägen vom 11. September hatte insbesondere die Leiterin des FBI-Büros in Minneapolis, die studierte Juristin und Mutter zweier Kinder, Frau Coleen Rowly alles daran gesetzt, die mysteriösen Vorgänge im FBI-Hauptquartier aufzudecken. Da FBI-interne Klagen und Dienstaufsichtsbeschwerden nichts halfen, stellte sie schließlich, unterstützt von einer Hilfsorganisation „Judicial Watch", die sich der Aufdeckung von Korruption und Ineffizienz im amerikanischen Justizwesen verschrieben hat, Strafanzeige gegen ihren obersten Boss, den FBI-Direktor Robert Mueller. Aber auch dann tat sich lange Zeit nichts. Die großen Medien blieben uninteressiert. Sie wagten nicht, das Tabu-Thema anzurühren, vorerst auch nicht der Kongress.

Für die lähmende Atmosphäre hatte die Bush-Regierung gesorgt, indem sie den Hauptakteuren nicht nur im eigenen Land sondern in der gesamten „freien Welt" einen mit dogmatischer Wucht (entweder für uns oder gegen uns) geführten Meinungskonsens über die Anschläge aufgezwungen hatte. Demnach waren die Anschläge längst aufgeklärt und Osama bin Laden als Hauptverantwortlicher identifiziert. Zweifel an der offiziellen Regierungsversion der Geschehnisse und jede Nachfrage über die Unstimmigkeiten und schweren Pannen der US-Geheimdienste wurden als „unpatriotisch" denunziert, als ein Verhalten, „das lediglich bin Laden und dem internationalen Terrorismus" diene. Mit demselben Argument versuchte die Bush-Regierung – wenn auch letztlich erfolglos – die Gründung eines Untersuchungsausschusses des US-Kongresses zu verhindern. Als schließlich die Widersprüche doch zu offensichtlich geworden waren, waren im Kongress stimmen laut geworden, die der Frage nachgehen wollten, warum ausgerechnet der teuerste und am besten ausgestattete Geheimdienstapparat der Welt mit einem Jahresbudget von 30 Milliarden Dollar angeblich total versagt hatte. Daraufhin hatten Präsident Bush und sein Verteidigungsminister Donald Rumsfeld persönlich führende Kongressabgeordnete angerufen, um die Gründung eines Untersuchungsausschusses, insbesondere eines unabhängigen Untersuchungsausschusses zu hintertreiben.

Die ganze Sorge der Bush-Regierung galt offensichtlich den Bestrebungen im Kongress, die US-Geheimdienste im Zusammenhang mit dem 11. September von unabhängigen Experten von außerhalb der Apparate unter die Lupe nehmen zu lassen, nach dem Vorbild der Warren-Kommission, die nach der Ermordung von US-Präsident John F. Kennedy eingesetzt worden war. Ein Untersuchungsausschuss des Senats oder des Kongresses, bei dem die US-Geheimdienste sich jeweils selbst untersuchen würden, musste da der Bush-Regierung als kleineres Übel erscheinen. Aber selbst dies versuchte die Bush-Regierung mit allen Mitteln zu blockieren, worüber sie es sogar zu einer ernsten Krise mit dem demokratischen Mehrheitsführer im Senat Tom Daschle kommen ließ.

Dennoch musste die Bush-Regierung letztlich die Gründung mehrerer Untersuchungskommissionen des Kongresses im Frühjahr 2002 akzeptieren. Aber mit einer Art von bürokratischem „Guerillakrieg" gelang es der Bush-Regierung immer wieder die Arbeit der Ausschüsse zu behindern. So berichtete z.B. Anfang Mai die *Los Angeles Times*, dass die in der Untersuchungskommission tätigen Kongressabgeordneten sich zunehmend über die „Verschleppungstaktiken der CIA und des Justizministeriums" beschwerten, „die alle Versuche zur Ergründung des Versagens der amerikanischen Geheimdienste, verhinderten".[2] Wenige Tage zuvor hatte L. Britt Snider, der vom Kongress zur Leitung der Untersuchungskommission angeheuerte ehemalige Generalinspekteur der CIA, urplötzlich und ohne Angabe von Gründen nach weniger als drei Monaten sein Amt nieder gelegt und dadurch die Untersuchung erst einmal gegen die Wand gefahren.[3]

Weitaus gefährlicher als die Untersuchungskommission sollte sich jedoch der bereits erwähnte, erfahrene FBI-Anti-Terrorermittler Robert G. Wright Jr. vom FBI-Regionalbüro in Chicago erwiesen, der bereits Ende 2001 bei der Dienstaufsichtsbehörde des Justizministeriums gegen das FBI-Hauptquartier in Washington wegen unterlassener Strafverfolgung geklagt hatte.[4] Dort hatte man auch auf seine wiederholten und detaillierten Warnungen und Erkenntnisse über die bevorstehenden Terroranschläge mit gekaperten Passagierflugzeugen überhaupt nicht reagiert. Da im Anschluss auch die Dienstaufsichtsbehörde untätig geblieben war, hatte Agent Wright Jr. ebenfalls mit Unterstützung der liberalen Rechtsanwaltsorganisation „Judicial Watch" vor einem ordentlichen Gericht geklagt, wo es im Mai 2002 zu einer ersten Anhörung gekommen war. Damit war die Fiktion der Bush-Regierung, dass sie durch die Anschläge wie durch einen Blitz aus heiterem Himmel überrascht worden sei, erstmals vor Gericht widerlegt und konnte somit nicht länger aufrecht erhalten werden.

In der Folge benahm sich die Bush-Regierung wie ein Verbrecher vor Gericht, der gerade nur soviel zugibt, was ohnehin bereits unwiderlegbar bewiesen ist. Ein klein bisschen habe man schon etwas von den drohenden Anschlägen gewusst, hieß es nun von Seiten der Bush-Regierung. Aber es sei unmöglich gewesen, aus dem „Wust der Informationen“ die „richtigen Schlussfolgerungen“ zu ziehen. Bei den Warnungen im Sommer 2001 hätte es sich um Hinweise auf „herkömmliche“ Flugzeugentführungen gehandelt. Dass al Qaida-Leute Flugzeuge entführen könnten, um sie als Raketen gegen Gebäude zu richten, sei „nicht vorstellbar“ gewesen. So wurde auch weiterhin versucht, die Fiktion aufrecht zu erhalten, dass der Horror der Tat des 11. Septembers selbst die schrecklichsten Visionen übertroffen habe. Dass dies nachweislich falsch ist, wurde bereits weiter oben im Zusammenhang mit den Mitte der 90er Jahre auf den Philippinen aufgedeckten Terrorplänen nachgewiesen, bei denen sich damals eine Gruppe islamistischer Fanatiker aus dem Umfeld bin Laden mit gekaperten Passagierflugzeuge in den Pazifik und auf das Hauptquartier der CIA in Langley stürzen wollten. Sie waren verhaftet und dem FBI übergeben worden. Sofort waren damals entsprechende Warnungen an alle zivilen Fluggesellschaften ergangen. Seither gehörten solche Szenarien auch zu internen Analysen und Katastrophenplänen des Pentagon.

Durch das von Spezialagent Robert G. Wright Jr. vom FBI-Regionalbüro in Chicago erzwungene erste Eingeständnis der Bush-Regierung, wenigstens teilweise über den 11. September vorgewarnt gewesen zu sein, sah es zeitweise so aus, als sei eine politische Lawine losgetreten worden. Der durch die „mit-uns-oder-oder-gegen-uns“ Debatte erzwungene Konsens über den 11. September war im US-Kongress erst einmal dahin. Einige Demokraten sprachen sogar schon von einem „Watergate“ der Bush-Regierung. Mit den Enthüllungen aus den beiden anderen FBI-Regionalbüros sollte es noch dicker kommen. Dennoch legte sich die Empörung über die US-Geheimdienste und die Bush-Regierung ziemlich rasch, als sich sowohl der US-Kongress als auch die Massenmedien zunehmend dem von Präsident Bush mit Hochdruck betriebenen Präventivkrieg gegen Irak zuwandten, so dass in den breiten Schichten der amerikanischen Bevölkerung auch heute noch wenig oder nichts über das Vorauswissen der Bush-Regierung über den 11. September bekannt ist.

FBI-Agentin Coleen Rowly, die im Sommer 2001 – also Wochen vor den Anschlägen – den Marokkaner Zacarias Moussaoui festgenommen hatte, berichtete vor dem Kongress der Vereinigten Staaten, dass ihre wiederholten Versuche, in diesem Fall zu ermitteln, von der FBI-Zentrale umgehend unterbunden worden waren. So war ihr sogar die Genehmigung zur Inspektion von Moussaouis Notebook-Computer mit der fadenscheinigen Begründung untersagt worden, dass dies nicht legal sei. Seit dem 11. September wird dem Marokkaner von den US-Justizbehörden vorgeworfen, der – verhinderte – zwanzigste Selbstmordattentäter gewesen zu sein, weshalb ihm die Todesstrafe droht. Moussaoui sitzt auch Anfang 2003 immer noch in Untersuchungshaft und sein Gerichtsverfahren ist bisher nur sehr schleppend in Gang gekommen.

Dafür hat FBI-Regionalchefin Rowly ihre Dossiers zu diesem Fall dem Geheimdienstausschuss des US-Senats übergeben. In ihrem an den FBI-Chef Robert Mueller gerichteten Brief beschuldigte sie die Bundespolizei, absichtlich Maßnahmen verhindert zu haben, die dazu hätten beitragen können, die Angriffe vom 11. September abzuwehren. Sie stellt fest: „Ich bin tief betroffen darüber, dass Sie (FBI-Chef Mueller) und andere auf der höchsten Ebene des FBI-Managements auf heikle und filigrane Weise die Fakten verdunkelt und falsch dargestellt haben und dies seither auch fortgesetzt haben."

In dem zweiten Memo, dem so genannten Phoenix-Memorandum, das von der regionalen FBI-Dienststelle in Phoenix am 10. Juli 2001 an die FBI-Zentrale geschickt worden war, wurde auf Grundlage umfangreicher Ermittlungen ebenfalls darauf aufmerksam gemacht, dass sich zahlreiche verdächtige Islamisten in den Flugschulen des Landes eingeschrieben und sich dort auch unverhohlen über Details der Sicherungssysteme großer Flughäfen erkundigt hätten. In dem Memorandum wurde vorgeschlagen, alle Flugschulen im Lande zu überprüfen. Auch diese Warnung war von der FBI-Zentrale in Washington total ignoriert worden. Bereits unter normalen Umständen ein unglaublicher Vorgang im Arbeitsablauf eines Sicherheitsdienstes. Vollkommen unerklärlich wird dies jedoch vor dem Hintergrund der bereits in der ersten Auflage des *Schweigekartells* ausführlich geschilderten, seit Jahren erkannten und in den amerikanischen Sicherheitskreisen ständig diskutierten realen Bedrohung, die von in fliegende Bomben umgewandelten Passagierflugzeugen ausging.

Dennoch kommt auch der Bericht des bereits oben erwähnten Justizausschusses des US-Senats zu dem unglaublichen Schluss, dass die Anti-Terrorspezialisten und Juristen im FBI-Hauptquartier dermaßen unwissend gewesen seien, dass sie nicht einmal begriffen hätten, dass im Fall Moussaoui ein ausreichender Anfangsverdacht bestanden habe, um einen Durchsuchungsbefehl für seine Wohnung und seine Habe durchzusetzen. Das sei der Grund für die Blockadehaltung in Washingtoner FBI-Zentrale gewesen. Auch andere Warnungen aus anderen regionalen FBI-Büros seien – so der Senatsbericht – in Washington nicht nur systematisch unterdrückt worden, sondern die FBI-Führung habe sogar „aggressiv" auf die regionalen Büros eingewirkt, „alle laufenden Untersuchungen einzustellen". Hätte man alle Teilchen des Puzzles geschickt zusammengefügt, hätte das „eine Blaupause der Angriffe vom 11. September" geliefert und „Gegenmaßnahmen wären möglich gewesen", zog Senatorin Arlen Specter die Bilanz des Senatsberichtes.

Die offizielle Behauptung der Bush-Regierung, dass die „Dummheit und Unfähigkeit" der FBI-Chefs und ihrer geschulten Juristen in der Washingtoner Zentrale, die nicht einmal „wissen", wann ein ausreichender Anfangsverdacht besteht, um einen Durchsuchungsbefehl zu bekommen, Gegenmaßnahmen zur Verhinderung der Anschläge vom 11.September unmöglich gemacht haben, ist eine Beleidigung der Intelligenz aller kritischen Bürger und wirft nur zusätzliche Fragen auf. Ganz vorne steht die Frage, warum die „dummen und unfähigen" FBI-Leute in der Zentrale seither nicht gefeuert oder strafversetzt wurden? Es stellt sich die Frage, warum trotz des offensichtlichen und fatalen Versagens der CIA und der FBI-Zentrale beide Organisationen nach dem 11. September nicht total umgekrempelt wurden, sondern stattdessen von der Bush-Regierung mit Machtzuwachs und bedeutend mehr Geldmitteln (700 Millionen Dollar pro Jahr zusätzlich allein für das FBI) belohnt wurden? Insbesondere stellt sich jedoch die Frage, warum ausgerechnet der Hauptverantwortliche in diesem Drama, FBI-Mann Michael Maltbie seither sogar befördert worden ist? Michael Maltbie war der Vorgesetzte der FBI-Agenten aus Minneapolis. Er war der Mann in der FBI-Zentrale, der die Untersuchung gegen Moussaoui blockiert hatte. Nach einem Bericht der amerikanischen Nachrichtenagentur *Worldnetdaily.com* von Anfang Juni 2002 ist Michael Maltbie inzwischen befördert und in einen Job versetzt worden, wo er „noch mehr Verantwortung trägt“.[5]

All das lässt sich mit „Dummheit und Unfähigkeit“ nicht mehr erklären. Statt dessen bietet sich als Erklärung für das unverständliche Wegschauen in der FBI-Spitze in Washington eher jene ominöse Befürchtung des bereits in der ersten Auflage erwähnten FBI-Agenten an, der in dem US-Nachrichtenmagazin *The New American* vom 5. März 2002 mit den Worten zitiert wurde: „Wenn jemand in Washington diese Informationen hatte und sie begraben hat, – von Washington aus ist es einfach Dinge zu kontrollieren – dann geht dieses Problem viel tiefer, sehr viel tiefer. Es ist schrecklich daran zu denken, aber man ließ das Ganze (die Anschläge) nur deshalb passieren, weil es Teil ganz anderer Pläne war.“

Als der Druck auf das durch Phoenix- und Minneapolis-Memoranda bereits schwer angeschlagene FBI weiter stieg, trat es die Flucht nach vorne an und reichte zu seiner Entlastung Informationen an die amerikanische Presse weiter, in denen der CIA vorgeworfen wird, sie habe durch mangelnden und verspäteten Datenaustausch den entscheidenden Zugriff gegen die Terroristen verhindert. Ein FBI-Vertreter erklärte dazu gegenüber *Newsweek*: „Keine Frage, wir hätten alle 19 Flugzeugentführer im Sack gehabt.“ Für den deutschen Professor Ekkehard Sauermann erhärtet diese Vorgehensweise den Verdacht auf ein Komplott, an dem zumindest die CIA und Spitzenleute des FBI beteiligt waren. In seinem jüngst erschienen, gründlich recherchierten Buch >Die neue Weltkriegsordnung< geht er davon aus, dass „im Vorfeld des 11. September von bestimmten Gruppierungen in der CIA gezielt falsche Spuren gelegt worden sind, um nach dem Anschlag den gewünschten Täterkreis präsentieren zu können. Nach dieser Version sind einzelne Mitarbeiter des FBI (siehe Frau Coleen Rowly) zu früh auf diese Spuren gestoßen und mussten – auf Weisung der CIA – zum Schweigen gebracht werden, um das geheime Unternehmen nicht zu gefährden. Aufgrund ihrer unmittelbaren Zeugenschaft ist die – als hochmotiviert und engagiert eingestufte – FBI-Führungskraft Coleen Rowly zu dem Schluss gekommen, dass es sich bei diesen Eingriffen der Zentrale um absichtliche Maßnahmen gegen das Verhindern der Attentate handelt“, folgert Sauermann.[4]

Aber in wessen Interesse wären dann die Terroranschläge vom 11. September gewesen? Hat es ein Zusammenspiel zwischen US-Ölpotentaten und radikalen Islamisten gegeben? Haben Agenten des Kapitals „unter falscher Flagge“ dumme aber gutgläubige islamistische Terroristen mit einem one-way-Ticket in das Inferno vom 11. September geschickt, um anschließend eine Rechtfertigung für ihren auf Jahrzehnte angelegten, „globalen Krieg gegen den Terror“ zu haben, in dessen Rahmen sie ihren Griff nach den Lagerstätten des „schwarzen Goldes“ von Zentralasien bis zum Persischen Golf absichern können?

Belastend für Bush ist die Tatsache, dass seine Regierung die Planung für einen Anti-Terror-Feldzug gegen Osama Bin Laden und Afghanistan bereits vor dem Anschlag vom 11. September abgeschlossen hatte. Nach anfänglichen Dementis sah sich die Bush-Regierung schließlich gezwungen einzugestehen, dass Präsident Bush die „Presidential Directive“ für die Durchführung des Afghanistanfeldzugs bereits am 9. September zur Unterschrift vorgelegen hatte. In einer Sendung des US-Nachrichtensenders NBC wurde seinerzeit festgestellt, dass in dieser Direktive genau derselbe Plan umrissen wurde, „den das Weiße Haus, die CIA und das Pentagon nach den Anschlägen vom 11. September in die Tat umgesetzt haben". Die Zustimmung der US-amerikanischen Bevölkerung für diesen permanenten und globalen so genannten „Krieg gegen den Terror" wird durch die andauernde Beschwörung angeblich neuer terroristischer Bedrohungen in den USA erreicht. Die sind jedoch fast ausschließlich von der Bush-Regierung fabriziert.

Unter Berufung auf Aussagen von FBI-Agenten und Mitarbeitern der CIA berichtete *Capitol Hill Blue (CHB)* Anfang Januar 2003, dass die ständigen Warnungen vor Terroranschlägen in den USA vom Weißen Haus aus dem Hut gezaubert würden, ohne jeglichen Bezug auf Fakten, nur um in der Bevölkerung das Gefühl der andauernden Bedrohung aufrecht zu erhalten und der Politik des „starken und entschlossenen" Präsident Bush hohe Zustimmungsraten zu sichern. *Capitol Hill Blue* existiert seit 1994 und ist die älteste politische Webseite im Internet und wird von Washington aus von kritischen Journalisten als non-profit Nachrichtenagentur betrieben.

Während Verlautbarungen der Bush-Regierung suggerieren, dass gefangene, angeblich hochrangige al Qaida Mitglieder ausgiebig plaudern und die US-Ermittler über weitere, angeblich geplante Anschlägen informieren, tappten die Anti-Terrorspezialisten von FBI und CIA tatsächlich im Dunklen. „Leider haben wir im Krieg gegen den Terrorismus oder gegen al Qaida kaum Fortschritte gemacht" zitiert *CHB* einen FBI-Agent aus der Anti-Terrorabteilung.

Unter Berufung auf „andere Quellen im FBI und der CIA" berichtet *CHB*, dass die Bush-Regierung die Geheimdienste dazu dränge, „etwas, irgend etwas" zu liefern, um so das ganze Spektrum der nicht genau spezifizierten Terrorwarnungen zu stützen, die vom Weißen Haus und der neu gegründeten Heimatschutzbehörde ständig in die Welt gesetzt werden. „In den meisten

Fällen, haben wir jedoch so gut wie nichts in der Hand, lediglich nicht zu belegende Bruchstücke einer Information. Die meisten Alarmmeldungen werden herausgegeben ohne dass es dafür konkrete Anhaltspunkte gibt", wird ein weiterer FBI-Agent in dem *CHB*-Bericht zitiert.

Die amerikanische Web-Nachrichtenagentur *WorldNetDaily.com*[7], die den *CHB*-Report aufgegriffen hat, bemerkt in ihrem Bericht, dass „in der Tat bei den meisten Terrorwarnungen, welche die US-Regierung in letzter Zeit herausgegeben hat, jegliche spezielle Information zur Art der Bedrohung gefehlt hat". *WorldNetDaily.com* wundert sich auch, warum nach jeder neuen Alarmmeldung der Regierung über einen bevorstehenden Terroranschlag die für die Sicherheitsbehörden seit Ende September geltende offizielle Alarmstufe dennoch unverändert bei gelb geblieben ist. Vielleicht deshalb, weil die verantwortlichen Stellen wussten, dass die eigenen Warnungen nicht ernst zu nehmen, bzw. frei erfunden waren? Sogar die jüngsten Berichte über fünf Araber, die angeblich von Kanada aus mit gefälschten Papieren in die USA eingereist sind, könnten nach Meinung des Anti-Terrorspezialisten Ronald Blackstone politisch motiviert sein. „Wir haben sehr, sehr wenig, um die Behauptung zu stützen, dass diese Fünf eine größere Bedrohung darstellen, als jeder andere der vielen Tausend Menschen, die jeden Tag in dieses Land (USA) kommen", sagte Blackstone gegenüber *WorldNetDaily.com.*

„Hier darf jedoch kein Missverständnis herrschen", warnte ein weiterer FBI-Agent im Report von Congress Hill Blue, denn „gegen dieses Land (USA) besteht eine reale terroristische Bedrohung, aber jedes Mal, wenn wir mit falschem Alarm an die Öffentlichkeit gehen, stumpfen wir nur die Leute ab, so dass sie an dem Tag, wo wir einen echten Alarm haben, nicht mehr reagieren". Seit dem 11. September 2001 wurden Amerikaner immer wieder vor unmittelbar bevorstehenden Anschlägen gewarnt, dass Terroristen Footballstadien, Atomkraftwerke, Shopping Centers, Synagogen, Apartmentblocks, U-Bahnsystem, die Brooklyn-Brücke und andere Wahrzeichen in New York angreifen würden. Ebenso ergingen Warnungen an die amerikanische Öffentlichkeit, Vorsicht gegenüber kleinen Flugzeugen, Tanklastwagen und Tauchern walten zu lassen. Vor dem Hintergrund der Aussagen der FBI und CIA-Agenten im *CHB*-Bericht, kann nun davon ausgegangen werden, dass die Bush-Regierung zur Absicherung ihrer innen und außenpolitischen Ziele in der amerikanischen Bevölkerung systematisch Angst und Hysterie schürt.

Wie schamlos die Bush-Regierung dabei vorgeht, ist ebenfalls dem *CHB*-Bericht zu entnehmen. Nach Informationen von Quellen im FBI und in der CIA werde in einem vor kurzem verfassten Memorandum des Weißen Hauses der „Krieg gegen den Terror" als „definitiver politischer Vorteil" bezeichnet und zugleich als ein nützliches Instrument zum Eintreiben von Spendengeldern für die republikanische Partei von Präsident Bush. Das seien nur zwei von vielen Punkten, wie die terroristische Bedrohung politisch am besten ausgenützt würde. „Natürlich nutzt das Weiße Haus die Terrorismusbedrohung weidlich zu seinem politischen Vorteil aus," zitiert *WorldNetDaily.com* den Politstrategen der demokratischen Partei Russ Barksdale. „Sie wären dumm, wenn sie es nicht täten würden. Wir würden dasselbe machen", war Barksdales zynischer Kommentar

Bezeichnend dafür, dass der 11. September von der Bush-Regierung skrupellos als Mittel zum Zweck benutzt wird, geht auch aus den Ende 2002 in der *New York Times* veröffentlichten Aufzeichnungen eines Pentagonmitarbeiters hervor, wonach US-Verteidigungsminister Rumsfeld bereits eine Stunde nach Ende der Terroranschläge vom 11. September die Anweisung gegeben hatte, nach allem zu suchen, was „den Irak irgendwie damit in Verbindung bringt". Am 12. Januar berichtete die *Washington Post*, dass die Bush-Regierung bereits sechs Tage nach dem 11. September 2001 mit der Planung des zweiten Irak-Krieges begonnen hatte. Vor diesem Hintergrund ist die Weltöffentlichkeit gegenüber den immer unverfroreneren und aus der Luft gegriffenen Behauptungen Washingtons, dass Irak eine Atombombe entwickle oder bin Laden unterstütze, zunehmend skeptisch geworden. Der seit langem geplante, nicht provozierte US-Angriffskrieg gegen Irak dient offensichtlich dem Ziel, die neue, amerikanische Weltordnung durchzusetzen, den anderen sogenannten „Schnurkenstaaten“ eine Warnung zu sein und zugleich das irakische Öl, die zweitgrößten Reserven der Welt zu erobern und zu kontrollieren. Denn im Fahrwasser der Ereignisse vom 11. September hat sich die Bush-Regierung aller völkerrechtlichen Einschränkungen entledigt und machtpolitische Fakten geschaffen, in denen das Dschungelrecht des Stärkeren herrscht. Daher bedarf Washington derzeit nicht einmal mehr einer Scheinlegitimation für die geplante „Befreiung des irakischen Öl“ für die amerikanischen Konzerne.

Auch die mit den USA aufs engste verbundenen Briten sehen das so. Vor insgesamt 150 britischen Botschaftern, die unmittelbar vor Beginn des anglo-amerikanischen Raubkrieges gegen Irak zur politischen Einweisung nach London beordert worden waren, erklärte Tony Blairs Außenminister Jack Straw, Anfang Januar 2003, dass die Versorgungssicherheit mit Öl derzeit vor allen anderen Zielsetzungen die höchste Priorität in der britischen Außenpolitik habe.[8] Dabei hatte Außenminister Straw jedoch geschickt vermieden, Irak auch nur ein einziges Mal beim Namen zu nennen. Die australischen Tageszeitung *Sydney Morning Herald* [9] vermerkte jedoch am nächsten Tag, dass britische Minister und hohe Regierungsbeamte in privaten Gesprächen mit Journalisten längst zugegeben hätten, dass „die Sorge um die langfristig gesicherte Ölversorgung als Grund für den Krieg gegen Irak eine bedeutendere Rolle spielt als Massenvernichtungswaffen“.

Die bisher mit viel Geschick getragene Maske der „Sorge um die Demokratie und Menschenrechte“ haben London und Washington inzwischen als zu umständlich fallen gelassen. Zum Vorschein gekommen ist die alte, hässliche Fratze des Kapitalismus auf neo-kolonialen Raubzügen. Dafür können sich nun bereits Medienstars begeistern, die sich bisher eher liberal gegeben haben. Anfang Januar 2003 argumentierte der renommierte Kolumnist Thomas L. Friedman, ehem. Berater der US-amerikanischen

Außenministerin Madeleine Albright, in einem Leitartikel der *New York Times*, dass ein Krieg auch dann „gerechtfertigt ist", wenn dadurch ein „böser und größenwahnsinniger Diktator" davon abgehalten wird, die Kontrolle über das Öl zu bekommen.[10] Im bevorstehenden Krieg gegen Irak ginge es zumindest „teilweise ums Öl, denn es ist unmöglich, das Verhalten der Bush-Regierung anders zu erklären". Daran findet Friedman jedoch nichts auszusetzen. Denn wenn die Vereinigten Staaten Krieg führen, um die „Interessen der Welt", namentlich „den Zugang zu Öl und anderen Energiequellen", zu sichern, dann ist das „moralisch gerechtfertigt". Daher gesteht Friedman, er habe „kein Problem mit einem Krieg für Öl".[11]

Die Tatsache, dass die UN-Weltgesundheitsorganisation in einem zeitgleich bekannt gewordenen Bericht [12] im ersten Stadium des Krieges mit mindestens 500.000 verwundeten und verletzten Irakern rechnet, spielt – von den vielen Toten abgesehen – offensichtlich keine Rolle im Kalkül der anglo-amerikanischen Gangster, die mit einem bewaffneten Raubüberfall auf Irak, sich das „schwarze Gold" des Landes aneignen wollen. Zugleich berichtete die *Washington Post* [13] von einer anderen Studie der UNO, wonach die Weltorganisation erwartet, dass der US-Krieg gegen Irak insgesamt 10 Millionen Menschen ins Elend stürzen wird, obdachlos macht, vertreibt oder extremem Hunger ausgesetzt wird.

1 - „Senate Report on Pre-9/11 Failures Tells of Bungling at F.B.I.", By PHILIP SHENON, *New York Times*, August 28, 2002

2 - „Inquiry of Intelligence Failures Hits Obstacles", By GREG MILLER, *L.A.-Times,* 4.5.02

3 - „Leader of 9/11 Probe Resigns Suddenly" by GREG MILLER, L.*A.-Times,* 30.04.02

4 - „Agent Alleges FBI Ignored Hamas Activities", By James V. Grimaldi and John Mintz, *Washington Post*, Saturday, May 11, 2002; Page A10)

5 - Has FBI promoted 9-11 ball-dropper?, Supervisor who blocked hijacker probe gets job with more responsibility", By Paul Sperry, *WorldNetDaily.com*, June 7, 2002

6 - „Die Neue Weltkriegsordnung“, Prof. Ekkehard Sauermann, Atlantik-Verlag Okt. 22S. 32

7 - Terror alerts manufactured?, FBI agents say White House scripting ‘hysterics’ for political effect, 2003 *WorldNetDaily.com*, By Jon Dougherty, Posted: January 4, 2003, 1:00 a.m. Eastern http://www.worldnetdaily.com/news/article.asp?ARTICLE_ID=30312

8 - „Straw admits oil is key priority“, Ewen MacAskill, Diplomatic Editor, *The Guardian*, Tuesday January 7, 2003

9 - „UK signals push to secure Iraqi oilfields“, By Ewen MacAskill in London, *Sydney Morning Herald* - January 8 2003

10 - „A War for Oil?“, Thomas L. Friedman, *NYT*, column, Jan. 5, 2002

11 - ebenda

12 - „U.N. Sees 500,000 Iraqi Casualties at Start of War“, Irwin Arieff, UNITED NATIONS, *Reuters*, January 7, 2003 01:26 PM ET)

13 - „Iraq War Could Put 10 Million In Need of Aid, U.N. Reports“, By Colum Lynch, *Washington Post* Staff Writer, Tuesday, January 7, 2003; Page A12

# ANHANG

# PROPAGANDAMYTHEN AUS DEM FÜHRERBUNKER

*Mathias Bröckers*

**The WTC Conspiracy XXXV**

Vor 25 Jahren wurde Bob Woodward zu einem der Heroen des investigativen Journalismus, als er in der *Washington Post* den Watergate-Skandal aufdeckte. Sein Insider-Protokoll zum 11.9. zeigt indessen, dass der Held von einst heute nur noch unkritische Hofberichterstattung betreibt.

Dass ich die offiziellen Erklärungen zu den Vorfällen am 11.9. von Anfang an bezweifelte, war weniger ein vom Verstand gesteuerter Reflex, sondern eher ein gefühlsmäßiges Unbehagen. Irgendetwas schien mir überhaupt nicht zu stimmen, aber ich wusste nicht was. Der verschwörungstheoretische Blick auf die Ereignisse war eher aus dieser Not geboren als aus der Absicht, irgendeine Verschwörung nachzuweisen; eher ein tastender Orientierungsversuch im Nebel, als ein zielgerichteter, planvoller Aufklärungsversuch. Dass sich dieser Kommentar dann zu einer quasi unendlichen Geschichte ausweiten sollten, war weder gewollt noch abzusehen, doch dass es so kam, hat einen ganz einfachen Grund: von Tag zu Tag wurden die Ungereimtheiten der offiziellen Version größer - und die scheinbar „verrückte" verschwörungstheoretische Perspektive erwies sich als weitaus realitätstauglicher und näher an der „Wahrheit" als die „nüchterne", angeblich objektive des Medienmainstreams.

Mittlerweile bin ich überzeugt, dass die eigentlichen Verschwörungstheoretiker des 11.9. nicht bei Telepolis und auf verschiedenen Seiten im Internet auftauchten, sondern über *CNN, AP, ARD, ZDF, RTL, SPIEGEL, FAZ, BILD*... und alle anderen Kanäle publizierten. Bis heute haben sie uns zur Erklärung der Anschläge auf WTC und Pentagon nichts anderes präsentiert als eine bin-Laden-al-Qaida-Weltverschwörungstheorie, für die auch fünf Monate nach der Tat kein einziger gerichtstauglicher Beweis vorliegt.

Sang- und klanglos ist der personifizierte Weltfeind Nr. 1 denn auch mittlerweile aus den Nachrichten verschwunden, ob dead or alive spielt keine Rolle mehr, er hat seine Schuldigkeit als Fratze des Bösen getan.

Auch al Qaida, das „weltumspannende Netz" gefährlicher Selbstmordattentäter und „Schläfer" - (was machen die eigentlich? Kein Wecker? Verschlafen? - wenn es diese „Schläfer" wirklich gibt, auf was warten sie? ) -, auch Al-Qaida, die 30.000 Namen umfassende Gästeliste aus bin Ladens Gästehaus in Peschawar, wird als Hintergrund zunehmend unbedeutend und ist schon einem völlig abstrakten Bedrohungsszenarium durch „Terror" und neuerdings einer „Achse des Bösen" gewichen. Mit der Aufklärung des Falles, die Fahndung nach den Tätern und Hintermännern, hat der war on terror nichts mehr zu tun. „Als Bush die Nachricht in einer Schule erreicht, bleibt er merkwürdig ungerührt, auch bei seinem ersten Statement keine Sorgenfalten, kein wirkliches Entsetzen. Vielleicht weil die „Schurken" den verabredeten Zeitpunktpunkt eingehalten hatten: vor 9 Uhr sind im WTC keine wichtigen Banker und keine Besuchermassen, sondern nur das „Fußvolk" anwesend. Ein unvermeidlicher „Kollateralschaden" also, wie man Zivilistenopfer seit der Bombardierung Bagdads zu nennen pflegt. Ob es tatsächlich ein Motiv für das Unvorstellbare, eine inszenierte Katastrophe wie in Pearl Harbor gibt, werden die nächsten Aktionen der Weltordnungsmacht bald zeigen."

Dies hatte ich am 12.9. geschrieben ([1] The WTC Conspiracy) und zu diesem Zeitpunkt mochten und konnten sich vielleicht wenige dieses Unvorstellbare vorstellen. Mittlerweile sieht das etwas anders aus und die Aktionen der Vereinigten Staaten machen deutlich: Es geht nicht um die Aufklärung des Falles und die Überführung der Täter, sondern um militärische Züge auf dem geopolitischen Schachbrett. Essenzielle Fragen zum Tathergang, wie die nach dem Ausbleiben der Luftabwehr, der Veröffentlichung des gesamten Funkverkehrs, der Nichtverfolgung der Finanzspekulationen um den 11.9., um nur einige zu nennen - sie fallen in ein Grab des Schweigens und gehen im Gedröhne von Krieg, Aufrüstung und Stars & Stripes unter.

Die merkwürdige Ungerührtheit des Präsidenten, als ihm die Nachricht in der Schule von seinem Assistenten zugeflüstert wird, hat mittlerweile eine Erklärung gefunden: Bush war schon vor seinem Schulbesuch über die Vorgänge in New York informiert. Aber es bestand offenbar keine Eile. Genauso wenig wie für den höchsten Militär des Landes, General Richard Myers, der in Washington bei einem Frühstücks-Meeting mit einem Senator saß. Während die beiden WTC-Türme getroffen wurden und ein entführter Jet auf das Pentagon krachte, redeten die beiden gemütlich weiter. Dass der Chairman of the Joint Chiefs of Staff, der leitende Kommandobevollmächtigte der Armee, in so einem Fall nicht informiert wird, kann eigentlich auch nur damit zu tun haben, dass [2] keine wirkliche Eile besteht. Der einzige, der es an diesem Morgen eilig zu haben schien, als er am Telefon von der Attacke erfährt, ist Außenminister Powell - er verlässt das Frühstück mit dem neuen peruanischen Präsidenten und macht sich sofort auf den Rückflug. Vizepräsident Dick „Ihr könnt ihn aufhängen" Cheney wird derweil im Eilschritt von Sicherheitsbeamten in den Bunker des Weißen Hauses gebracht.

Bob Woodward, die „Watergate"-Koryphäe der *Washington Post*, hat in einer Serie für seine Zeitung eine Art [3] Insider-Protokoll geschrieben, dass die Aktivitäten der Regierungsspitze vom 11. bis zum 20. September zusammenfasst und auf direkten Interviews und Notizen der Beteiligten basiert. Im Bunker erreicht Cheney ein Telefonat von Präsident Bush aus der Air Force One: „Wer immer das getan hat, wir werden ihnen in die Ärsche treten."

Abgesehen von derlei Originalton-Kleinodien trägt Woodwards ausführlicher Bericht allerdings wenig zur Aufklärung des Falles bei. Fast hat man bei der Lektüre den Eindruck, dass so wie ihm damals als jungem Reporter von bestimmten Geheimdienstkreisen die Informationen zugespielt wurden, die zur Aufdeckung von Nixons „Klempnertruppe" führten, ihm nunmehr als Starjournalisten aus anderen Geheimdienstkreisen Details zukommen, die eher zur Vernebelung und zur Legendenbildung um Bushs Kriegskabinett beitragen.

Eine der himmelschreiend offenen Fragen des Dramas vom 11.9.: Warum die Luftabwehr die Pentagon-Maschine fast eine Stunde unbehelligt ihr Ziel ansteuern ließ, auch dann noch, als bereits zwei entführte Jets in die WTC-Türme geflogen waren, geht in Woodwards minutiösem Protokoll folgendermaßen unter:

Im Bunker des Weißen Hauses nähert sich ein Militäradjutant dem Vizepräsidenten: „Da ist ein Flugzeug 80 Meilen draußen", sagte er. „Es ist ein Kampfflugzeug in der Nähe. Sollten wir eingreifen?" „Ja", antwortete Cheney ohne zu Zögern. Um den Vizepräsidenten sitzen (Condolezza)Rice, der Amtschef des Weißen Hauses Joshua Bolten und Cheneys 'chief of staff' Lewis „Scooter" Libby gespannt, als der Militäradjutant seine Frage wiederholt, dieses Mal mit mehr Dringlichkeit. Das Flugzeug war jetzt 60 Meilen entfernt. „Sollen wir eingreifen?" „Ja" , antwortete er wieder. Als das Flugzeug näher kam, wiederholte der Adjutant die Frage. Steht die Order noch? „Natürlich tut sie das", schnappte Cheney. Es war „offensichtlich eine sehr bedeutsame Aktion", sagte Cheney in einem Interview. „Du forderst von amerikanischen Piloten auf einen Jet voller Zivilisten zu feuern. Auf der anderen Seite hatte ich ja direkt vor Augen, was mit dem World Trade Center geschehen war, und es war mir klar, dass ein entführtes Flugzeug eine Waffe darstellte." Das war's. Erstaunlich, dass auch im Bunker offenbar keinerlei Eile besteht. Die entführte Maschine nähert sich Washington, der Adjutant fragt einmal, zweimal, dreimal, erhält jedes Mal eindeutige Antworten, aber es geschieht nichts. Statt diese kafkaeske Situation aufzulösen und das Ausbleiben der Feuerwehr (siehe [4]Wo blieb die Feuerwehr?) zu thematisieren, lässt Woodward Cheney dann noch einmal sein inneres Drama rekapitulieren, wie in einem schlechten Hollywoodfilm. Und Schnitt. Von hier schweift der Artikel dann zum Absturz der Pennsylvania-Maschine und weiter. Den Einstieg in sein Protokoll über „Amerikas chaotischen Weg in den Krieg" nimmt Woodward über die Bunkersitzung am Abend des 11.9., an dem sich Bush, Cheney, Powell, Rumsfeld, Rice und CIA-Chef Tenet um 21 Uhr 30 treffen: „Intelligence was by now almost conclusive that Osama bin Laden and his al Qaeda network, based in Afghanistan, had carried out the attacks." Die Geheimdienste waren sich zu diesem Zeitpunkte also „nahezu schlüssig", dass bin Ladin und al Qaida die Anschläge ausgeführt hatten. Woher diese Schlüssigkeit kam, wird nicht erwähnt - auch nicht im zweiten Teil der Serie, die den nächsten Tag beschreibt, an dem „für (CIA-Chef) Tenet die Beweise gegen bin Ladin schlüssig waren - game, set, match". Als Grund wird lediglich angeführt, dass bei Dreien der Entführer Verbindungen nach Afghanistan nachgewiesen seien. That's it. Ansonsten spielt die Frage nach Beweisen für die Täterschaft - an der der gesamte Kriegsausbruch hängt - für den einstigen Heroen des investigativen Journalismus Bob Woodward keinerlei Rolle mehr. Ein Vierteljahrhundert nach Watergate scheint er nunmehr selbst ins Lager der „Klempnertruppe" übergelaufen - und schustert, gefüttert mit [5] Exklusivinterviews der Top-Offiziellen, Propagandamythen aus dem Führerbunker zusammen: Das „Kriegskabinett" hatte Fragen, keiner mehr als Rumsfeld. Was sind die Ziele? Wie viele Beweise brauchen wir um al Qaida zu verfolgen? Während schnelles Handeln erforderlich sei, sagt Rumsfeld, würde es bis zu 60 Tage dauern, einen größeren Militärschlag vorzubereiten. Und, fragte er, gibt es alliierte Ziele, die von einem Angriff ausgeschlossen sind? Beziehen wir unsere Alliierten in die Militäraktionen ein? Rumsfeld warnte, dass eine effektive Antwort einen größeren Krieg erfordern würde, der über den Einsatz des Militärs hinausginge. Die Vereinigten Staaten, sagte er, müssen jedes Werkzeug einsetzen - militärisch, rechtlich, finanziell, diplomatisch, nachrichtendienstlich. Der Präsident war enthusiastisch. Aber Tenet präsentierte einen ernüchternden Gedanken. Obwohl al Qaidas Heimatbasis Afghanistan sei, operiere die Organisation nahezu weltweit. (..)Wir haben ein 60-Länder-Problem, sagte er der Gruppe. „Lasst uns sie eins nach dem anderen wegputzen" antwortete Bush. Der Präsident und seine Berater führten Amerika auf die Straße des Kriegs in dieser Nacht, ohne Straßenkarte. Hauptsache Krieg, Hauptsache groß und ein „enthusiatischer" Präsident, der alle „wegputzen" will. Wäre es nicht grauenhafte Realität, man könnte meinen, in eine Cover-Version von Chaplins Großem Diktator geraten zu sein. In sofern kann man dem zum unkritischen Hofberichterstatter mutierten Bob Woodward für sein schonungsloses Porträt sogar schon wieder danken. Zu dem Hintergrund, den es vernebelt, passt es aufs Stimmigste.

**Links**

[1] http://www.heise.de/tp/deutsch/inhalt/co/9528/1.html
[2] http://www.globalresearch.ca/articles/SZA202A.html
[3] http://www.washingtonpost.com/wp-dyn/articles/A42754-2002Jan26.html
[4] http://www.heise.de/tp/deutsch/inhalt/co/11477/1.html
[5] http://prospect.org/print/V13/5/confessore-n.html

Artikel-URL: http://www.telepolis.de/deutsch/special/wtc/11860/1.html

Telepolis, 18.02.2002

***Mathias Bröckers***
*1954 geboren in Limburg/Lahn*
*1973 Abitur, Kriegsdienstverweigerung, Studium an der FU Berlin (Literaturwissenschaft/Linguistik/Politik)*
*1980 Magister Artium, Staatsprüfung für das Amt des Studienrats (Deutsch/Politik)*
*Seit 1980 ca. 600 Beiträge für Tageszeitungen, Wochen,- und Monatszeitschriften, vor allem in den Bereichen Kultur, Wissenschaft und Politik. Viele Radiosendungen- und Kommentare, sowie Beiträge für Bücher und Anthologien. Verschiedene Kabarettprogramme und Texte, Mitarbeit an TV-und Film-Drehbüchern.*
*Mitglied der Sachbuch-Jury der „Süddeutschen Zeitung"*

*1998 „Das sogenannte Übernatürliche – Die Intelligenz der Erde. Aufbruch zu einem neuen Naturverständnis"*
*1999 Beiträge für ein Buch über Viktor Schauberger*
*2000 Herausgeber des „Lexikons der Verschwörungstheorien" von Robert Anton Wilson*
*2001 Arbeit als freier Autor, am 12.9. Beginn einer Serie über die Hintergründe des WTC-Anschlags im Online-Magazin telepolis*

---

# 120 TAGE ANGRIFFE AUF DIE UNVERÄUSSERLICHEN FREIHEITEN

**Nach den Attentaten vom 11. September 2001 wurden demokratische Rechte weltweit eingeschränkt**

Die Organisation »Reporter ohne Grenzen« hat – in Zusammenarbeit mit der »Liga für Menschenrechte« und »Human Rights Watch« – weltweit untersucht, in welchem Umfang nach den Attentaten vom 11. September 2001 demokratische Freiheiten eingeschränkt wurden. An der Spitze des vorgelegten Berichts über die »Top 15 der freiheitsbeschränkenden Staaten« stehen die USA. Im Folgenden dokumentieren wir – neben Auszügen aus dem Vorwort – die Abschnitte zu den Staaten der Europäischen Union.
Seit dem 11. September 2001 und den Anschlägen in New York und Washington haben die meisten Länder ihre Sicherheitsmaßnahmen verschärft. Dies ist eine

absolut legitime Reaktion. Im Gegensatz zu den daraus resultierenden Übergriffen auf die kollektiven und individuellen Freiheiten.

120 Tage nach den terroristischen Attentaten erscheint es uns angemessen, eine erste Bilanz zu ziehen.(...)

Denn die Angriffe auf die Menschenrechte, die Pressefreiheit und Informationsfreiheit im Internet haben zugenommen.

Wir stellen also in der Folge die »Top 15« vor, die fünfzehn Länder, die bei der Einschränkung der Freiheit führend sind. Es ist die Hitparade der Staaten, in denen die häufigsten und nachhaltigsten sicherheitspolitischen Ausschweifungen und ein Abgehen von der Normalität zu beobachten sind.

Zwei Arten von freiheitsbeschränkenden Staaten sind zu unterscheiden: diejenigen, die in der Folge der Attentate in »Panik« gerieten und zu Rechtsmitteln griffen, die die Freiheit beschränken, und die »opportunistischen« Staaten, die den Vorwand der Terrorbekämpfung nutzen, um bisher unpopuläre Maßnahmen durchzusetzen oder um Minderheiten und Gegner zu unterdrücken.

Die unschuldigen Opfer im World Trade Center und Pentagon, in den Städten und Dörfern Afghanistans sind unvergessen. Muss man dennoch alles im Namen des Kampfes gegen den Terrorismus zulassen? Wir glauben nicht. Wir sind weiterhin »wachsam« und »stehen zusammen«. Darum veröffentlichen wir diese Charts der freiheitsbeschränkenden Staaten.

**Platz 2:**
**GROßBRITANNIEN**

Das erste Land, das gegen die Europäische Menschenrechtskonvention verstößt

Bis zum 11. September galt das Vereinigte Königreich als zu milde gegenüber religiösen Aktivisten, mit anderen Worten, als sicherer Ort für vermutliche Terroristen. Seitdem hat das Land eine völlige Kehrtwendung gemacht. Das vom Parlament Mitte Dezember verabschiedete Antiterror-Gesetz macht das Königreich Ihrer Majestät zur ersten Nation, die einseitig gegen die Europäische Menschenrechtskonvention verstößt, wobei das Internet »der Kontrolle der Justiz« unterstellt wird.

Das Antiterror-Gesetz: Haft ohne strafrechtliche Untersuchung und Anklage

Der hartnäckige Widerstand des Oberhauses des britischen Parlaments blieb erfolglos: die Abgeordneten stimmten dem von Tony Blairs Regierung ausgearbeiteten »Gesetz zum Kampf gegen den Terrorismus« zu.

Kritisiert werden insbesondere zwei Maßnahmen: die Möglichkeit, Ausländer ohne Untersuchungsbeschluss in Haft zu nehmen und die erhöhte Kompetenz der Polizei in Bezug auf die Überwachung des Internet, von Emails und das Abhören von Telefongesprächen. Ersteres macht aus Großbritannien das erste und einzige Land der Alten Welt, das gravierend und deutlich gegen die Europäische Menschenrechtskonvention verstößt. Artikel 5 dieser Konvention bestimmt, dass jede längere Haft über den strikten Rahmen einer richterlichen Anordnung hinaus verboten ist. Im Übrigen hat die Regierung erst im letzten Augenblick und angesichts einmütiger Kritik das »Delikt des Aufrufs zum religiösen Hass« aus dem Gesetzestext gestrichen.

Pressefreiheit: Aufforderung an die Medien, „wahr und falsch zu unterscheiden"

Die britische Regierung, verlässlicher Unterstützer der Vereinigten Staaten im Krieg gegen den Terrorismus und bei der militärischen Operation in Afghanistan, hat sich für ein Lager entschieden. Die Mannschaft des britischen Premierministers Tony Blair rief die Medien auf, ebenfalls zu wählen, zu wem sie stehen. Sie sollten das Gleiche tun wie die Regierung, im Klima der heiligen Allianz. Der Sprecher Tony Blairs rief die Medien Anfang November und in Bezug auf ihren Umgang mit den Informationen zum Afghanistankrieg trocken zur Ordnung. »Unterscheiden Sie, was wahr und was falsch ist!« forderte der Pressechef Tony Blairs sie auf. »Die Medien dürfen nicht die Lügengespinste der Taliban und die Erklärungen des Bündnisses in einen Topf werfen oder als gleichwertig betrachten.«

**Freiheit im Internet: Internet-Spionage im Namen des Antiterrorkampfes – unter anderem**

Nach den USA, Kanada und Frankreich begann auch Großbritannien mit einer intensiven Überwachung des Web. Dem Beispiel aus Paris folgend verlängerte London den Zeitraum der Speicherung der Daten von Internet-Usern durch die Zugangs-Provider. Der Innenminister verkündete überdies, dass er davon ausginge, dass er das Recht habe, »Online erfolgende Finanztransaktionen anzusehen oder private Emails zu kontrollieren«.

Konkret entlässt das neue Gesetz die Polizei weitgehend aus der Pflicht, Maßnahmen durch einen Richter autorisieren zu lassen. Zum Handeln genügt das grüne Licht durch das Innenministerium oder einen höheren Beamten desselben. Derart drastische Maßnahmen provozieren Protest: die Zugangs-Provider beabsichtigen die Verlagerung ihrer Server aus Großbritannien.

## Platz 4:
## FRANKREICH

**Das Gesetz über die Sicherheit im Alltag schwächt die Meinungsfreiheit**

Am 15. November 2001 verabschiedete Frankreich in aller Eile und ohne wirkliche Diskussion ein Antiterror-Gesetz, das an einen juristischen Rundumschlag erinnert und Terrorismus und Kriminalität miteinander verquickt. Dieses, für verfassungswidrig erachtete, Gesetz über die Sicherheit im Alltag (LSQ – Loi sur la sécurité quotidienne) schränkt die Meinungsfreiheit im Internet drastisch ein.

**Das Gesetz über die Sicherheit im Alltag: Das Internet aufs Korn genommen**

Nach den Attentaten vom 11. September war die Regierung bemüht, schnell zu reagieren, und legte den Abgeordneten des Parlaments ein Maßnahmenpaket im Kampf gegen den Terrorismus vor. Dieses war nicht »maßgeschneidert«, um auch die nebulösen Formen der terroristischen Bedrohung zu umfassen. Neue Bestimmungen ergänzten, hastig formuliert, einen bestehenden Gesetzestext, nämlich das Gesetz über die Informationsgesellschaft LSI (Loi sur la société de l'information). Das LSQ ist ein Rundumschlag geworden und umfasst zur gleichzeitigen Umsetzung dreizehn so genannte »Antiterror«-Gesetzesänderungen. Weiterhin bietet es die Möglichkeit, jemanden anonym zu beschuldigen, ohne dass sich die beschuldigte Person von Angesicht zu Angesicht mit dem so geschaffenen »anonymen Zeugen« auseinander setzen könnte; es ermöglicht den genetischen Fingerabdruck jeder Person, die des einfachen Diebstahls beschuldigt wird; die Durchsuchung von Fahrzeugen; Hausdurchsuchung ohne richterliche Prüfung und in Abwesenheit des/der Betroffenen; die Möglichkeit des Verbots von Versammlungen in Gebäudehallen; die Übertragung polizeilicher Befugnisse auf private Sicherheitsdienste; und es beinhaltet Sicherheitsmaßnahmen im Rahmen der Einführung des Euro.

Neben den freiheitsbeschränkenden Maßnahmen dieser gesetzlichen Bestimmungen kritisieren die Gegner das Gesetz auch, weil es gemeines Recht und Antiterrorkampf miteinander verquickt. Die Kritik wird durch das Fehlen einer wirklichen Diskussion über seine Umsetzung genährt. Der Text passierte den Senat und die Nationalversammlung wie ein Brief auf dem Postweg. Kein Abgeordneter hatte den Mut, den Verfassungsrat anzurufen (was die Regel ist, wenn es um Gesetze mit verfassungsmäßig sensiblen Bestimmungen geht), damit sich dieser zur Rechtmäßigkeit des LSQ äußern könnte.

### Pressefreiheit: Ordnungsruf an die Adresse der Medien

Nach den Empfehlungen des Höchsten Rates für Audiovision CSA (Conseil supérieur de l'audiovisuel) an die Adresse von Radio und Fernsehen und dem Ordnungsruf für den Nachrichtensender Al-Jazira forderten die Organisationen zur Verteidigung der Presse- und Meinungsfreiheit den CSA auf, darüber zu wachen, dass es nicht wieder zu einer Kontrolle der Information in Frankreich zu Gunsten des internationalen Kontexts käme. Diese Organisationen äußerten ihre Besorgnis angesichts der jüngsten Empfehlungen des CSA zum Umgang mit Informationen über den Afghanistankonflikt und zur Erinnerung des in Qatar ansässigen Nachrichtensenders Al-Jazira an seine Pflichten. Das Fehlen jeglicher Kontrolle des Inhalts von Nachrichten ist in Frankreich eine grundlegende Errungenschaft der audiovisuellen Medien in den letzten zwanzig Jahren gewesen.

### Freiheit im Internet: Das Internet im Griff französischer Richter

Das LSQ erlaubt die Speicherung von Daten bei den Zugangs-Providern für das Internet für einen Zeitraum für ein Jahr. Richter sind befugt, unter Rückgriff auf »staatliche Instrumente, die der Geheimhaltung im Interesse der nationalen Verteidigung unterliegen«, Mitteilungen zu entschlüsseln. Die Anbieter von Verschlüsselungstechniken sind verpflichtet, den Behörden ihre Protokolle zur Verfügung zu stellen, damit diese Botschaften dechiffrieren können. Damit steht das Internet erneut unter strikter Überwachung und die Verschlüsselung wird kriminalisiert.

## Platz 5:
## DEUTSCHLAND

### Ein „katastrophales“ Antiterror-Gesetz

Die Vereinigungen, die sich für Bürgerrechte und Datenschutz einsetzen, halten das von Innenminister Otto Schily vorgelegte und vom Bundestag verabschiedete Antiterror-Gesetz für eine »Katastrophe«. Die am stärksten die Freiheiten einschränkenden Bestimmungen dieses Gesetzes sind:

- Der Verdacht der Gefährdung der demokratischen und liberalen Grundordnung ist ein Grund für die Verweigerung oder Nichtverlängerung einer Aufenthaltsgenehmigung. Für in Deutschland lebende Ausländer kann dies auch Ausweisungsgrund sein. Dazu kommt die unmittelbare Durchführung der Abschiebung.
- Die Trennung zwischen Geheimdienst und Polizei wird aufgehoben. Die Geheimdienste haben unbegrenzten Zugriff auf die gemeinsame Datenbank der Polizei INPOL und des MAD, BND, Bundesgrenzschutz und Verfassungsschutz werden in die Verfahren zur Ausstellung von Visa einbezogen.
- Zum ersten Mal in der Geschichte der Bundesrepublik Deutschland ist die Zuständigkeit des Verfassungsschutzes vergleichbar mit der der Polizei.
- Das Gesetz über das Ausländerregister wird geändert, damit Polizei und Geheimdienste automatischen Zugriff auf alle Daten haben.
- Es ist geplant, auch Auszüge über den Unterhalt, mit denen die Identität von Ausländern und Asylbewerbern belegt wird, zu speichern, um das »tatsächliche« Herkunftsland zu belegen und ihre Ausweisung zu erleichtern.
- Die digitalen Fingerabdrücke und »andere Identitätsnachweise« aller Asylantragsteller müssen zehn Jahre lang aufbewahrt und sollen systematisch mit Polizeiangaben über Tatorte von Verbrechen abgeglichen werden. Sie werden vom BKA gespeichert.

- Das Verbot aller Vereine von Ausländern, deren Ziele oder Aktivitäten den grundlegenden Interessen der Bundesrepublik Deutschland schaden oder Gefahr für sie bergen.
- Das Recht auf den Zugriff auf Telekommunikationsdaten, die elektronisch gespeichert werden können: Wer kommuniziert elektronisch mit wem?; wer telefoniert mit wem?; Daten zur Lokalisierung; globale Archivierung der Inhalte, die kommuniziert werden; neue Rechte beim Zugriff auf die Daten der Telekommunikationsunternehmen und die Verwaltung von Post und Banken für die Informationsdienste. Die gewählten juristischen Konzepte sind ungenau und schwer zu bewerten. Ihre Auslegung erfolgt entsprechend der behördlichen Praxis. Wer bestimmt den Begriff der »Unterstützung des internationalen Terrorismus«? Wer definiert die Grenze zwischen »Terrorist« und »Freiheitskämpfer«? Die Änderungen des Gesetzes über Einreise und Aufenthalt von Ausländern in Deutschland und das Asylverfahrensgesetz sind nicht die geeigneten Mittel, um mehr Sicherheit zu erzielen. Sie fördern, im Gegenteil dazu, Vorurteile und Ressentiments in der Bevölkerung.

**Platz 7: Italien**

Straflosigkeit der Geheimdienste

Im Kampf gegen den Terror hat die italienische Regierung ein neues Gesetz auf den Weg gebracht, das auf eine Reform der Geheimdienste abzielt. Der Entwurf sieht vor, dass die für den zivilen Geheimdienst SISDR und den militärischen Geheimdienst SISMI Tätigen straflos Straftaten im Rahmen ihrer Missionen begehen dürfen. Das Töten oder Verletzen von Personen ist dabei allerdings ausgeschlossen. Diebstahl, illegale Beschlagnahmung, Lauschangriffe, Beschattung, Eingriffe in die Privatsphäre sollen künftig ohne richterliche Genehmigung erlaubt sein. Und es kommt noch besser: In der Arbeit an ihren Fällen ist den Agenten sogar offiziell verboten, Kontakt zur Justizbehörde zu haben. Über Maßnahmen und Missionen entscheidet der Leiter des betreffenden Dienstes, in Absprache mit dem zuständigen Minister. Die Maßnahmen sind vom Ratspräsidenten gedeckt. Dokumente, die im Zusammenhang mit den Aufträgen und begangenen Straftaten stehen, unterliegen für einen Zeitraum von fünfzehn Jahren dem Staatsgeheimnis.

**Platz 9:**
**DIE EUROPÄISCHE UNION**

Die Harmonisierung der Terrorismusbekämpfung unter Schmerzen

Anfang November legte die EU-Kommission einen Vorschlag für einen Entscheidungsrahmen zur Harmonisierung der Terrorismusbekämpfung in den EU-Mitgliedstaaten vor. Ziel war eine Eingrenzung der Definition von »Terrorismus« und eine Annäherung bei den drohenden Strafen. Die ursprüngliche Formulierung »geeint im Terrorismus« ging hier zu weit, denn sie »ließe sich auf jede Form gesellschaftlicher Auseinandersetzung anwenden«. Die illegale Aneignung von Infrastruktur in der Absicht, den sozialen oder wirtschaftlichen Einrichtungen gravierenden Schaden zuzufügen, »führt in das Feld des ›Terrorismus‹. Die Ermutigung zu derartigen Aktionen durch Einzelne oder eine Gruppe ist eine Straftat, die mit bis zu sieben Jahren Haft geahndet werden kann.« Die Verteidiger der kollektiven und individuellen Freiheiten kritisieren hier deutlich die »Rückkehr zum Meinungsdelikt«.
Mitte November einigten sich die fünfzehn EU-Staaten auf eine neue Definition von terroristischen Akten. Schwierig war jedoch die Verständigung über die Liste

von Straftaten, die vom neuen europäischen Haftbefehl abgedeckt werden. In Bezug auf die Terrorismusdefinition musste die Europäische Union eine Formulierung wählen, die explizit das Vereinsrecht, Versammlungsrecht, Demonstrationsrecht und die Meinungsfreiheit sowie die Freiheit der Gewerkschaften garantiert. Beim europäischen Haftbefehl verweigerten Italien und Irland die Erklärung der Gültigkeit einer Liste von dreißig Gesetzesverstößen, die automatisch zur Auslieferung führen. Italien widersetzte sich insbesondere der Aufnahme von Steuer- und Geldwäschedelikten in die Liste. Luxemburg wollte eine Gültigkeit des europäischen Mandats nur bei Personen, denen Gefängnisstrafen von vier Jahren drohen, anstelle der ursprünglich vorgesehenen einjährigen Haftstrafe.
Die Europäische Kommission wandte sich ihrerseits gegen »die Einbeziehung politischer Organisationen in eine gemeinsame Liste von vermutlichen Terroristen der 15 Mitgliedstaaten«. »Meines Wissens wird keine in einem Mitgliedstaat im Parlament vertretene politische Organisation von ihrer Regierung als terroristische Vereinigung angesehen«, erklärte Leonello Gabrici, Sprecher der EU-Kommission. Seine Äußerung war die Reaktion auf den Wunsch Spaniens, die Partei Batasuna, der politische Flügel der baskischen Terrororganisation ETA, auf die Liste zu setzen.

**Platz 10:**
**SPANIEN**

Die ETA im Visier des Antiterrorkampfes

Zwar ließ die Regierung José Maria Aznar kein eigenes Antiterror-Gesetz vom Parlament verabschieden, doch der Regierungschef führte die Offensive auf europäischer Front an. Und er konnte seine Meinung teilweise durchsetzen. Sein Ziel war ein stärkerer Druck auf den Binnenterror, d.h. auf die ETA, im Rahmen einer globalen Antiterrorkampagne. So erreichte er, dass sich die 15 auf die höchst kontroverse gemeinsame Definition von Terrorismus verständigten und hinter seinem Vorschlag für den europäischen Haftbefehl versammelten.

*Übersetzung aus dem Französischen:*
*Lilian-Astrid Geese*
*Neues Deutschland 26./27. Januar 2002*

---

## INFORMATIONSSPLITTER

Am 19.2.2002 melden die Agenturen (*Reuters* u.a.), unter dem Stichwort „Kampf gegen den Terror auch auf dem Informationssektor“, dass das Pentagon in Folge des 11. September das „Büro zur strategischen Einflussnahme“ (OSI) eingerichtet hat. Jetzt will das Pentagon mit dessen Hilfe mit gezielten (Falsch)meldungen die „Meinung ausländischer Politiker stärker zu Gunsten der amerikanischen Politik beeinflussen.“
Diese Pläne sind allerdings innerhalb der Regierung heftig umstritten, es wird befürchtet, dass dadurch die Glaubwürdigkeit von Informationen aus dem DoD überhaupt untergraben wird.
Am 27.2.2002 melden die gleichen Agenturen, dass Rumsfeld beschlossen habe, das OSI zu schließen.
Am 9.3.2002 wird gemeldet, dass die USA ihr in den 70er Jahren entwickeltes Konzept des Einsatzes von Atomwaffen nicht nur zu strategischen Zwecken, sondern gezielt zum taktischen Einsatz bei regionalen Konflikten, wieder aufleben

lassen möchten. Es sei wohl heute technisch möglich, sogenannte „Mini-Atombomben“ zu bauen.
Möglicher Gegner sei nicht nur bin Laden oder Saddam Hussein und eines der anderen Länder der „Achse des Bösen“, sondern auch China und Rußland.
Tests sollen schon im nächsten Monat beginnen.

In „11. September – Geschichte eines Terrorangriffs“ hrsg. von Stefan Aust, Cordt Schnibben, Stuttgart 2002, heißt es auf Seite 167:
„Detail um Detail haben die Fahnder zusammengetragen, aber es gibt da eine seltsame Schieflage: Die deutschen Fahnder finden eine Menge heraus und teilen es den Kollegen in Amerika und anderswo mit – aber wenig kommt zurück. Die riesigen Dollarüberweisungen aus den Vereinigten Arabischen Emiraten? Leider sei immer noch keine Auskunft zu den Einzahlern möglich, heißt es. Die 13 Attentäter aus Saudi-Arabien? Wir bedauern, noch sind keine ausführlichen Vitae verfügbar.“
und weiter fragen die Autoren:
„Mauern die Amerikaner, oder wissen sie wirklich so wenig?“
Vielleicht ist dies die einzige investigative Stelle in diesem *SPIEGEL*-Report?
Ansonsten ist Mathias Bröckers, wie in seiner 27. Folge der WTC Conspiracy zu diesem Report ausführlich beschrieben, nur zuzustimmen: „Mit minutiöser Faktenhuberei wird das Drama des WTC-Einsturzes nachgestellt und so getan, als ob eine ausufernde Beschreibung der Symptome die Ursache der ‚Krankheit' erklären würde. Dabei wird keine einzige der Dutzenden offenen Fragen und Widersprüche zur Ausführung und den Hintergründen des Anschlags auch nur beleuchtet.“ (Ausführlich bei Telepolis:
http://www.heise.de/tp/deutsch/special/wtc/11353/1.html)

Und weiter heißt es: „und wäre nicht der alte Rudolf Augstein noch in seinen letzten lichten Momenten glasklar, man könnte meinen, sämtliche Insassen des *SPIEGEL*-Hauses an der Brandstwiete seien nunmehr komplett verrückt geworden. Oder einer Verschwörung zum Opfer gefallen, die Prozac oder ein anderes ‚Take-it-Easy'-Psychopharmakon ins redaktionelle Kaffeemaschinensystem eingeschleust hat, das jeden kritischen Gedankengang schon im Kleinhirn eliminiert und in sternengesprenkelte Bannerwerbung verwandelt.“ (Telepolis, ebenda)

Danke an Rudolf Augstein.

# WEITERFÜHRENDE WEB LINKS ZUM 11. SEPTEMBER

**Internationales Institut für Medienanalyse und Friedensforschung**
*www.medienanalyse-international.de*
Mit viel Hingabe und sehr viel Detailkenntnis hat Alexander Hauß diese Seite aufgebaut. Hier kann, wer immer auch das will, sich jeder weitere Anregungen und Hintergrundkenntnisse erwerben. Zusammen mit Mathias Bröckers wird er seine umfangreichen Kenntnisse demnächst in einem Buch veröffentlichen.

**Neues Deutschland**
*www.nd-online.de*
Weil das ND sich (noch) nicht dem Mainstream verpflichtet fühlt, ist es oftmals eine sehr ergiebige Quelle für so manche Hintergrundinformation. Da über die Eigentümerstruktur eine Nähe des ND zur PDS nicht bestritten werden kann, ist so mancher Zickzack-Kurs, den die PDS insbesondere in den Fragen Krieg oder Frieden, Krieg dem Terror usw. fuhr, auch im ND nachzuvollziehen.

**junge Welt**
*www.jungewelt.de*
Während der jetzt gut ein Jahr dauernden Zusammenarbeit konnte ich nicht nur die sehr fundierten Analysen von Arnold Schölzel schätzen lernen, nein, die junge Welt stellt immer wieder die Fragen, die kein anderes Medium zu stellen wagt, bietet DIE Hintergrundinformationen, die man anderswo vergeblich sucht. Und ich bin sicher, auch so mancher Journalistenkollege aus den bürgerlichen Medien wird dieses Blatt als Informationsquelle nutzen, wenn auch heimlich.

**Schmidt-Eenboom**
*www.ffi-weilheim.de*
Wer weiß noch so gut über Geheimdienststrukturen in diesem Lande Bescheid? SE ist immer für eine Überraschung gut.

**Udo Ulfkotte**
*www.marquiswhoswho.net/ULFKOTTE/*
Ulfkotte ein Einflussagent des BND? Nicht nur wir glauben das. Arbeitet ansonsten für die *FAZ*.

**Harper's Magazine**
*www.harpers.org*
Dieses altehrwürdige Magazin existiert seit 150 Jahren. Ein Interview mit John MacArthur finden Sie im Textteil dieses Bandes.

**Mathias Bröckers**
*www.broeckers.com*
Berühmt wegen seiner Conspiracy-Serie. Erfolgreich als Autor wegen seines Titels zum 11. September. Angefeindet, weil er bisher nur als Experte zu Hanf in Erscheinung trat. Umstritten, weil er u. a. auch ein Vertreter des Agnostizismus ist: Es gibt keine objektive Wahrheit bzw. man kann diese nicht erkennen oder deren unendlich viele, was auf dasselbe hinausläuft. Oder auch anders gesagt, es gibt nur Wahrscheinlichkeiten. Bis zur Konspiration, Verschwörung ist es dann nur noch ein kleiner Schritt.
Schade eigentlich.

**Telepolis**
*www.heise.de/tp*
Ausschließlich im Internet als Magazin zu lesen. Hat schon mehrere Awards wegen seiner Veröffentlichungen eingeheimst, insbesondere zum Echelon-System, gehört zum Heise-Imperium.

**Pentagon**
*www.defenselink.mil/pubs/pentagon*

**CIA**
*www.cia.gov*

**Denunziationspage des FBI „submit a tip"**
*www.fbi.gov/homepage.htm*

**Internet-Magazin „From the Wilderness" von Michael C. Ruppert**
*www.copvcia.com* (bedeutet: Cop versus CIA)

**Artikel berichtet über die Verbindung der CIA zu der Flugschule auf der Mohamed Atta sich ausbilden ließ ...**
*http://www.onlinejournal.com/Special_Reports/Hopsicker030202/hopsicker030202.html*

**Alexander Engelhardt über die „Operation Enduring Freedom Order of Battle"**
*www.military-info.de/Kkk/enduring_freedom.htm*
Übersicht zu dem Afghanistan-Krieg u.a. Verluste, Einsatzbasen, beteiligte Waffen und Kommandos etc. Alexander Engelhardt erzählte mir, dass er zum dritten Golfkrieg und zu Nordkorea entsprechende sites pflegt.

**AG Friedensforschung an der Uni Kassel**
*www.uni-kassel.de/fb10/frieden/themen/Voelkerrecht/Welcome.html*
spezielle Seite zum Völkerrecht

**Die Zerstörung des WTC**
*http://serendipity.magnet.ch/wtcg.html*
Wäre nicht mittendrin der Teil zu den möglichen Verschwörungen und Hintergründen, sprich Schlussfolgerungen, wäre es eine wirklich rundum gelungene Seite. Blendet man also den Verschwörungsteil aus, so wird man Erstaunliches zu Tage fördern, sich neue Fragen rund um den 11. September stellen und umso mehr eine rückhaltlose Aufklärung fordern.

**Verbrechen oder Kriegshandlung?**
**Der 11. September und das Definitionsmonopol**
*www.fembio.org/news/11-september.shtml*
Ein interessanter Aufsatz von Luise F. Pusch. Sie selbst ist Prof. für Sprachwissenschaft, Schriftstellerin und Publizistin, lebt in Hannover und Boston. Pusch betreibt die Internetseite FemBio.org des Instituts für Frauen-Biographieforschung Hannover/Boston.

**They Let It Happen On Purpose! 9/11.**
**The Final Dots - Top 20 LIHOP Suspects.**
*www.scoop.co.nz/mason/stories/HL0208/S00068.htm#intro*
Eine site in Englisch, die sich den unbeantworteten Fragen widmet.

**Passend dazu**
*www.unansweredquestions.org/*
Lesen Sie und denken Sie selbst!

**Und wieder nur Fragen**
*www.questionsquestions.net/topics/archive.html#archive-911*
Verweist allerdings meist wieder auf scoop, siehe oben.

**Berichte und Kommentare zum Krieg**
*www.ceiberweiber.at/wahl/krieg.htm*
Hier gibt es einen Überblick über alle Texte, die bei Ceiberweiber seit dem 11.9. veröffentlicht worden sind und weiterführende Links zu aktuellen Artikeln und Kommentaren. Es ist somit eine der umfassendsten Seiten zur kritischen Berichterstattung im deutschsprachigen Raum geworden.
Viele Grüße aus Austria.

---

# GLOSSAR

**AA** - *American Airlines*
eine der Fluglinien, deren Flugzeuge am 11. September ins WTC rasten

**AFP** - *Agence France Presse*
französische Nachrichtenagentur

**Alex Brown Bankers Trust**
Deutsche Bank Tochter

**Ali, Tariq**
pakistanischer Schriftsteller und Filmemacher, lebt in London

**Allende, Salvador**
ehemaliger Präsident Chiles, 1973 ermordet

**Anthrax**
Durch das Bakterium Bacillus anthracis, bzw. seine Dauerform, die Anthrax-Sporen verursachte Infektionskrankheit von Rindern, Schafen und Ziegen und anderen Pflanzenfressern, die auf den Menschen übertragbar ist. Wenn man mit infizierten Tieren oder deren Produkten in äußerlichen Kontakt kommt, kann der relativ häufige Hautmilzbrand entstehen. Darmmilzbrand kann die Folge des Verzehrs von rohem oder nicht ausreichend gegartem infiziertem Fleisch sein. Lungenmilzbrand kann nach Einatmen von (mindestens einigen tausend) Anthrax-Sporen entstehen. Eine Übertragung von Mensch zu Mensch ist in der Regel ausgeschlossen. Die Inkubationszeit beträgt 1-5 Tage, die Mortalität von Lungenmilzbrand kann bis zu 90 Prozent betragen, sofern nicht rechtzeitig mit Ciprofloxacin oder anderen Antibiotika behandelt wird. Einige Impfstoffe stehen zur Verfügung, müssen jedoch mehrfach appliziert werden.
Da Milzbrandsporen leicht verbreitet werden können, sehr widerstandsfähig und über viele Jahrzehnte haltbar sind, zählt Bacillus anthracis zu den am meisten gefürchteten biologischen Kampf- und Sabotagemitteln. (Übernommen aus „Anthrax und das Versagen der Geheimdienste", Erhard Geißler, Berlin 2003)

**AUSTRAC** - *Australian Transaction Report and Analysis Centre*
Finanzgeheimdienst in Australien

**Baker III, James Addison**
ehemaliger Außenminister der USA unter Bush sen. (1989-92), diente drei Präsidenten, beginnend unter Ford 1975, dann unter Reagan und schließlich Bush sen.

**BCCI** - *Bank of Credit and Commerce International*
auch: Bank for Crook and Criminal International (etwa: Bank für internationale Betrügereien und Verbrechen) genannt;
wurde 1972 gemeinsam mit dem Chef des saudi-arabischen Geheimdienstes von einem pakistanischen Banker gegründet; offizieller Hauptsitz in Luxemburg; Die BCCI agierte in mehr als siebzig Ländern der Erde. Die Filialen der Bank wurden am 5. Juni 1991 weltweit geschlossen.

**Blair, Tony**
britischer Regierungschef (Premierminister) seit 1997

**BND** - *Bundes Nachrichten Dienst*
Neben MAD und Verfassungsschutz einer der wesentlichen Geheimdienste in Deutschland

**Bodine, Barbara K.**
frühere US-Botschafterin im Jemen (1997-2001)

**Bolten, Joshua**
seit 2001 Amtschef des Weißen Hauses (Deputy Chief of Staff for Policy)

**Brahimi, Lakhdar**
UN-Sonderbeauftragter für Afghanistan

**Brisard, Jean Charles**
Co-Autor des Buches « Die verbotene Wahrheit »

**Brzezinski, Zbigniew Kazimierz**
u. a. Sicherheitsberater (1979-81) des US-Präsidenten (Carter), erarbeitete wesentliche Doktrinen zur Destabilisierung der UdSSR, insbesondere während deren Afghanistan-Besetzung

**Bülow, Andreas von**
ehemaliger parlamentarischer Staatssekretär im Bundesministerium der Verteidigung (BMVg) (1976-80) und Bundesminister für Forschung und Technologie (1980-82), Mitglied des KoKo-Untersuchungsausschusses und Autor des Buches „Im Namen des Staates"

**Carlucci, Frank C.**
einstmals stellv. CIA-Direktor (1978-80), Verteidigungsminister unter Reagan (1987-89),
heute Chairman und Partner der Carlyle Group.

**Carlyle Group**
*The Guardian* hat mal scherzhaft behauptet, das sei der Ex-Präsidenten-Club. Die

CG ist eine Investmentbank in Washington DC mit exzellenten Verbindungen ins Establishment bis hin zu George W. Bush, jun. und umgekehrt. Macht(e) u. a. auch Geschäfte mit der Familie bin Laden.

**Cäsar**
bedeutender römischer Herrscher und Feldherr, 44 v. Chr. ermordet

**Castro, Fidel**
kubanischer Regierungschef (Ministerpräsident) seit 1959, von Beruf Rechtsanwalt. Er war u. a. Ziel zahlreicher Mordanschläge der CIA.

**Cato, Marcus Portius d. Ält.**
bedeutender römischer Politiker und Redner starb 149 v. Chr.; er beendete jede Rede mit seinem berüchtigten Ausspruch: „Ceterum censeo, Carthaginem delendam esse." (Und im Übrigen bin ich der Meinung, dass Karthago zerstört werden muss). Der dritte Punische Krieg (149 – 146 v. Chr.) führte 146 v. Chr. tatsächlich zur Zerstörung Karthagos.

**Church, Frank**
ehemaliger US-Senator (1956-1981), nach ihm ist der so genannte Church-Report benannt, der die Aktivitäten der Geheimdienste, insbesondere der CIA untersuchte. Er starb 1984.

**CIA** - *Central Intelligence Agency*
Hervorgegangen aus dem Office of Strategic Services (OSS) wurde sie am 18.9.1947 konstituiert. Sie hatte in enger Abstimmung mit dem Nationalen Sicherheitsrat (NSC) (siehe dort) zu agieren.

**CJCS** - *Chairman of the Joint Chiefs of Staff*
Vorsitzender der Vereinigten Stabschefs der USA (der US-Teilstreitkräfte, ähnlich Generalstabschef)

**Clark, Ramsey**
ehemaliger US-Justizminister (1961-1968)

**Colby, William Egan**
ehemaliger CIA-Direktor (1973-1976), leitete u. a. das berüchtigte Phönix-Programm in Südvietnam, dem mehr als 20.000 Menschen zum Opfer fielen. Wurde unter Nixon als CIA-Direktor 1973 eingesetzt, war offensichtlich bemüht in Grenzen mit dem Church-Ausschuss zusammenzuarbeiten und wurde dafür 1976 von Präsident Ford ausgetauscht, durch Bush sen.

**CSE** - *Communications Security Establishment*
kanadischer Geheimdienst

**Dari und Paschtu**
Hauptsprachen in Afghanistan (Amtssprachen), daneben wird noch Usbekisch gesprochen

**Dasquie, Guillaume**
Co-Autor des Buches « Die verbotene Wahrheit »

**DGSE** - *Direction Generale de la Securite Exterieure*
Französischer Geheimdienst, betreibt auch schon mal Wirtschaftsspionage

**DIA** - *Defense Intelligence Agency*
US-Militärnachrichtendienst

**Diego Garcia**
britischer Militärstützpunkt im Indischen Ozean südlich der Malediven gelegen

**Diem, Ngo Dinh**
ehemaliger südvietnamesischer Regierungschef (Ministerpräsident) (1954-1963), forcierte die Teilung Vietnams, torpedierte dessen vereinbarte Wiedervereinigung mittels Wahlen 1956 und wurde 1963 durch Militärputsch gestürzt und hingerichtet.

**DSD** - *Defence Signals Directorate*
australischer Geheimdienst

**DST** - *Direction de la Surveillance du Territoire*
französischer Inlandsnachrichtendienst auch Spionageabwehr, 1946 gegründet, untersteht dem Innenministerium, ist der Polizei angegliedert, soll nur auf franz. Hoheitsgebiet tätig werden

**DTS** - *Deposit Tracking System*
Computersystem um alle Kontenbewegungen über $ 10.000 aller 388 Mio. Bankkonten der USA zu speichern

**Dulles, Allen Welsh**
ehemaliger CIA-Direktor (1953-61), war 1963-64 Mitglied in der Kommission zur Untersuchung des Mordes an J.F. Kennedy

**DVPA / PDPA** - *Demokratische Volkspartei Afghanistans / People's Democratic Party of Afghanistan*

**Eagleburger, Lawrence Sidney**
ehemaliger Sicherheitsberater des US-Präsidenten (1989-92), 1992-93 US-Außenminister, von 1978-2001 u. a. Mitglied des Board of Directors der Phillips Petroleum Company (seit 2002 ConocoPhillips).

**ECHELON**
„Stafette", Weltweites Abhörsystem elektronischer Medien, betrieben von den UKUSA-Staaten

**Emotainment**
(unzulässige) Vermengung von Information und Emotion.

**EWR** - *East West Records*
Nachrichtenagentur

**FATF** - *Financial Action Task Force on Money Laundering*
zwischenstaatliche Organisation, die 1989 geschaffen wurde, um Strategien gegen die Geldwäsche zu erarbeiten

**FBI** - *Federal Bureau of Investigation*

US-amerikanische Bundes(kriminal)polizei, agiert als Inlandsgeheimdienst

**FIG** - *Libyan Fighting Islamic Group*
operiert aus dem Tschad gegen Libyen und wurde wie auch andere jahrelang von CIA und MI6 gefördert

**FinCEN** - *Financial Crimes Enforcement Center*
Finanzgeheimdienst der USA, gebildet am 25. April 1990 und dem Schatzministerium der USA unterstellt

**Fischer, Joseph („Joschka“)**
seit 1998 Außenminister von Deutschland

**Ford, Gerald Rudolph**
ehemaliger US-Präsident (1974-1977), eigentlich der Vize vom Vize, inthronisiert im Zuge von zwei Skandalen: Er wurde aufgrund des erzwungenen Rücktritts von Spiro Theodore Agnew 1973 erst Vizepräsident und dann im Zuge des Watergate-Skandals nach dem Rücktritt Nixons 1974 Präsident der USA.

**Gaddafi, Muammar Al**
seit 1969 Staatschef Libyens, war schon mehrfach Ziel US-amerikanischer Raketenangriffe

**Gates, Robert M.**
ehemaliger CIA-Direktor (1991-93), seit 1966 bereits Angestellter der Agency.

**GCHQ** - *Government Communications HeadQuarters*
britischer Geheimdienst

**GCSB** - *Government Communications Security Bureau*
Neuseeländischer Geheimdienst

**Genfer Konvention**
seit 1864 Beginn mit der Konvention zur „Verbesserung des Loses der Verwundeten bei den im Felde stehenden Heeren“, 1949 Vier Genfer Abkommen (I. Verbesserung des Loses der Verwundeten und Kranken der Streitkräfte im Felde, II. Verbesserung des Loses der Verwundeten und Kranken und Schiffbrüchigen der Streitkräfte zur See, III. Behandlung der Kriegsgefangenen, IV. Schutz von Zivlpersonen in Kriegszeiten (erstmalig))

**GIA** - *Groupe(s) Islamique Armée*
Bewaffnete Islamische Gruppe(n), operieren hauptsächlich in Algerien

**GID** - *General Intelligence Department*
jordanischer Nachrichtendienst

**Goldwater, Barry**
1964 unterlegener Präsidentschaftsbewerber gegen Lyndon B. Johnson

**GPU** - *Gossudarstwennoje Polititscheskoje Uprawlenije*
sowjetische Geheimpolizei, aus Tscheka hervorgegangen, seit 1922 so benannt, später NKWD, später KGB

**Graham, Bob**
Vorsitzender des Geheimdienstausschusses im US-Senat (Senate Intelligence Commitee), der zu Beginn des Jahres 2002 beauftragt wurde, die Rolle der Geheimdienste bei 9-11 zu prüfen.

**Green Quest**
Es wurde im Oktober 2001 eine spezielle Gruppe von Finanzexperten der Sicherheitsbehörden gebildet, um zu untersuchen, wie und wohin die Terroristen ihre Finanzen bewegen

**Guantanamo**
US-Militärbasis auf Kuba, derzeit werden dort Gefangene aus dem Afghanistan-Krieg festgehalten (Camp X-Ray)

**Hannibal**
bedeutender karthagischer Feldherr, führte im 2. Punischen Krieg die Elefanten über die Alpen, Selbstmord 183 v. Chr.

**Hart-Rudman Commission**
Benannt nach den beiden ehemaligen US-Senatoren Gary Hart und Warren Rudman, wurde diese Kommission noch unter Präsident Clinton eingesetzt, um die nationale Sicherheitspolitik im 21. Jahrhundert zu beurteilen (U.S. Commission on National Security / 21 Century).

**Hawala**
(Hindi für: „Im Vertrauen") – eine der weltweit größten Geldwäscheorganisationen zur Überweisung ohne Kontoauszug (ca. 200 Mrd. $ p.a.)

**Hunting, Samuel**
US-amerikanischer Sicherheitstheoretiker, der maßgeblich die „islamische Bedrohung" erfand, u.a. Autor des Buches „Clash of Civilisations"

**Hussein, Saddam**
irakischer Staatschef

**ICO** - *Islamic Conference Organization*
Islamische Konferenzorganisation

**IGH** - *Internationaler Gerichtshof*
in Den Haag, die erste Haager Friedenskonferenz 1899 beschloss einen „Ständigen Schiedsgerichtshof" zu schaffen, seit 1913 ständiger Sitz im Friedenspalast in Den Haag, 1922 wurde zusätzlich der Ständige Internationale Gerichtshof geschaffen, seit 1945 als Internationaler Gerichtshof als Hauptorgan der Rechtssprechung der UN

**IKPO-Interpol**
„Internationale Kriminalpolizeiliche Kommission", in der Öffentlichkeit nur als Interpol bekannt

**IKRK** - *Internationales Komitee vom Roten Kreuz*
Sitz in Genf, 1863 wurde als das „Komitee der Fünf" gegründet, später IKRK

**Intelligence Community**
zusammenfassender Begriff aller US-Geheimdienste

**ISAF** - *International Security Assistance Force*
vom UN-Sicherheitsrat per Resolution beschlossene internationale Sicherheitsunterstützungstruppe für Afghanistan

**ISI** - *Inter Service Intelligence*
pakistanischer militärischer Nachrichtendienst

**ius in bello**
das Recht im Krieg - Völkerrecht, für den bewaffneten Konflikt geltende Regeln

**Johnson, Lyndon Baines**
ehemaliger US-Präsident (1963-69)

**Judicial Watch**
Juristenvereinigung in den USA, die u. a. auch eine Klage gegen die US-Regierung wegen Akteneinsicht im Zusammenhang mit den Anthrax-Briefen einreichte. Ebenso unterstützte sie den FBI-Agent Robert G. Wright Jr. bei seiner Klage vor einem ordentlichen Gericht gegen die Dienstaufsichtsbehörde des Justizministeriums wegen unterlassener Strafverfolgung im Zusammenhang mit den Erkenntnissen VOR dem 11. September.

**Karzai, Hamid**
Übergangspräsident in Afghanistan

**Kennedy, John F.**
ehemaliger US-Präsident, 1963 ermordet

**Kissinger, Henry Alfred**
u. a. ehemaliger US-Außenminister (1973-77), gründete anschließend die Kissinger Ass., eine internationale Consulting Firma.

**Krongard, Alvin (Buzzy)**
früher in verschiedenen hohen Positionen bei Alex Brown Inc., der ältesten Investment Bank der USA und später (nach der Fusion mit Bankers Trust) Vize Chairman bei Brown Bankers Trust einer Deutsche Bank Tochter. Seit 1998 war er Berater des CIA-Direktors, heute ist er (seit dem 26.3. 2001) Executive Director der CIA.

**KSK** - *Kommando Spezialkräfte der Bundeswehr*
gehört zu den Sondereinheiten, ca. 1.000 Mann

**Libby, Lewis „Scooter“**
Chief of Staff des Vizepräsidenten der USA

**Lo, Claire**
Präsidentin der FATF

**Lockerbie**
schottische Ortschaft über der bei einem Bombenanschlag auf eine Pan Am-

Maschine Ende 1988 über 260 Menschen ums Leben kamen. Urheberschaft immer noch ungeklärt, wahrscheinlich dem Iran zuzuschreiben, seit dem 23.1.2002 Berufungsverhandlung in den Niederlanden.

**Loya Jirga**
Große Ratsversammlung, eine Art vorparlamentarisches Gremium in Afghanistan nach dem Krieg

**Lumumba, Patrice**
gilt als das Symbol der Befreiung Afrikas von den ehemaligen Kolonialmächten schlechthin. War der erste Ministerpräsident (1960) der unabhängigen Republik Kongo, am 17.1.1961 nach bestialischen Folterungen unter Mithilfe der CIA ermordet.

**MBC** - *Middle East Broadcasting Centre*
arabischer Fernsehsender

**Merrill Lynch**
Investmentbank in den USA, die in die auffälligen Börsenspekulationen rund um den 11. September involviert war

**MI5** - *Military Intelligence 5*
britischer Inlandsnachrichtendienst

**MI6** - *Military Intelligence 6*
britischer Auslandsnachrichtendienst

**MIT**
türkischer Auslandsnachrichtendienst

**Mondale, Walter Frederick**
u. a. ehemaliger US-Vizepräsident (1977-81) unter Jimmy Carter. 1984 trat er als unterlegener Präsidentschaftskandidat gegen Reagan an.

**Morgan Stanley Dean Witter**
Investmentbank in den USA, die in die auffälligen Börsenspekulationen rund um den 11. September involviert war

**Mossad**
Anstalt für Geheimdienst- und Spezialoperationen; israelischer Auslandsnachrichtendienst, 1951 gegründet

**Mossadegh, Mohammed**
ehemaliger Ministerpräsident (1951-53) des Iran. Wurde 1953 mittels eines Staatsstreiches unter Mithilfe der CIA (Operation AJAX) durch einen Militärputsch gestürzt.

**Mubarak, Hosni**
derzeitiger ägyptischer Staatschef (seit 1981)

**Mudschaheddin**
wörtlich etwa: Glaubenskämpfer, Heiliger Krieger; islamische Freiheitskämpfer im afghanischen Bürgerkrieg gegen die Sowjetarmee

**Mueller, Robert S. III**
FBI-Direktor (seit 2.8. 2001)

**Multilateralismus**
System mehrseitiger Handels- und Zahlungsabkommen

**Myers, Richard B.**
General, höchster Militär der USA (CJCS) (seit 1.10. 2001)

**Nationaler Sicherheitsrat der USA (NSC) -** *National Security Council*
1947 unter der Präsidentschaft Harry S. Trumans mittels des Nationalen Sicherheitsgesetzes gegründetes Gremium zur Ausarbeitung und Steuerung der US-Verteidigungspolitik, dem neben Präsident und dem Vize auch Außen- und Verteidigungsminister angehören. Gleichzeitig wurde die CIA (siehe dort) gegründet.

**NATO -** *North Atlantic Treaty Organisation*
1949 als westliches Militärbündnis mittels des Nordatlantikvertrages gegründet

**NCIN -** *National Criminal Intelligence Network*
Finanzgeheimdienst in Großbritannien

**NGPS -** *Navstar Global Positioning System*
mit 24 Satelliten bestücktes System zur Lenkung von US-amerikanischen Militärschlägen aus dem Orbit

**NIMA -** *National Imagery and Mapping Agency*
US-Nachrichtendienst zur Bildaufklärung und Kartenherstellung

**NKWD -** *Narodnyj Kommissariat Wnutrennich Del*
Volkskommissariat für Innere Angelegenheiten der UdSSR, aus GPU hervorgegangen, eine spezielle Abteilung versah die Aufgaben der Geheimpolizei, der Spionage und Spionage-Abwehr

**NORAD -** *North American Aerospace Defense Command*
US-amerkanisch-kanadisches Luftabwehrsystem

**Nordatlantikvertrag**
4.4.1949 Gründungsvertrag der NATO, trat nach Hinterlegung der Ratifikationsurkunden durch alle Unterzeichnerstaaten am 24.8.1949 in Kraft

**NRO -** *National Reconnaissance Organisation*
US-Nachrichtendienst zur Satellitenaufklärung, 1961 gegründet

**NSA -** *National Security Agency*
US-Nachrichtendienst, erschuf u. a. das Echelon-System

**NSC -** *National Security Council*
siehe Nationaler Sicherheitsrat

**O'Neill, John P.**
früherer Direktor der Antiterroreinheit des New Yorker Büros des FBI, später Sicherheitschef im WTC und kam bei dem Anschlag am 11. September ums Leben.

**OECD** - *Organisation for Economic Co-operation and Developement*
Organisation für wirtschaftliche Zusammenarbeit und Entwicklung

**Oklahoma City**
Stadt in USA, 1995 Bombenattentat mit 185 Toten

**Pearl Harbor**
kleine Hafenstadt auf Hawaii, fungierte als Haupthafen der US-Pazifikflotte, wurde am 4.12. 1941 von Japan angegriffen; führte unmittelbar zum Kriegseintritt der USA in den 2. Weltkrieg

**Pentagon** - *Fünfeck*
Sitz des US-amerikanischen DoD (Department of Defense - Verteidigungsministeriums) in Washington; wegen seiner fünfeckigen Form so benannt

**PENTTBOM**
(Pen für Pentagon, tt für Twin Towers und bom für Bombe) - nach dem 11.9. gestartete Operation des FBI zum Sammeln von Informationen bzgl. des Anschlages.

**Petersberg bei Bonn**
hier fand vom 27.11 - 05.12. 2001 eine internationale Konferenz der UN über die Zukunft Afghanistans mit der Unterzeichnung des so genannten Afghanistan-Abkommens statt

**Pitt, Harvey**
ehemaliger Chef der US-Börsenaufsicht (SEC)

**Powell, Colin**
Außenminister der USA

**Predator**
„Raubtier" - Das Propellerflugzeug aus der Waffenschmiede von General Atomics Aeronautical Systems in San Diego war 1995 entwickelt und im Sommer 2001 für die Aufnahme der Panzerabwehrraketen nachgerüstet worden. Auf klare Sicht angewiesen kann es über 16 Stunden in der Luft bleiben und überträgt dabei Life-Video-Bilder mit einer Feinauflösung, die das Erkennen von Personen aus einer Entfernung von bis zu acht Kilometern ermöglicht.

**Prosper, Pierre-Richard**
Sonderbotschafter der USA für Kriegsverbrecherprozesse

**Protektorat**
Schutzgebiet, ist in seiner Handlungsfähigkeit beschränkt

**Put-Option**
Börsentermin-Geschäft: Kaufoption auf Aktien zu einem bestimmten Kurs zu einem bestimmten Zeitpunkt

**Radlauer, Don**
Börsenspezialist

**Rice, Condolezza**
führende Sicherheitsberaterin des US-Präsidenten

**Robertson, George**
NATO-Generalsekretär

**Rumsfeld, Donald**
US-Verteidigungsminister

**Ryan, Richard**
Präsident des UN-Sicherheitsrates

**Saif, Abdul Salam**
Taliban-Botschafter in Pakistan

**SAVAMA**
iranischer Geheimdienst

**Scharping, Rudolf**
ehemaliger Verteidigungsminister in Deutschland (1998-2002)

**Schneider, General René**
ehemaliger Militär in Chile, der 1970 unter CIA-Mithilfe ermordet wurde

**Schura**
hier: der Große Rat der Rechtsgelehrten in Afghanistan, sonst eine beratende Versammlung in vielen islamischen Ländern

**SEC** - *Securities and Exchange Commission*
Börsenaufsicht der USA

**Shelby, Richard C.**
Vize-Vorsitzender (neben Bob Graham) des Geheimdienstausschusses des US-Senats

**Struck, Doug**
Reporter der Washington Post

**Struck, Peter**
derzeitiger Verteidigungsminister in Deutschland

**Sukarno, Achmed Surabaja**
früherer Regierungschef (Präsident) in Indonesien (1945 – 1966)

**SWR** - *Slushba Wneshnej Raswedki*
Ziviler Russischer Geheimdienst, ging aus dem KGB hervor

**Talat, Al Walid Ben**
Neffe des saudischen König Fadh

**Taliban**
Schüler (des Islam)

**Tenet, George J.**
CIA-Direktor (seit 1997)

**Three Mile Island**
das Atomkraftwerk bei Harrisburg war das Ziel der dritten über Pennsylvania abgeschossenen Maschine

**Tonking-Affäre**
Die CIA erfand einen Angriff nordvietnamesischer Schiffe in der Bucht von Tonking. Die politische und militärische Führung der USA brauchte diesen Anlass für die geplante Bombardierung der vietnamesischen Hauptstadt Hanoi und der Hafenstadt Haiphong. Jahre später wurde im US-Kongress zugegeben, dass die Nachricht eine Lüge gewesen war. Das Geständnis wurde zu den Akten genommen.

**Tower, John Goodwin**
ehemaliger US-Senator (1962-1986), war u. a. Vize-Vorsitzender (für die Republikaner) zusammen mit Frank Church (Demokraten) des CIA-Untersuchungsausschusses des US-Senats - Select Committee to Study Governmental Operations with Respect to Intelligence Activities (Church Committee)

**TRAFCIN** - *Traitement du Renseignement et Action contre les Circuits Financiers Clandestine*
Finanzgeheimdienst in Frankreich

**Transponder**
Für die Überwachung des Luftraumes werden heutzutage Primär- und Sekundärradarsysteme eingesetzt. Bei beiden Systemen erfolgt die Ortung der Flugzeuge durch Messung des Azimutwinkels und der Zielentfernung. Sekundärradarsysteme nutzten zusätzlich an Bord der Flugzeuge ein aktives Antwortgerät (Transponder), welches auf die Abfragen der Bodenstation (Interrogator) antwortet und verschiedene Daten zum Boden übermittelt. Im so genannten S-System wird jedem einzelnen Flugzeug weltweit eine einmalige, 24 Bit lange Idenfikationsnummer (ICAO Adresse) zugeteilt. (übernommen von S.-O. Berkhan, TU Braunschweig)

**Trujillo, Rafael**
ehemaliger diktatorischer Regierungschef der Dominikanischen Republik (1930-1961), 1961 mit Hilfe der CIA gestürzt und ermordet

**TSD** - *Technical Services Division*
Abteilung Technische Dienste der CIA

**UAL** - *United Airlines*
eine der Fluglinien, deren Flugzeuge am 11. September ins WTC rasten

**UKUSA-Vertrag** - *United Kingdom & USA*
wurde 1947 zur Zusammenarbeit beider Geheimdienste (NSA & GCHQ) geschlossen, später schlossen sich Australien (DSD), Kanada (CSE) und Neuseeland (GCSB) an

**UNOCAL** - *United Oil of California*
zwölftgrößte US-Ölgesellschaft, die eine Pipeline durch Afghanistan legen sollte

**WAD**
ehemaliges afghanisches Ministerium für Staatssicherheit unter Nadjibullah

**Wahhabismus**
puritanische fundamentalistische Spielart des Islam in Saudi Arabien

**Wolfowitz, Paul**
stellv. US-Verteidigungsminister

**Woolsey, James**
ehemaliger CIA-Direktor (1993-95)

**WTC** - *World Trade Center*
hier in New York: doppeltürmiger Hochhauskomplex (Twin Towers) am 11.9.2001 zerstört

---

# REGISTER

Edition Zeitgeschichte Band 4

## ICH HABE „NEIN!" GESAGT. Über Zivilcourage in der DDR.

### Marco Hecht, Gerald Praschl mit einem Geleitwort von Bundestagspräsident Wolfgang Thierse

„Ihr ganzer Geheim-Krimskrams interessiert mich nicht. Nein, ich unterschreibe nicht!"

*Die Postbotin Dolores Schwarz aus Markgrafenheide 1985 zu einem Stasi-Offizier, der von ihr eine Verpflichtung als Spitzel forderte*

„Ich war hin und her gerissen. Das Tonband lief weiter. Mir war völlig klar: Wenn ich jetzt Nein sage, kann es mit mir beruflich und privat nur noch bergab gehen. Doch ich sagte Nein, erst einmal etwas zögerlich, und dann ein weiteres Mal deutlich und bestimmt (....) Am 15. August 1973, morgens um 6 Uhr, kamen sie und haben mich verhaftet."

*Der Leipziger Kellner Dieter Veit über einen Anwerbungsversuch der Stasi 1973. Und den Beginn seines Leidenswegs im DDR-Gefängnis*

*Thierse über dieses Buch:*
„'Ich habe Nein! gesagt' ist ein Plädoyer für Zivilcourage. Die Entscheidungssituationen sind heute anderer Art, aber an Aktualität hat dieses Plädoyer auch im zweiten Jahrzehnt der deutschen Einheit nicht verloren. Dieses Buch verdient viele Leser!"

**ISBN 3-89706-891-5, 200 S., Paperback, 9,90 EUR**

Edition Zeitgeschichte Band 5

## DAS WAR UNSER KESSEL BUNTES. Ein Textbildband zum Erinnern und Verschenken.

**Hans-Ulrich Brandt, Angela Kaiser, Evelin Matt, Günter Steinbacher mit einem Geleitwort von Walter Plathe**

Das war DIE Show.
Damals im DDR-Fernsehen.
Sechsmal im Jahr war samstags Kessel-Zeit. Jung und alt guckte fern. Sah sich die großen Stars im Fernsehen an. Bis 1993. Dann war Schluß. Geblieben sind tausende von Bildern und viele Erinnerungen der „Macher" von damals. Wir haben die schönsten Fotos ausgewählt, gepaart mit so manch' Hintergründigem, auch zum Schmunzeln und zum Erinnern.
Damals war's: DIE Show.
Das war unser Kessel Buntes!
*Aus dem Inhalt:*
„EIGENARTIGE HONORARE

Das Thema mit den Berühmtheiten in unserer großen Samstagabendshow hatten wir schon beleuchtet. Es ist aber allgemein bekannt, alles was gut ist, ist meistens teuer.

Ebenfalls bekannt ist, das die Valutakontingente in unserem kleinen Land sehr begrenzt waren.
So kam man dann auf eine Idee, deren Ausführung sehr stark an die Tauschgeschäfte auf dem schwarzen Markt der Nachkriegszeit erinnerte. Bei uns traf zwar die Farbe schwarz nicht zu, aber ganz schön dunkel war es trotzdem.

Da wollte die Diva aus Italien schon immer einen nagelneuen Konzertflügel

haben und Förster ist für seine Qualität weltbekannt.
Andere Stars aus Griechenland, Frankreich oder der Deutschen Bundesrepublik deckten sich mit Konzertgitarren, anderen wertvollen Instrumenten, oder gar - O Frevel - mit Antiquitäten und Meißner Porzellan ein.
Es gab sogar kluge Sänger, die sich Orchesterbearbeitungen von unseren Arrangeuren anfertigen ließen.
Den Vogel aber schoss ein Kollege ab, der sich in Norddeutschland ein Haus baute und bis zum letzten Nagel alles über die innerdeutsche Grenze transportieren ließ.
Alles legal! Es war einmal!"

**ISBN 3-89706-890-3, 240 S., gebunden, ca. 300 Abb., 20 EUR**

---

Edition Zeitgeschichte Band 6

## ANTHRAX UND DAS VERSAGEN DER GEHEIMDIENSTE

### Erhard Geißler

Milzbrand – Anthrax – ist eine äußerst seltene Infektionskrankheit, insbesondere wenn sie die Lunge befällt. Aber im Herbst 2001 fielen ihr gleich fünf US-Bürger zum Opfer. Noch immer unbekannte Attentäter hatten Milzbranderreger mit der Post versandt... Die Anthrax-Briefbomben waren ein Ergebnis der seit dem Ersten Weltkrieg betriebenen biologischen Hochrüstung. Erhard Geißler, Genetik-Professor und international renommierter Biowaffen-Experte belegt in diesem Buch nach siebenjährigen Recherchen in in- und ausländischen Archiven: Die biologische Aufrüstung wurde 1915 vom deutschen Geheimdienst eingeleitet, der Milzbrandbakterien für Biosabotageaktionen einsetzte. Das löste eine weltweite biologische Rüstungsspirale aus. Diese wurde vor allem durch eine verhängnisvolle Mischung von strategischen Fehleinschätzungen, Falschinformationen sowie unbegründeten Befürchtungen und Verdächtigungen immer mehr beschleunigt. Zwar verhinderten falsche Geheimdienstberichte, dass es im Zweiten Weltkrieg in Europa zum Einsatz biologischer Waffen kam. Aber heute stehen wir auf Grund wiederum fragwürdiger Geheimdienstinformationen möglicherweise vor einem neuen Krieg mit unübersehbaren Folgen. Geißler zeigt in seinem neuen Buch nicht zuletzt an Hand eigener Erfahrungen bei der biologischen Rüstungskontrolle auf: der vom militärischen oder terroristischen Einsatz von Krankheitserregern und Toxinen drohende Gefahr kann nur durch völlige Transparenz und durch eine internationale Allianz gegen biologische Bedrohungen begegnet werden.

**ISBN 3-89706-889-3, 350 S., gebunden, 50 Abb., 22 EUR**

---

Edition Zeitgeschichte Band 7

## BOMBEN AUF BAGDAD. – Ein Sammelband zum aktuellen Krieg.

### Herausgeber Rüdiger Göbel

*„Das hier ist anders als der Golfkrieg, und zwar in dem Sinne, dass es niemals zu Ende geht - zumindest nicht, solange wir leben."*
Dick Cheney – US-Vizepräsident.

Jeder Krieg ist ungerecht - das war bis vor 10 Jahren noch Konsens deutscher Außenpolitik. Nach dem 11. September soll nun alles anders sein. Deshalb muss sich Deutschland am Irak-Krieg beteiligen.
Seit 1990, dem Zusammenbruch des real existierenden Sozialismus ist es Ziel der einzig verbliebenen Weltmacht USA, den „Krieg als Mittel der Politik"

wieder salonfähig zu machen. Beim Irak-Krieg wird diese Politik eskalieren. Deshalb ist er von exemplarischer Bedeutung für alle weiteren Kriege. „Das Geheimnis zu enthüllen, in dem Kriege geboren werden“, ist die Aufgabe jeder wirklichen Analyse.

Es geht darum, dass dieser Krieg gegen die Interessen der Mehrheit der Weltbevölkerung vorbereitet und durchgesetzt werden soll, nicht nur um den Irak abzustrafen, sondern um auch allen anderen klar zu zeigen: wir, die USA, dürfen und können das, an jedem Ort, zu jeder Zeit...

Abschließend werden die geostrategischen und regionalen Folgen des Krieges betrachtet.

**ISBN 3-89706-888-5, 350 S., gebunden, 18 EUR**

---

Reiseziele einer Region Band 4

## DIE 68ER IN BERLIN. SCHAUPLÄTZE UND EREIGNISSE

### Christopher Görlich

*„Immer drängender taucht die bange Frage auf: Ist Springer bereits enteignet? Es wäre ein nicht wegzudenkender Verlust.“*

Dieter Hildebrandt

Vorliegender Band führt zurück an die Schauplätze jener Zeit, in der die so bewegten Studenten die Stadt ein ums andere Mal „durcheinander“ brachten. Die heute so benannte 68er Bewegung war damals die erste Generation, die nach dem Krieg in der Bundesrepublik aufwuchs. Geprägt durch das „Wirtschaftswunder“, konfrontiert mit den sehr engen Moralvorstellungen jener Zeit, erschüttert durch die *SPIEGEL*-Affäre, entwickelte sich in den 60er Jahren vorwiegend unter den Studenten latent ein Protestpotential, welches nur irgendeines Anlasses bedurfte.

Die Protagonisten auf beiden Seiten sind schnell benannt, hier Rudi Dutschke dort Axel Cäsar Springer. Dann waren da noch die Jubelperser und Benno Ohnesorg. Einer hetzte und die anderen demonstrierten. So gab es die berüchtigten Pro-Amerika-Demonstrationen einerseits und die gegen den Vietnamkrieg andererseits.

Es schrieb der Tagesspiegel am 6. Februar 1966 „Viele Berliner lachten vom Straßenrand her die Demonstranten aus oder tippten sich bezeichnend an die Stirn“.

Und der Regierende Bürgermeister entschuldigte sich beim amerikanischen Stadtkommandanten John F. Franklin. Der Regierende war damals Willy Brandt.

Der junge Autor Christopher Görlich, Jahrgang 78, beschreibt sehr anschaulich die Zustände und Ereignisse in dieser Stadt in den Jahren 1965 bis 1968 aus der Sicht des „Danachgeborenen“. Man wird bei ihm daher den unverstellten Blick finden, dessen, der später erst diesem Faszinosum „68er“ erlegen war, der kritisch hinterfragt und analysiert. So ist es ein ganz anderes Buch über jene Jahre in Berlin geworden.

**ISBN 3-89706-904-0, 380 S., gebunden, 200 Abb., 18 EUR**

---